高等院校经济与管理专业教材

资产评估理论与实务
（第2版）

于艳芳　宋凤轩　编著

人民邮电出版社

北　京

图书在版编目（CIP）数据

资产评估理论与实务 / 于艳芳，宋凤轩编著. —2
版. —北京：人民邮电出版社，2013.9
高等院校经济与管理专业教材
ISBN 978-7-115-32878-6

Ⅰ.①资…　Ⅱ.①于…②宋…　Ⅲ.①资产评估—高
等学校—教材　Ⅳ.①F20

中国版本图书馆 CIP 数据核字（2013）第 187135 号

内容提要

本书在全面介绍和阐述资产评估基本原理、基本概念、基本原则、基本技术方法的基础上，结合当前资产评估实践中主要评估对象的特点，较为详细地介绍了资产评估原理和技术在实践中的具体应用，并列举了大量的例题，以便读者正确理解和掌握。

本教材既可作为高等院校财经与工商管理类专业的教材，也可作为专业资产评估人员的参考用书。

◆ 编　著　于艳芳　宋凤轩

　　责任编辑　乔永真

　　执行编辑　程珍珍

　　责任印制　杨林杰

◆ 人民邮电出版社出版发行　　　北京市崇文区夕照寺街 14 号

　　邮编 100061　电子邮件 315@ptpress.com.cn

　　网址 http://www.ptpress.com.cn

　　北京中新伟业印刷有限公司印刷

◆ 开本：787×1092　1/16

　　印张：16.5　　　　　　　2013 年 9 月第 1 版

　　字数：260 千字　　　　　2013 年 9 月北京第 1 次印刷

定　价：35.00 元

读者服务热线：（010）67129879　　印装质量热线：（010）67129223
反盗版热线：（010）67171154

广告经营许可证：京崇工商厂字第 0021 号

前　言

我国资产评估行业经过 20 多年的迅速发展，已经深入到市场经济的诸多领域，并且在国民经济中的服务范围也得到逐步拓展，服务对象包括了各种经济成分的各类资产。资产评估在我国经济改革和对外开放、证券市场发育、保障资产权益相关的各方利益、维护市场经济秩序等方面发挥了重要作用，因此资产评估行业已经成为与注册会计师和律师并列的三大中介服务行业之一，是我国市场经济体系的重要组成部分。

近年来，资产评估准则体系不断完善，如 2012 年 7 月 1 日实施的《资产评估准则——企业价值》，2013 年 7 月 1 日实施的《资产评估准则——森林资源资产》、《资产评估准则——利用专家工作》和《资产评估职业道德准则——独立性》。鉴于此，我们对教材进行了修订，删除了以往过时的内容，补充了新增加的内容，并对一些数字资料进行了必要的更新。希望通过这次修订，能够反映资产评估领域最新的内容，并使学生将所学内容应用于实际工作当中。通过本次修订，本教材具有如下特色。

（1）适应我国目前的经济形势，根据新的资产评估准则编写而成。

（2）案例丰富，实务性强，能满足学生学习资产评估理论与实务的需要。

（3）每章均有配套的同步练习，有助于学生快速掌握基本知识点，同时也有助于教师的教学。另外，本书还具有很强的实用性和操作性。

参加本书编写的人员具体分工如下：于艳芳老师负责编写第一章、第四章和第五章；宋凤轩老师负责编写第二章和第六章；杨文杰老师和杨勇刚老师负责编写第三章和第九章；康绍娟老师和曹佩琪老师负责编写第八章；谷彦芳老师和李超老师负责编写第十一章和第十二章；郭瑾和刘欢同学负责编写第七章和第十章。此外，2012 级资产评估专业硕士刘玲玲、沈立聪等同学全程参与书稿的校对。全书由于艳芳老师和宋凤轩老师统撰定稿。

我们在本书编写过程中参考了注册资产评估师考试用书和国内专家的优秀研究成果。此外，本教材的顺利出版得到了人民邮电出版社的大力支持和帮助，在此一并表示衷心的感谢。

由于时间和水平有限，本书的缺点和不足之处在所难免，真诚欢迎广大读者给予批评指正。

编者

2013 年 8 月

目　录

第一篇
资产评估基本理论

第一章　资产评估概论

学习目的与要求

通过本章的学习，使学生了解：资产评估的含义及特点；资产评估的主体和依据；资产评估与会计、审计的关系；资产评估的目的和价值类型；资产评估的假设和原则；资产评估的产生与发展。重点要掌握资产评估的特点和资产评估的主体。

第一节　资产评估的含义及特点

一、资产评估的含义

（一）资产

资产是个具有多角度、多层面的概念，既包括经济学中资产的概念，也包括其他学科，如会计学中资产的概念。经济学中的资产是指特定经济主体拥有或控制的，能够给特定经济主体带来经济利益的经济资源；会计学中的资产是指由过去的交易或事项形成的并由企业拥有或控制的资源，该资源预期会给企业带来经济利益；资产评估学中的资产概念在全国注册资产评估师考试辅导教材《资产评估》一书中则表述为，由经济主体拥有或控制的、能以货币计量的、能够给经济主体带来经济效益的经济资源。可见，资产评估学中的资产更接近于经济学中的资产。

1. 资产的基本特点

（1）资产必须由经济主体拥有或控制。通常情况下，企业可以按照自己的意愿使用或处置自己所拥有的资产，未经其同意，其他企业或个人不能擅自使用。但在某些情况下，对于一些特殊方式形成的资产，如融资租入固定资产、土地使用权等，企业虽然对其不拥有所有权，但实际上能够对其实施控制，按照实质重于形式的原则，也应当确认为经济主体的资产。

（2）资产必须能够用货币计量。资产价值必须能够用货币进行计量，否则就不能确认为资产。

（3）资产必须能够给经济主体带来未来经济利益。这是资产最重要的特征。所谓给经济主体带来未来经济利益，是指直接或间接地增加流入经济主体的现金或现金等价物的潜力，这种潜力可以单独或与其他资产结合起来产生净现金流入。预期不能带来经济利益的，就不能作为经济主体的资产。同样，对于经济主体已经取得的某项资产，如果其未来经济利益已经不复存在，就应该将其剔除，不能再作为经济主体的资产，否则，将会虚增经济主体的资产。

2. 资产的分类

资产的种类多种多样，为了便于评估的操作和进行科学的评估，需要对资产按照不同的标准进行分类。

（1）按被评估资产是否具有综合获利能力可分为单项资产和整体资产。单项资产是指单台、单件的资产，如一台设备、一栋房屋、一种材料等。整体资产是指由一组单项资产组成的具有整体获利能力的资产综合体，如一个具有正常经营活动能力的企业、一个独立的部门或车间等。在一些情况下，企业各单项资产之和并不一定等于企业的整体资产，因为在企业整体资产中，有一部分资产无法以单项资产的形式存在。另外，判断资产具有综合获利能力的标准——是否能单独计算获利能力。

（2）按被评估资产的存在形态可分为有形资产和无形资产。有形资产是指那些具有实体形态的资产，如机器设备、房屋建筑物、库存商品等。无形资产是指那些没有实物形态，但在很大程度上制约着企业物质产品生产能力和生产质量，直接影响企业经济效益的资产，主要包括专利权、商标权、非专利技术、土地使用权、特许权、商誉等。无形资产通常具有较强的综合性，影响因素较为复杂，评估难度也较大。

（3）按被评估资产能否独立存在可分为可确指的资产和不可确指的资产。可确指的资产是指能独立存在的资产，除商誉以外的有形资产和无形资产，其余都是可确指的资产。不可确指的资产是指不能脱离企业有形资产而单独存在的资产，如商誉。商誉是指企业基于地理位置优越、信誉卓著、生产经营出色、劳动效率高、历史悠久、经验丰富、技术先进等原因，所获得的投资收益率高于一般正常投资收益率所形成的超额收益资本化的结果。商誉是一种特殊的无形资产，它不能以独立的形式存在，通常表现为企业整体资产与各单项资产之和的差额。

（4）按被评估资产与生产经营过程的关系可分为经营性资产和非经营性资产。经营性资产是指处于生产经营过程中的资产，如企业中的机器设备、厂房、运输工具等。经营性资产又可按其是否产生盈利分为有效资产和无效资产。区分有效资产和无效资产是开展资产评估工作的一项重要内容。非经营性资产是指处于生产经营过程以外的资产，如政府机关用房、办公设备等。

（5）按会计报表项目可分为流动资产、长期投资、固定资产、无形资产及其他资产。目前在我国资产评估实务工作中，通常情况下企业资产评估项目是与企业会计报表相联系的。了解这些不同类型的资产，有利于合理地组织和顺利地完成企业整体资产评估项目，同时，也便于被评估单位在评估对象发生产权变动后根据评估结果进行会计账务处理。

（6）按资产的法律意义不同可分为不动产、动产和合法权利。不动产是指不能离开原有固定位置而存在的资产，如自然资源等。动产是指能脱离原有位置而存在的资产，如各种流动资产、长期资产。合法权利是指受国家法律保护并能取得预期收益的特权，如专利权、商标权、特许经营权等无形资产。

（二）价格和价值

价格是指在特定交易行为中，特定买方和卖方对商品或服务实际支付或收到的货币数额。价值是一个交换价值范畴，不是历史数据或事实，而是由专业人士根据特定的价值定义在特定时间内对商品或服务价值的估计。

至于是评估资产的价值还是评估资产的价格，资产评估理论界的争论由来已久，《国际评估准则》避开了不必要的争论，指出价格是事实，而价值是对资产在一定条件下应当进行交易的价格的估计额，认为评估的是资产的价值。本书也认为，评估的是资产的价值而不是资产的实际成交价格。在具体评估中，应该谨慎使用价值这一概念，也就是说，要明确评估的是资产的什么价值。

（三）资产评估

传统概念上，资产评估是指专业机构和人员按照国家法律法规和资产评估准则，遵循特定目的和评估原则，依照相关程序，选择适当的价值类型，并运用科学方法对资产价值进行评定和估算的行为。

2004 年颁布的《资产评估准则——基本准则》中，资产评估是指注册资产评估师依据相关法律、法规和资产评估准则，对评估对象在评估基准日特定目的下的价值进行分析、估算并发表专业意见的行为和过程。这一概念强调了资产评估是要发表专业的意见，这有利于明确评估责任。

由资产评估的定义可知，资产评估作为一种评价程序，会涉及资产评估的基本要素，具体内容如下。

（1）评估主体，即从事资产评估的机构和人员，他们是资产评估工作的主导者。

（2）评估客体，即被评估的资产，它是资产评估的具体对象，也称为评估对象。

（3）评估依据，也就是资产评估工作所遵循的法律法规、经济行为文件、重大合同或协议，以及取费标准和其他参考依据。

（4）评估目的，即资产业务引发的经济行为对资产评估结果的要求，或资产评估结果的具体用途。它直接或间接地决定和制约资产评估价值类型与方法的选择。

（5）评估价值类型，即对评估价值的质的规定，它对资产评估参数的选择具有约束性。

（6）评估假设，即资产评估行为的基本前提，是建立资产评估理论体系和方法体系的基础。

（7）评估原则，即资产评估的行为规范，是调节评估当事人各方关系、处理评估业务的行为准则。

（8）评估准则，即资产评估执业的标准规范，是实行资产评估行业自律管理的重要依据。

（9）评估程序，即资产评估工作从开始准备到最后结束的工作顺序。

（10）评估方法，即资产评估所运用的特定技术，是分析和判断资产评估价值的手段和途径。

这里的评估目的、评估价值类型、评估方法与评估结果具有非常密切的联系，必须引起高度的重视。

二、资产评估的种类和特点

（一）资产评估的种类

资产种类的多样化和资产业务的多样性决定了资产评估也相应有多种类型。

（1）按工作内容可分为一般评估、评估复核和评估咨询。一般评估是指正常情况下的资产评估，通常以资产发生产权变动、产权交易及资产保险、纳税或其他经济行为为前提，包括市场价值评估和市场价值以外的价值评估。评估复核是指在对被评估的资产已经出具评估报告的基础上，由其他评估机构和评估人员对同一被评估资产独立地进行评定和估算，并出具报告的行为和过程。评估咨询是一个较为宽泛的术语。确切地讲，评估咨询主要不是对评估标的价值的估计和判断，它更侧重于评估标的的利用价值、利用方式、利用效果的分析和研究，以及与此相关的市场分析、可行性研究等。本书所讲内容属于一般评估。

（2）按资产评估与准则的关系可分为完全评估和限制评估。完全评估一般是指完全按照评估准则的要求进行资产评估，但对准则中的背离条款不适用。完全评估中的被评估资产通常不受某些方面的限制，评估人员可以按照评估准则和有关规定收集评估资料，并对被评估资产的价值做出判断。限制评估一般是指根据背离条款，或在允许的前提下未完全按照评估准则或规定进行的资产评估，评估结果受到某些特殊因素的影响。本书所讲内容属于完全评估。

（3）按评估对象与适用原则可分为单项资产评估和整体资产评估。单项资产评估是指评估对象为单项可确指资产的评估。整体资产评估是指以若干单项资产组成的资产综合体所具有的整体生产能力或获利能力为评估对象的资产评估。企业价值评估是整体资产评估最常见的形式。整体资产评估不同于单项资产评估的关键之处就在于，在整体资产评估工作中要以贡献原则为中心，考虑不同资产的相互作用以及它们对企业整体生产能力或总体获利能力的影响。

（二）资产评估的特点

充分理解和把握资产评估的特点，有利于进一步理解资产评估的实质，提高资产评估工作的质量。

（1）现实性。资产评估是以一定的时点，即资产评估基准日为基础进行的活动，被评估资产是现实的、客观存在的。在进行资产的评定和估算时，仅以资产的现实状态为基础，而不考虑其过去的状况和现实状况的形成过程；而且资产评估值不是永远都正确的，它具有一定的时效性，一般在评估基准日后一年内有效。

（2）市场性。资产评估是适应市场经济要求的专业中介服务活动，其基本目标就是根据资产业务的不同性质，通过模拟市场条件对资产价值做出经得起市场检验的评定估算和报告。

（3）预测性。预测性是指以资产未来的潜能反映现实的价值。现实的评估值必须反映资产未来的潜能，未来没有潜能和效用的资产，现实的评估值是不存在的。

（4）公正性。公正性是指资产评估行为服务于资产业务的需要，而不是服务于资产业务当事人的任何一方的需要。公正性的表现有两点：①资产评估按公允、法定的准则和规程进行，公允的行为规范和业务规范是公正性的技术基础；②评估人员是与资产业务没有利害关系的第三者，这是公正性的组织基础。

（5）咨询性。咨询性是指资产评估结论是为资产业务提供专业化估价意见，该意见本身并无强制执行的效力，评估师只对结论本身合乎职业规范要求负责，而不对资产业务定价决策负责。评估结果只是为资产业务提供一个参考价值，最终的成交价格取决于交易双方在交易过程中的讨价还价能力。

（6）专业性。资产评估是一种专业人员的活动，从事资产评估业务的机构应由一定数量和不同类型的专家及专业人士组成。专业性的表现有两点：①资产评估机构形成专业化分工，使得评估活动专业化；②评估机构及其评估人员对资产价值的估计判断都是建立在专业技术知识和经验的基础之上的。

三、资产评估的功能

资产评估在市场经济中发挥着重要的社会中介服务的作用，具体可以概括为：评价和评值功能、管理功能和公证功能。

（一）评价和评值功能

资产评估的评价和评值功能是指资产评估具有评定和估算资产价值的内在功效和能力，它包括了对资产的性质和价值量的评价与估计。评价和评值功能是资产评估的基本职能与首要职能。随着人们对在各种条件下了解资产价值的需求的不断增加，资产评估也会不断地发展，在其评价和评值功能的基础上，又赋予了资产评估一些辅助功能，如管理功能和公证功能等。

（二）管理功能

资产评估的管理功能是指在以公有制为基础的社会主义市场经济初级阶段中，国家赋予资产评估特殊的功能。在社会主义市场经济初级阶段的某一历史时期，作为国有资产所有者代表的国家，不仅把资产评估视为提供专业服务的中介行业，而且将其作为维护国有资产，促使国有资产保值增值的工具和手段。国家通过制定申请立项、资产清查、评定估算和验证确认的国有资产评估管理程序，使得资产评估具有了管理功能。但是，资产评估的管理职能并不是与资产评估同时产生存在的，它只是国有资产评估在特定历史时期的特定职能，会随着国家在国有资产评估管理体制方面的变化而加强或减弱。从目前我国的情况来看，2001年12月21日，国务院办公厅转发的《财政部关于改革国有资产评估行政管理方式加强资产评估监督管理工作意见的通知》指出：取消政府部门对国有资产评估项目的立项确认审批制度，实行核准制和备案制。这说明随着国有资产评估项目的立项确认审批制度的取消和核准制及备案制的确立，资产评估的管理职能将随之减弱。

（三）公证功能

资产评估的公证功能是指资产业务、评估对象和评估报告的使用者的特殊性要求资产评估发挥的公证作用的职能。随着抵押贷款、财产担保等经济活动日益频繁，资产评估经常被用于证明资产的存在以及资产的价值量，以满足银行和有关部门发放贷款及其他形式融资的需要。通过资产评估来证实资产及资产价值量的需求使得资产评估增添了公证作用的职能。从这个意义上讲，资产评估的公证功能是由资产评估及评估功能派生出来的辅助性功能，但资产评估的公证功能将会发挥越来越重要的作用。

四、资产评估与会计、审计的关系

（一）资产评估与会计的关系

由于资产评估所需要的数据资料有相当一部分来源于企业的财务会计数据，而会计也涉及到对资产的价值进行计量的问题。因此，会计与资产评估二者之间有许多联系，但它们之间也存在着根本的区别，只有科学地认识它们之间的不同点，才能充分发挥资产评估和会计在社会经济中的不同作用。

1. 资产评估与会计的联系

（1）资产评估的结论为会计计价提供依据。《公司法》及相关法律法规规定，当投资方以非货币资产投资时，应当对非货币资产进行资产评估，然后以资产评估结果为依据，确定投资数额，并以此作为公司会计入账的重要依据；当企业进行联合、兼并、重组等产权变动经济行为时，也需要对拟发生产权变动的资产进行评估，评估结果可以作为产权变动后企业重新建账、调账的重要依据；此外，为了消除通货膨胀等因素的影响，使财务报表使用者正确理解和使用财务报表数据，《国际会计准则》及许多国家的会计制度中，也提倡或允许同时使用历史成本和现行公允价值对有关资产进行记账和披露，而公允价值一般可通过资产评估得到。例如，91/92版的《国际会计准则16——固定资产会计》第21条指出："有时财务报表不是在历史成本的基础上编报，而是将一部分或全部固定资产以代替历史成本的重估价值编报，折旧也相应地重算……"，第22条指出："重定固定资产价值的公认方法，是由合格的专业估价员进行估价，有时也使用其他方法，如按指数或参照现行价格进行调整。"另外，英国、丹麦、法国也颁布过类似的规定。可见，特定条件下，资产会计计价和财务报告需要利用资产评估结论。鉴于此，国际资产评估准则中对资产评估与会计之间的联系给予了充分的考虑，对"以会计报表为目的的资产评估"方面的内容做出了规定。

（2）资产评估结论的形成依赖于会计提供的有关数据资料。资产评估结论的形成需要大量的数据支持，评估中所依据的许多数据资料都来源于企业的会计资料和财务数据，特别是续用前提下的资产评估。如企业会计账簿中记录的取得资产的原始凭证是资产评估工作中确定资产产权和原始价值构成的重要证明资料；对固定资产修理和损耗情况的记录，是资产评估工作中判断其实际贬值、确定成新率指标的重要参考；资产评估工作中对资产的预期收益、预期风险的测算都离不开企业的财务会计数据。另外，由于资产评估结论的形成依赖于会计提供的有关数据资料，这些企业会计数据资料的准确程度在一定程度上也会对资产评估结果的质量产生影响。

因此，不管是特定条件下会计计价利用资产评估结果，还是资产评估需要参考会计数据资料，都说明资产评估与会计有一定的联系，而且这种联系会随着投资者对企业披露资产现值要求的不断提高而更加广泛。

2. 资产评估与会计的区别

（1）性质和基本职能不同。会计工作是一项以记账、算账和报账为基本手段，连续、系统地反映和监督企业生产经营、财务收支及其成果的社会活动，并且是企业组织管理中的一个重要组成部分。其基本职能是对会计主体经济活动的反映和监督。资产评估则是一种以提供资产价值判断为主要内容的咨询活动，同时也是一种社会中介服务活动。其基本职能是评值和评价。

（2）确定资产价值的依据不同。为了能够清楚地反映资产的取得成本，会计账簿主要是以历史成本为依据记录资产的价值，对于没有发生实际耗费的资产，通常情况下不予确认。在资产评估中，判断一项资产是否有价值以及价值的大小，则不能简单地以是否发生历史成本为标准，而必须以资产的效用和市场价值为依据，对于那些虽有历史成本的发生，但在评估基准日及其以后不能再给企业创造收益的资产，或没有市场需求的资产，从资产评估的角度来看，则没有价值；而对于那些虽没有发生实际支出，但能给企业带来预期收益的项目，仍然可以对其价值进行评估。

（3）计价方法不同。现代会计理论为了解决通货膨胀因素的影响，使会计资料更好地反映资产的现时价值，对资产计价方法在历史成本计价的基础上，又提出了重置成本、变现价值、收入现值和清算价值等多种新的会计计量标准。但到目前为止，世界各国普遍采用的资产计价方法仍然以历史成本为主。资产评估中的资产价值评估除了可以利用核算方法外，还广泛应用收益法、市场法等多种技术方法。

（4）计价目的不同。会计与资产评估虽都要对资产的价值进行确认和计量，但二者的计价目的却不同。会计计价的总体目标是全面反映企业的历史和现实资产状况，为企业管理服务。资产评估的总体目标则是为资产交易提供估值服务。

（二）资产评估与审计的关系

资产评估与审计都通过专业机构和人员为社会提供中介服务，二者在业务上有着广泛的联系，但也存在着本质的区别。

1. 资产评估与审计的联系

（1）二者采用的方法相同。审计的主要工作之一是对反映企事业单位经济活动的财务资料及其相关资料的真实性、公允性、合理性等做出判断，属于"事实判断"的范畴，因此审计中主要运用的方法是分析法和证实法，如对期初余额的分析性复核、对应收账款的函审、对存货的监盘等。资产评估虽然是对被评估资产的价值做出判断，具有"价值判断"的性质，但在资产评估工作中也会广泛运用分析和证实法，如在资产评估中的资产清查阶段，对委托方申报的评估对象进行核实和界定时，就需采用证实法，对应收账款价值的判断通常也会向债务人发询证函，对存货的数量和价值判断依赖于评估人员对存货的检测和盘点等。可以说，资产评估中很多方法均借鉴了审计的方法，特别是流动资产的评估。

（2）二者相互配合开展工作。企业经过审计后，剔除了财务资料中的虚假成分，使其公允性得到证实，在此基础上开展资产评估工作，可以大大减少资产评估的工作量，如评估前期的财产清查、企业整体资产评估中的流动资产评估等，审计结果则为评估提供了基础数据。企业经过资产评估后，对资产的现存数量及其产权进行了核实，对资产的现实价值进行了估算，这些资料为审计财务报表提供了重要参考。

2. 资产评估与审计的区别

（1）二者产生的社会条件和活动的本质不同。审计是在现代企业两权分离背景下产生的，旨在对企业财务报表所反映的企业财务状况和经营成果的真实性与公允性做出事实判断，具有明显的公证性特征。资产评估是在市场经济充分发展并适应资产交易、产权变动的需要而产生的，旨在为委托人与有关当事人的被评估资产做出价值判断，具有明显的咨询性特征。

（2）执业过程中遵循的原则不同。审计人员在执业过程中，要自始至终地贯彻公证、防护和建设三大专业原则，而资产评估人员在执业过程中则必须遵循供求、替代、贡献、预期等基本经济原则。

（3）专业基础不同。审计工作主要是围绕着会计及相关法规进行的，开展审计工作所需的专业知识以会计学、税法及其他经济法规等为主，因此，审计人员主要由具有财务方面知识的人员构成；而开展资产评估工作所需的专业知识，除了经济学、法律、会计学等社会科学知识外，工程、技术等方面的自然科学知识也是其重要的组成部分，因此，从总体上来看，资产评估体现了专业知识的综合性，它不但要由具有财务方面知识的人员构成，而且还应当由具有建筑、设备、土地等方面的专业技术人员构成。

（4）与会计原则的关系不同。尽管现代审计的业务范围不断扩大，但对会计报告的审计仍然是审计的基本业务，审计会计报表及其相关业务的标准与会计是一致的，如对资产价值的计量都以历史成本原则为主，凡是违背了这一会计原则的，审计都将予以查处；资产评估虽然与会计有着密切的联系，但在资产价值计量标准上却有很大区别，会计强调资产的历史成本，而资产评估则强调资产的现时价值，注重资产的重置成本、市场价值和未来收益的价值。

第二节　资产评估的主体和依据

一、资产评估的主体

资产评估的主体是指具体从事资产评估工作的评估人员及由评估人员组成的评估机构。资产评估具有很强的技术性、政策性，是跨专业、跨学科、跨行业的边缘学科及综合性社会活动。资产评估的质量将影响委托人及有关当事人的经济决策和经济利益。因此，作为资产评估的具体操作机构及其人员必须具备执业的技术业务素质和相应的职业道德。

（一）资产评估机构

1. 资产评估机构的类型

从目前及发展的趋势来看，我国的资产评估机构大致可以从以下两个方面进行分类。

（1）按照评估机构的执业范围分，可分为专营资产评估机构、专项资产评估机构和兼营资产评估机构。专营资产评估机构大都是专门从事资产评估，而不从事其他中介业务的资产评估事务所或资产评估公司。一般情况下，专营资产评估机构的评估业务的范围比较广泛，评估人员比较固定，评估人员的专业素质相对较高。专项资产评估机构大都是专门从事某一类或某一种资产的评估机构，如土地估价事务所、不动产估价事务所等。专项资产评估机构由于评估范围较窄，评估对象的性质、功能比较统一，专业性比较强，因而，专项资产评估机构的专业化程度和专业技术水平比较高，具有比较明显的专业优势。兼营资产评估机构是指那些开展多种中介服务活动的会计师事务所、审计师事务所、财务咨询公司等，这些中介机构把资产评估作为机构咨询执业的一项业务内容，同时开展财务审计、查账验货等业务活动。

（2）按照评估机构的企业组织形式分，可分为合伙制资产评估机构和有限责任制资产评估机构。合伙制资产评估机构由发起人共同出资设立、共同经营，对合伙债务承担无限连带责任。有限责任制资产评估机构由发起人共同出资设立，评估机构以其全部财产对其债务承担责任。通过资产评估机构与原挂靠部门的脱钩改制，我国的评估机构将适应社会主义市场经济，与国际惯例相衔接，朝着完全合伙制和有限责任制资产评估机构的方向发展。

2. 资产评估机构执业资格制度

按现行的资产评估机构管理体制的规定，资产评估机构要取得资产评估执业资格，必须满足国家对资产评估机构在注册资本、人员构成、内部制度建设等方面的要求和条件，并取得省级以上资产评估行政主管部门授予的资格证书。同时，国家对已取得资产评估执业资格的资产评估机构实行等级制度，并采取统一政策、分级管理的原则。如A级资产评估机构可以从事包括股票上市企业资产评估在内的所有资产评估项目；B级资产评估机构可从事除企业股份化上市外的所有资产评估项目。另外，非专业性的资产评估机构，可以从事与各等级相适应的土地、房地产、机器设备、流动资产、无形资产、其他长期资产及整体资产评估项目；从事土地、不动产或无形资产等专业性资产评估业务的机构，其评估资格等级只限于B级以下，评估范围只限于各该专业资产相应的范围内。各等级的资产评估机构开展资产评估业务不受地区、部门的限制，可在全国范围内从事与各该资格等级相适应的资产评估项目。

（二）资产评估人员

1. 注册资产评估师制度

我国的注册资产评估师制度大致由注册资产评估师资格考试制度、注册资产评估师注册制度、注册资产评估师执业管理制度和注册资产评估师后续教育制度组成。

注册资产评估师执业资格考试制度是指要取得注册资产评估师资格的人，必须参加注册资产评估师执业资格全国统一考试，考试合格者获得注册资产评估师资格。

注册资产评估师注册制度是指国家对资产评估人员实行注册登记管理制度。凡按本规定通过考试，取得《中华人民共和国注册资产评估师执业资格证书》，并经登记注册的人员，方可从事资产评估业务。

注册资产评估师执业管理制度主要由注册资产评估师的执业技术规范和职业道德规范组成。注册资产评估师执业技术规范原则规定了注册资产评估师的执业范围、执业技术规程和执业责任。注册资产评估师职业道德规范具体规定了注册资产评估师的职业理想、职业态度、职业职责、执业立场、执业者与委托人之间的关系，以及回避制度和专业胜任能力等。

注册资产评估师后续教育制度是指已经注册取得了注册资产评估执业资格并正在执业的

注册资产评估师必须接受重新学习和教育的制度。在注册资产评估师的执业过程中，每年不得少于若干学时的再学习和再教育。若没有完成再学习和再教育规定的学时，注册资产评估师将不予重新注册。

2. 资产评估师职业道德规范

资产评估师职业道德规范是指资产评估师在资产评估执业过程中应当具有的职业品格和应当遵守的职业标准要求。

（1）资产评估师的职业品格。资产评估师的职业品格主要包括资产评估师的职业理想、职业态度和职业荣誉等。职业理想是资产评估师对资产评估工作的一种总体认识，即资产评估师是把资产评估作为一项事业来看待，还是仅仅作为一种谋生的手段来看待。只有将资产评估作为一项事业来做，才能在资产评估工作中不断得以提升自己的能力，并自觉地遵守资产评估执业纪律和执业规范。职业态度就是资产评估师的工作态度。资产评估师的职业态度是否端正直接影响着资产评估工作的效果和质量。职业荣誉是指资产评估师在执业过程中形成的职业形象，包括资产评估师个人的社会认同度和资产评估机构的社会公信度。资产评估师在日常执业过程中应不断地培养和塑造职业形象，保持职业荣誉，以取信于民，取信于社会。

（2）资产评估师的职业标准和要求。资产评估师的职业标准和要求主要包括资产评估遵纪守法的要求；坚持独立、客观、公正的要求；坚持专业胜任能力的要求以及承担责任的要求。

资产评估师遵纪守法是指资产评估师应当遵守国家有关法律法规以及资产评估执业准则，保证资产评估在合法和合规的前提下进行。资产评估师在执业过程中应坚持独立、客观、公正原则，以客观的数据资料为依据进行评估。同时，资产评估师还应具有良好的教育背景、丰富的实践工作经验和良好的执业道德修养。专业胜任能力是指资产评估师承揽资产评估项目时，要衡量自身的专业胜任能力，判断自己是否有能力完成该评估项目。任何超越自身能力而承揽评估项目的行为都是违反资产评估职业道德的。资产评估师的职业责任是指资产评估师必须对自己的执业行为和评估结果承担经济责任和法律责任。任何违背资产评估执业道德的行为都将承担相应的民事责任和刑事责任。

二、资产评估的依据

资产评估是为评估当事人提供中介服务，提供的评估结果必须公正、客观。一般来讲，评估的具体事项不同，所需的评估依据也不相同。多年的评估实践表明，资产评估依据虽然多种多样，但大致可以划分为四大类，即行为依据、法律法规依据、产权依据和取价依据。

（一）行为依据

行为依据是指评估委托人和评估人员从事资产评估活动的依据，如公司董事会关于进行资产评估的决议、评估委托人与评估机构签订的《资产评估业务约定书》等。资产评估机构或评估人员只有在取得资产评估行为依据后，才能正式开展资产评估工作。

（二）法律法规依据

法律法规依据是指从事资产评估工作应遵循的有关法律法规依据，如1991年国务院颁发的第 91 号令《国有资产评估管理办法》。

（三）产权依据

产权依据是指能证明被评估资产产权归属的依据，如《土地使用权证》、《房屋所有权证》等。在资产评估中，被评估的资产必须是资产占用方拥有或控制的资产，这就要求评估委托人必须为此提供依据，评估人员也必须收集被评估资产的产权依据。

（四）取价依据

取价依据是指评估人员确定被评估资产价值的依据。取价依据包括两个方面：一方面是由评估委托人提供的相关资料，如会计核算资料、工程结算资料等；另一方面是由评估委托人收集的市场价格资料、统计资料、技术标准资料及其他参数资料等。

行为依据、法律法规依据、产权依据和取价依据是从事一般资产评估工作的依据。在资产评估工作中，如从事特殊类型的资产评估项目，可能还会涉及采用特殊的评估依据，这要视具体情况而定，而且评估人员应在评估报告中加以披露。

第三节　资产评估的目的和价值类型

一、资产评估的目的

资产评估的目的是指资产评估服务于什么业务，即为什么要进行资产评估，是资产评估工作进入实质性阶段后主要考虑的因素。资产评估的目的是资产评估的起点，它决定和制约着资产评估价值类型与方法的选择，进而影响资产评估的结果，因此，资产评估的目的也是资产评估的终点。

资产评估的目的分为一般目的和特定目的。资产评估的一般目的包含特定目的，资产评估的特定目的是一般目的的具体化。

（一）资产评估的一般目的

资产评估的一般目的是由资产评估的性质及其基本功能决定的。资产评估作为一项专业人士对特定时点及特定条件约束下资产价值的估计和判断的社会中介活动，资产评估所要实现的一般目的只能是资产在评估时点的公允价值。公允价值是一种相对合理的评估价值，它是一种相对于当事人各方的地位、资产的状况及资产面临的市场条件的合理的评估价值，是评估人员根据被评估资产自身的条件及其所面临的市场条件，对被评估资产客观交换价值的合理估计值。公允价值的一个显著特点是，它与相关当事人的地位、资产的状况及资产所面临的市场条件相吻合，且没有损害各当事人的合法权益，也没有损害他人的利益。

（二）资产评估的特定目的

我们把资产即将进行的资产业务以及资产业务对评估结果用途的具体要求称为资产评估的特定目的。我国资产评估实践表明，资产业务主要有资产转让、企业兼并、企业出售、企业联营、股份经营、中外合资或合作、企业清算、抵押担保、企业租赁、债务重组等。

1. 资产转让。资产转让指企业有偿转让本企业的部分或全部资产，通常指转让非整体性资产的经济行为。

2. 企业兼并。企业兼并是指一个企业以承担债务、购买、股份化和控股等形式有偿接收其他企业的产权，使被兼并方丧失法人资格或改变法人实体的经济行为。

3. 企业出售。企业出售是指独立核算的企业或企业内部的分厂、车间及其他整体资产产权出售行为。

4. 企业联营。企业联营是指国内企业、单位之间以固定资产、流动资产、无形资产及其他资产投入组成各种形式的联合经营实体的行为。

5. 股份经营。股份经营是指资产占有企业实行股份制经营方式的行为，包括法人持股、内部职工持股、向社会发行不上市股票和上市股票。

6. 中外合资或合作。中外合资或合作是指我国的企业和其他经济组织与外国企业和其他经济组织或个人在我国境内举办合资或合作经营企业的行为。

7. 企业清算。企业清算包括破产清算、终止清算和结业清算。

8. 资产抵押。资产抵押是指资产占有企业以本企业的资产作为物质保证进行抵押而获得贷款的经济行为。

9. 资产担保。资产担保是指资产占有企业以本企业的资产为其他企业的经济行为担保，并承担连带责任的行为。

10. 企业租赁。企业租赁是指资产占有企业在一定期限内，以收取租金的形式，将企业全部或部分资产的经营使用权转让给其他经营使用者的行为。

11. 债务重组。债务重组是指债权人按照其与债务人达成的协议或法院的裁决同意债务人修改债务条件的事项。

（三）资产评估的特定目的在资产评估中的地位和作用

资产评估的特定目的是引起资产评估的具体资产业务，贯穿于资产评估活动的始终，影响整个资产评估行为，在资产评估中具有很重要的地位和作用，具体内容如下。

1. 资产评估的特定目的是界定评估对象的基础。

2. 资产评估的特定目的对于资产评估的价值类型选择具有约束作用。

3. 资产评估的特定目对评估结果的性质有重大的影响。

值得注意的是，在不同时期、地点和市场条件下，同一资产业务对资产评估结果的价值类型的要求也不同。也就是说，具体资产业务是影响甚至决定资产评估结果价值类型的重要因素，但绝对不是唯一的影响因素。评估的时间、地点和市场条件以及资产业务当事人的状况和资产自身的状态不同，评估的价值类型也可能不同。

二、资产评估的价值类型

（一）含义及分类

资产评估的价值类型是指资产评估结果的价值属性及其表现形式。不同的价值类型从不同的角度反映资产评估价值的属性和特征。不同属性的价值类型所代表的资产评估价值不仅在性质上是不同的，在数量上往往也存在着较大的差异。

由于所处的角度不同，以及对资产评估价值类型理解方面的差异，资产评估的价值类型主要有以下四种。

1. 以资产评估的估价标准形式表述的价值类型，具体包括重置成本、收益现值、现行市价和清算价格。这是我国传统理论界的观点，把资产评估与会计计价联系在了一起。

2. 从资产评估假设的角度来表述资产评估的价值类型，具体包括继续使用价值、公开市场价值和清算价值。该类型与资产评估假设联系在一起，强调了资产评估假设的重要性。

3. 从资产业务的性质来划分资产评估的价值类型，具体包括抵押价值、保险价值、课税价值、投资价值、清算价值、转让价值、保全价值、交易价值、兼并价值、拍卖价值、租赁价值、补偿价值等。该类型强调了资产业务的重要性，认为有什么样的资产业务就有什么样的价值类型。

4. 以资产评估所依据的市场条件、被评估资产的使用状态以及资产评估结果的适用范围来划分资产评估结果的价值类型，具体包括市场价值和非市场价值。该类型是国际评估界较为一致的观点，通过提出市场价值的概念，树立了一个资产评估公允价值的坐标。资产的市场价值是资产公允价值的基本表现形式；非市场价值是资产公允价值的一种特殊表现形式。

我国于2008年7月1日施行的《资产评估价值类型指导意见》已经明确资产评估的价值类型，包括市场价值和市场价值以外的价值类型。

（二）市场价值和市场价值以外的价值类型

根据《资产评估价值类型指导意见》，市场价值定义如下：自愿买方和自愿卖方在各自理性行事且未受任何强迫的情况下，评估对象在评估基准日进行正常公平交易的价值估计数额。市场价值以外的价值类型没有直接给出定义，凡不符合市场价值定义条件的资产价值类型都属于市场价值以外的价值。市场价值以外的价值不是一种具体的资产评估价值存在形式，它是一系列不符合资产市场价值定义条件的价值形式的总称或组合，如在用价值、投资价值、清算价值、残余价值等。

在用价值是指将评估对象作为企业组成部分要素资产按其正在使用方式和程度及其所属企业的贡献的价值估计数额。

投资价值是指评估对象对于具有明确投资目标的特定投资者或某一类投资者所具有的价值估计数额，也称特定投资者价值。

清算价值是指在评估对象处于被迫出售或快速变现等非正常条件下的价值估计数额。

残余价值是指机器设备、房屋建筑物或其他有形资产等的拆零变现价值估计数额。

（三）明确资产评估价值类型的意义和作用

从资产评估的价值基础和资产评估结果的适用范围和使用范围角度对评估结果进行分类，可分为市场价值与非市场价值，符合资产评估服务于客户、服务于社会的内在要求。因此，明确资产评估中的市场价值与非市场价值具有以下重要的意义和作用。

1. 有利于评估人员对其评估结果性质的认识，便于评估人员撰写评估报告时更清楚明了地说明评估结果的确切含义。

2. 便于评估人员划定评估结果的适用范围和使用范围。

3. 避免因价值概念不清而造成对评估报告的使用不当。

总之，资产评估的价值类型不仅是评估师执业层面上的概念，还是报告使用者在使用评估结论层面上的概念。重视价值类型的核心不是为了从理论上区分各种具体的价值类型，而是为了避免评估报告使用者将某种特定的价值类型的评估结论理解为另一种价值类型的评估结论，特别是将特定的非市场价值类型误认为市场价值类型。

第四节　资产评估的假设和原则

一、资产评估的假设

由于认识客体的无限变化和认识主体有限能力的矛盾，人们不得不依据已掌握的数据资料对某一事物的某些特征或全部事实做出合乎逻辑的推断。这种依据有限事实，通过一系列推理，对于所研究的事物做出合乎逻辑的假定说明就叫假设。假设是认识和研究事物发展规律的前提，是建立一门学科的理论体系和方法体系的基础。假设必须依据充分的事实，运用已有的科学知识，通过合乎逻辑、合乎情理的推理（包括演绎、归纳和类比）而形成。资产评估与其他学科一样，其理论体系和方法体系的确立也需要建立在一系列假设基础之上，从理论上讲，可以根据评估对象的具体情况做出多种不同的评估假设。但是，从资产评估的实践来看，可从资产评估的众多假设中抽象出四个最基本的假设，即交易假设、公开市场假设、持续使用假设和清算假设。

（一）交易假设

交易假设是资产评估得以进行的一个最基本的前提假设。交易假设是假定所有待评估资产已经处在交易过程中，评估师根据待评估资产的交易条件等模拟市场进行估价。众所周知，资产评估其实是在资产实施交易之前进行的一项专业服务活动，而资产评估的最终结果又属于资产的交换价值范畴。为了发挥资产评估在资产实际交易之前为委托人提供资产交易底价的专家判断的作用，同时又能够使资产评估得以进行，利用交易假设将被评估资产置于"交易"当中，模拟市场进行评估就是十分必要的。

交易假设一方面为资产评估得以进行"创造"了条件；另一方面它明确限定了资产评估外部环境，即资产是被置于市场交易之中，资产评估不能脱离市场条件而孤立地进行。

（二）公开市场假设

公开市场假设是对资产拟进入的市场条件，以及资产在这样的市场条件下受到何种影响的一种假定说明或限定。公开市场假设的关键在于认识和把握公开市场的实质和内涵。就资产评估而言，公开市场是指充分发展与完善的市场条件，指一个有自愿的买者和卖者的竞争性市场，在这个市场上，买者和卖者的地位是平等的，彼此都有获取足够市场信息的机会和时间，买卖双方的交易行为都是在自愿的、理智的，而非强制或不受限制的条件下进行的。事实上现实中的市场条件未必真能达到上述公开市场的完善程度。公开市场假设就是假定那种较为完善的公开市场存在，被评估资产将要在这样一种公开市场中进行交易。当然公开市场假设也是基于市场客观存在的现实，即资产在市场上可以公开买卖这样一种客观事实为基础的。

由于公开市场假设假定市场是一个充分竞争的市场，资产在公开市场上实现的交换价值隐含着市场对该资产在当时条件下有效使用的社会认同。当然，在资产评估中，市场是有范围的，它可以是地区性市场，也可以是国内市场，还可以是国际市场。关于资产在公开市场上实现的交换价值所隐含的对资产效用有效发挥的社会认同也是有范围的，它可以是区域性的、全国性的或国际性的。

公开市场假设旨在说明一种充分竞争的市场条件，在这种条件下，资产的交换价值受市场机制的制约并由市场行情决定，而不是由个别交易决定。

公开市场假设是资产评估中的一个重要假设，其他假设都以公开市场假设为基本参照。公开市场假设也是资产评估中使用频率较高的一种假设，凡能在公开市场上交易、用途较为广泛或通用性较强的资产，都可以考虑以公开市场假设为前提进行评估。

（三）持续使用假设

持续使用假设也是对资产拟进入的市场条件，以及在这样的市场条件下的资产状态的一种假定性描述或说明。该假设首先设定被评估资产正处于使用状态，包括正在使用中的资产和备用的资产；其次根据有关数据和信息，推断这些处于使用状态的资产还将继续使用下去。持续使用假设既说明了被评估资产面临的市场条件或市场环境，同时着重说明了资产的存续状态。按照通行的说法，持续使用假设又细分为在用续用；转用续用；移地续用三种情况。在用续用指的是处于使用中的被评估资产在产权发生变动或资产业务发生后，将按其现行正在使用的用途及方式继续使用下去。转用续用则是指被评估资产将在产权发生变动后或资产业务发生后，改变资产现时的使用用途，调换新的用途继续使用下去。移地续用则是指被评估资产将在产权变动发生后或资产业务发生后，改变资产现在的空间位置，转移到其他空间位置上继续使用。

持续使用假设是在一定市场条件下对被评估资产使用状态的一种假定说明。在持续使用假设前提下的资产评估及其结果的适用范围常常是有限制的。在许多场合下评估结果并没有充分考虑资产用途替换，它对特定的买者和卖者来说是公平合理的。

持续使用假设也是资产评估中的一个非常重要的假设，尤其在我国，经济体制处于转轨时期，市场发育尚未成熟，资产评估活动大多与先前企业的存量资产产权变动有关。因此，被评估对象经常处于或被限定在持续使用的假设前提下。充分认识和掌握持续使用假设的内涵和实质，对于我国的资产评估来说有着重要的意义。

（四）清算假设

清算假设是对资产拟进入的市场条件的一种假定说明或限定。具体而言，清算假设是对资产在非公开市场条件下被迫出售或快速变现条件的假定说明。清算假设先是基于被评估资产面临清算或具有潜在的被清算的事实或可能性，再根据相应数据资料推定被评估资产处于被迫出售或快速变现的状态。由于清算假设假定被评估资产处于被迫出售或快速变现条件之下，被评估资产的评估值通常要低于在公开市场假设前提下或持续使用假设前提下同样资产的评估值。因此，在清算假设前提下的资产评估结果的适用范围是非常有限的。当然，清算假设本身的使用也是较为特殊的。

二、资产评估的原则

资产评估既是一门科学，又是一门艺术，既要求有客观准确的评定估算，又必然会涉及主观的思考和判断。因此，资产评估人员在评估工作中既要遵循一定的工作原则，又要遵循一定的经济原则，二者不可偏废。

（一）资产评估的工作原则

资产评估的工作原则是资产评估机构和评估人员在评估工作中应遵循的基本原则，具体内容如下。

1. 独立性原则。独立性原则要求资产评估机构和评估人员必须坚持公平、公正的立场，不偏向资产业务的任何一方，以中立的第三者身份独立地进行评估。坚持这一原则可以从组织上保证评估工作不受有关利益方的干扰。

2. 客观性原则。客观性原则要求资产评估结果应以充分的事实为依据。资产评估人员在评估工作中必须以实际材料为基础，以确凿的事实为依据，以科学的态度为指针，实事求是地得出评估结果。此外，为了保证评估结果的客观性、公正性，按照国际惯例，资产评估的收费只与工作量有关，不与资产评估值挂钩。

3. 科学性原则。科学性原则要求资产评估机构和评估人员必须遵循科学的评估标准，以科学的态度制定评估方案，并采用科学的评估方法进行资产评估。资产评估人员在整个评估工作中必须把主观评价与客观测算、静态分析与动态分析、定性分析与定量分析有机地结合起来，使评估工作做到科学合理、真实可信。

4. 专业性原则。专业性原则要求评估机构必须是提供资产评估服务的专业机构，且评估机构必须拥有工程、技术、管理、营销、会计、财务、法律等学科的专业人员，这些人员必须具有良好的职业道德、专业的科学知识和丰富的实践经验，这也是保证评估结果公正的技术基础。

（二）资产评估的经济技术原则

资产评估的经济技术原则是指在资产评估执业过程中的一些技术规范和业务准则。它们为评估人员在执业过程中的专业判断提供了技术依据和保证，具体内容如下。

1. 预期收益原则。预期收益原则是以技术原则的形式概括出资产及其资产价值的最基本的决定因素。资产之所以有价值是因为它能为其拥有者或控制者带来未来经济利益，资产价值的高低主要取决于它能为其拥有者或控制者预期带来多少收益量。预期收益原则是评估人员判断资产价值的一个最基本的依据。

2. 供求原则。供求原则是经济学中关于供求关系影响商品价格原理的概括。假定在其他条件不变的前提下，商品的价格随着需求的增长而上升，随着供给的增加而下降。尽管商品价格随供求变化并不成固定比例变化，但变化的方向都带有规律性。供求规律对商品价格形成的作用力同样适用于资产价值的评估，评估人员进行资产价值的判断时应遵循供求原则。

3. 贡献原则。从一定意义上讲，贡献原则是预期收益原则的具体化。它要求资产价值的高低由该资产的收益来决定。贡献原则主要适用于构成某整体资产的各组成要素资产的贡献，或者是当整体资产缺少该项要素将蒙受的损失。

4. 替代原则。在同一市场上，具有相同使用价值和质量的商品，应有大致相同的交换价值。如果具有相同使用价值和质量的商品，具有不同的交换价值或价格，买者会选择价格较低者。当然，作为卖者，如果可以将商品以较高的价格卖出，他自然会在较高的价位上出售商品。在资产评估中确实存在着评估数据、评估方法等的合理替代问题，正确运用替代原则是公正进行资产评估的重要保证。

5. 估价日期原则。市场是变化的，资产的价值会随着市场条件的变化而不断改变。为了使资产评估得以操作，同时又能保证资产评估结果可以被市场检测，在资产评估时，必须假定市场条件固定在某一时点，这一时点就是评估基准日，或称估价日期，它为资产评估提供了一个时间基准。资产评估的估价日期原则要求资产评估必须有评估基准日，而且评估值就是评估基准日的资产价值。

第五节　资产评估的产生与发展

一、资产评估的产生

资产评估与资产交易是不可分割的，没有资产交易就没有资产评估的必要，没有资产评估就不可能进行资产交易。关于资产评估产生于何时，目前学术界尚有不同说法。一般认为，资产评估起源于原始社会后期，发展至今经历了三个阶段。

（一）原始评估阶段

资产评估与人类社会资产交易行为同时产生。从原始社会后期剩余产品的出现和商品交换的开始，就产生了资产的交易行为，为了进行商品或资产的等价交换，具有直观性、偶然性、简单性、无偿性和非专业性特点的原始资产评估随之产生。

（二）经验评估阶段

大多数人认为，真正意义上的资产评估是从经验评估开始的。

经验评估阶段是以 16 世纪欧洲的安特卫普（现比利时）成立世界第一个商品和证券交易所为标志。15 世纪末 16 世纪初，随着新大陆的发现，资本主义发展的进程开始加快。世界范围内的商品贸易急剧增加，商品交易量的增加和市场的扩大为资本主义手工工场的发展创造了市场和资本积累等条件，同时也极大地刺激了商业资本的发展。在这样的历史背景下，为适应资本主义初期商品和资本市场的发展需要，成立了世界上第一个商品和证券交易所。商品和证券交易所的成立使得资产的交易行为越来越频繁，为那些以提供商品或资本交易估价中介服务为主要工作的评估人员的发展提供了广阔的空间。这些评估人员由于长期从事资产交易估价服务，积累了较为丰富的评估经验，评估结果也往往容易被交易双方所接受，因此，资产交易双方都愿意委托他们进行评估。这时的评估已经不再是偶然的、个别的行为，而成为一种经常性的、专业性的评估活动。资产评估成为市场上不可缺少的、独立的、有特色的中介行业。

经验评估主要有以下几方面的特点：（1）评估是由具有一定评估经验和专业知识水平的人员进行的，评估业务也比较频繁；（2）评估人员对资产评估业务进行有偿服务，并对评估结果承担一定的责任；（3）评估结果的准确性主要取决于评估人员积累的评估经验。因此，处于经验评估阶段的资产评估，还是一种个体的、无组织约束的、凭个人经验的估价行为，是资产评估的雏形阶段。

（三）科学评估阶段

随着社会经济的不断发展、现代科学技术的不断进步和管理水平的不断提高，以资产交易为主的资产业务急剧扩大，资产业务中的分工现象变得日益明显，作为中介组织的资产评估机构也逐渐产生和发展起来，资产评估行业应运而生。评估人员不仅仅依靠自身所积累的经验来开展资产评估业务，还把现代科学技术和管理方式引用到资产评估工作中，采用科学的方法和手段对被评估资产进行评估。以专业评估机构和专职评估人员的出现为主要标志的科学评估逐渐形成。一般认为，1792年英国测量师学会的成立是科学评估阶段的开始。英国测量师学会是现在的英国皇家特许测量师学会的前身，是目前世界上影响最大的评估行业专业组织之一。其后，1896年，由美国的穆思·约翰和杨·威廉在美国威斯康星州密尔基市创建了世界上最早的专业评估机构——美国评值公司。该公司目前仍然是国际上较有影响力的资产评估专业机构。

科学评估阶段的资产评估主要具有以下特点：（1）资产评估成为一种有组织的社会活动，资产评估业务是由从事资产评估的专业机构进行的；（2）科学的评估手段和方法在资产评估工作中得到广泛运用，大大提高了资产评估的准确性和科学性；（3）资产评估的范围得到拓展，资产评估的内容也越来越丰富，不仅包括个人财产、自然资源的评估，还涉及企业整体资产、无形资产等评估领域；（4）资产评估活动向规范化、法制化方向发展。

二、资产评估的发展

进入20世纪以后，世界经济高速发展，特别是第二次世界大战以后，西方一些资本主义国家的商品市场和资本市场得到了飞速发展。企业间的竞争进一步加剧，资产的交易行为越来越频繁，这些都为资产评估提供了广阔的发展空间。许多国家都成立了专门的评估机构，由专业评估人员开展评估工作，并设立了专业资产评估组织，资产评估逐渐成为一个独立、完整的中介行业，在社会经济生活中发挥着不可替代的重要作用。

（一）发达国家资产评估的发展

1. 资产评估机构向多元化方向发展

资产评估通常由从事有关资产评估业务的机构进行，这些评估机构一般是以提供资产评估专业服务为主要内容的独立企业法人单位。由于资产评估具有业务领域广泛、涉及的知识面宽等特点，因此资产评估机构一般分为两种类型：一种是专业化的资产评估公司，其专业化程度较高，几乎能为客户提供所有的资产评估业务，如美国资产评估联合公司；另一种是兼营资产评估业务的各类管理咨询公司、会计师事务所等，它们利用自身的人才优势，在从事其他有关业务如企业财务管理、市场营销管理、战略管理、生产作业管理、人力资源管理等方面的咨询服务的同时，也开展资产评估业务。资产评估机构向多元化方向发展是由资产评估业务的特点决定的。

2. 资产评估管理向科学化方向发展

资产评估管理工作逐渐走向科学化，主要表现在评估管理机构健全、评估规则统一和监测评估结果三个方面。从评估管理机构来看，发达国家一般都设有全国性的资产评估协会，负责资产评估的行业管理，此外，各地区还设有分支机构，属于全国资产评估协会的派出机构，这些机构对资产评估工作的顺利进行发挥着重要作用；从评估规则的制定来看，一般都是由全国性资产评估协会制定统一的资产评估规则，其主要内容涉及评估公司的组织、评估师的资格及其晋升、评估师的职业道德规范以及资产评估应该遵循的一般原则等方面；此外，为了防止评估人员在评估中违反职业道德规范、有意损害一方利益情况的发生，一般都由行业管理部门对评估结果进行监测。

3. 资产评估业务向综合化方向发展

传统的资产评估业务主要以不动产评估为主，特别是在英国及英联邦体系国家尤其明显，至今仍然保持着这种业务优势。然而，随着经济全球化发展和资本市场的不断成熟，资本运营的大规模运用已从单个资产交易发展到社会大规模的资产运作，各类资产都活跃起来，大规模资产的流动为资产评估提供了广阔的发展空间，同时，资产评估浓厚的不动产色彩也因此受到了很大的冲击，由不动产发展而来的资产评估业逐渐扩展到其他资产领域，如企业价值评估、无形资产评估等。

4. 资产评估执业人员向多层次化方向发展

发达国家资产评估执业人员可以分为三类：一是评估机构的管理人员，负责机构的经营管理工作；二是评估机构的管理人员，负责推销服务，承揽业务；三是评估机构的专业评估人员，一般具有较高的教育水平，多数具有工程师以上的技术职称，他们负责具体的评估工作。

5. 资产评估领域向国际化方向发展

随着世界经济一体化的加速，各国在资产评估领域内的合作也进一步加强。资产评估的国际化合作发展既是外部经济环境的客观需要，也是新形势下资产评估行业发展的内在要求。各国评估界都在努力克服各国和地区在评估理论、实务和准则上的差别，为跨国投资者提供质量可靠、标准统一的评估服务。在各国资产评估行业普遍得到发展的基础上，许多国家的评估专业组织和管理部门加强了国际交流及区域性、国际性合作，成立了许多区域性和国际性专业组织，如国际评估准则委员会（IVSC）、欧洲评估师协会联合会（TEGOVA）、东南亚联盟评估师委员会（AVA）等，分别制定了国际评估准则、欧洲评估准则和东盟内部的评估准则，旨在会员范围内统一评估执业要求，制定共同遵守的评估准则，更好地为世界经济服务。

（二）我国资产评估的发展

自20世纪80年代末引入资产评估以来，我国的资产评估经过不断的发展和壮大，在企业联营、企业兼并、股份制经营、资产转让、交易等众多业务中发挥着越来越重要的作用，且已经成为市场经济发展中不可或缺的中介行业。我国资产评估的发展主要体现以下几个方面的内容。

1. 资产评估业务量不断增长

资产评估业务量不断增长，这不仅表现在全国资产评估完成的评估项目不断增加，而且表现在完成的资产评估值大幅增长。

2. 资产评估服务领域逐渐扩大

资产评估服务领域逐渐扩大，即从单一的国有资产评估向非国有资产评估领域渗透。这标志着我国的资产评估逐渐走向了成熟化和市场化。

3. 资产评估业务种类不断增加

资产评估业务种类不断增加，除了传统的股份制改造、中外合资合作、企业兼并、资产抵押等业务以外，又增加了财产课税、保险等一些新型的资产业务。

4. 资产评估管理逐渐规范

1991 年 11 月，国务院以 91 号令发布了《国有资产评估管理办法》，确立了我国资产评估工作的基本依据、基本方针和基本政策。1993 年 12 月，成立了中国资产评估协会，标志着我国资产评估行业由政府直接管理开始向政府监督指导下的行业自律性管理过渡。1995 年 3 月，中国资产评估协会代表中国资产评估行业加入国际评估标准委员会，中国资产评估行业开始走向世界。2001 年和 2004 年颁布了无形资产评估准则和资产评估基本准则、职业道德基本准则。同时，建立了注册资产评估师制度，发布了资产评估机构暂行办法，规范了对评估人员和评估机构管理。

练习题

一、单项选择题

1. 完全按照评估准则及规定程序和要求进行的资产评估称为（　）。

A. 限制评估　B. 评估复核　C. 完全评估　D. 整体评估

2. 下列资产中属于不可确指资产的是（　）。

A. 机器设备　B. 商标权　C. 专利权　D. 商誉

3. 资产评估（　）对于评估价值类型的选择具有约束作用。

A. 原则　B. 特定目的　C. 假设前提　D. 评估主体

4. 下列要素中不属于资产评估基本要素的是（　）。

A. 评估主体　B. 评估依据　C. 评估原则　D. 评估基准点

5. 资产价值的高低取决于它能为所有者带来多少（　）。

A. 现实收益　B. 预期收益　C. 历史收益　D. 账面收益

6. 正常情况下，一栋别墅在某一时点的市场价值不会高于此时点重新开发一栋同等效用别墅的成本（包括利润），这体现了资产评估的（　）。

A. 贡献原则　B. 客观原则　C. 预期原则　D. 替代原则

7. 下列不属于资产评估工作原则的是（　）。

A. 独立性　B. 客观性　C. 替代性　D. 科学性

二、多项选择题

1. 以资产评估的估价标准形式表述的价值类型应该是（　　）。

A. 市场价值　B. 重置成本　C. 收益现值　D. 现行市价

2. 下列假设中属于资产评估假设的是（　　）。

A. 交易假设　B. 持续经营假设　C. 公开市场假设　D. 币值不变假设

3. 下列功能中属于资产评估功能的是（　　）。

A. 评价与评估功能　B. 管理功能 C. 咨询功能 D. 市场功能

4. 资产评估的工作原则包括（　　）。

A. 独立原则　B. 客观原则　C. 科学原则　D. 专业原则

5. 资产评估的公正性表现为（　　）。

A. 资产评估应遵循正确适用的评估原则，依照法定的评估程序，运用科学的评估方法

B. 资产评估主体应当与资产业务及其当事人没有利害关系

C. 资产评估的目标是为了估算出服务于资产业务要求的客观价值

D. 资产评估需要通过对评估基准日的市场实际状况进行模拟

E. 评估价值是为资产业务提供一个参考价值，最终的成交价格取决于资产业务当事人讨价还价的能力

6. 确定评估基准日的目的是（　　）。

A. 确定评估对象的计价时间　　　　B. 将动态下的资产固定在某一时点

C. 将动态下的资产固定在某一时期　D. 确定评估机构的工作日

E. 遵循科学的评估程序

第二章　资产评估准则

学习目的与要求

通过本章的学习，使学生了解：资产评估准则的概念、作用；我国资产评估准则体系的指导思想和设计思路；国际评估准则的主要内容。重点要掌握我国资产评估准则体系的设计思路。

第一节　资产评估准则概述

一、资产评估准则的概念

资产评估准则是指导评估师执行资产评估业务的技术规范和职业道德规范的总称。资产评估准则是资产评估行业发展到一定阶段的产物，是一国资产评估理论和实践经验的集中反映和高度浓缩，资产评估准则的完善和成熟程度反映了一国评估业发展的状况。

随着资产评估行业的不断发展和壮大，世界各国都在加紧制定和完善资产评估准则。然而，资产评估准则的制定是一项极为复杂的系统工程，不仅专业性、技术性要求高，而且反映了社会经济、文化、法律等社会背景和环境条件，是相关各方利益的协调过程。

由于各国评估业发展的不均衡性，各国的评估理论基础和实践均缺乏统一性和一致性。因此，各国和相关国际性评估专业组织制定的评估准则无论在内容还是在体例上都存在着较大的差别，侧重点也因为各国评估业热点问题的不同而各不相同。目前在国际评估界具有较大影响的评估准则主要有：国际评估准则委员会制定的《国际评估准则》；美国评估促进会制定的《专业评估执业统一准则》；欧洲评估师联合会制定的《欧洲评估准则》以及英国皇家特许测量师协会制定的《评估指南》。

二、资产评估准则的作用

（一）资产评估准则有利于实现行业自律管理

在准则尚未统一的情况下，评估行业只能由政府部门来进行行政管理，如我国资产评估业发展初期，原国家国有资产管理局是资产评估的行政主管部门。但这种管理模式容易造成整个部门直接干预评估业务，使评估行业有失公正、公允；而政府部门出于本位利益设立本部门的评估体系，则导致多头管理、评估市场条块分割。行业自律管理是资产评估业的发展方向，有利于评估执业水平的提高。实现行业自律管理的前提则是制定行业统一的评估准则，评估准则中的执业技术规范和职业道德规范是实现行业自律管理的依据。

（二）资产评估准则有利于规范评估师的执业行为

资产评估准则是评估行业管理的权威性标准。在职业道德方面，准则对评估师的业务素质、业务能力、工作操守和执业态度进行了严格规定，明确规定了哪些工作必须做、哪些工作可以做、哪些工作不能做，促使评估师恪守独立、客观、公正的基本原则，不得出具虚假、不实的评估报告；在具体业务方面，评估师及其他从业人员应依法执业、谨慎工作，以保证评估质量。因此，评估准则将促使资产评估人员按照统一的标准开展业务，从而有利于提高评估质量和评估人员的业务素质。

（三）资产评估准则有利于维护评估事务所和评估师的合法权益

资产评估准则中规定了资产评估师的工作范围和规则，只要评估师按照准则的要求执业，就能得出科学合理的评估结果，并保证执业行为的独立、客观、公正，从而最大限度地降低执业风险。当评估师受到不公正的指责和控告时，可以充分利用评估准则保护其正当权益。

（四）资产评估准则有利于提高资产评估的理论水平

资产评估准则来源于评估实践，是资产评估理论研究成果和实践经验的高度浓缩。反过来，资产评估准则又用于指导评估实践活动。资产评估准则是资产评估实践的总结和升华，是资产评估理论的重要组成部分。资产评估准则的实施有利于提高资产评估的理论水平。通过各国间评估准则的协调，便于推动各国评估经验的交流，促进全球评估业的共同发展。

第二节　我国资产评估准则

2007年11月28日，我国的资产评估准则体系正式发布，同时宣布成立财政部资产评估准则委员会。资产评估准则体系直接影响着评估具体准则和指南的内容，各国评估界制定评估准则时都十分重视准则体系的结构设计，我国也不例外。由于我国资产评估行业发展的综合性，我国资产评估准则将涉及各种类型资产、各种评估目的和经济行为，因此更需要设计合理、灵活的准则体系，使其不仅对资产评估中的共性问题进行规范，而且也对具体的资产评估业务分别予以指导和规范。

一、我国资产评估准则体系的指导思想

（一）综合性的评估准则体系

我国资产评估准则是综合性的评估准则体系，包括不动产、机器设备、企业价值、无形资产等各个类别资产的评估准则。

（二）高度重视程序性准则与专业性准则

鉴于资产评估行业的特点，我国资产评估准则体系应坚持程序性准则与专业性准则并重。资产评估准则不仅应包括从程序方面规范评估行为的准则，如评估报告、工作底稿、评估程序等，还应包括针对各类资产特点而进行规范的专业性准则，如企业价值评估准则、机器设备评估准则、不动产评估准则等。

（三）坚持职业道德准则与业务性准则并重

基于职业道德在资产评估行业的重要作用，我国资产评估准则在制定规范评估行为的业务性准则的同时，更应当高度重视职业道德准则。

（四）层次清晰，逻辑严密，并有一定的灵活性

我国资产评估准则体系应当体现各层次准则文件的不同效力和不同规范领域。由于资产评估理论与实践在国际上发展的不均衡性，我国资产评估行业的发展尚处于不断完善的过程中，准则的制定应考虑评估理论和实践的未来发展趋势。

二、我国资产评估准则体系的设计

从资产评估准则体系横向关系上划分，资产评估准则包括业务准则和职业道德准则两个部分。从资产评估准则体系纵向关系上划分，资产评估职业道德准则又可以分为职业道德基本准则和具体准则两个层次；资产评估业务准则又可以分为基本准则、具体准则、评估指南和评估指导意见四个层次。资产评估准则体系结构示意图见图 2-1。

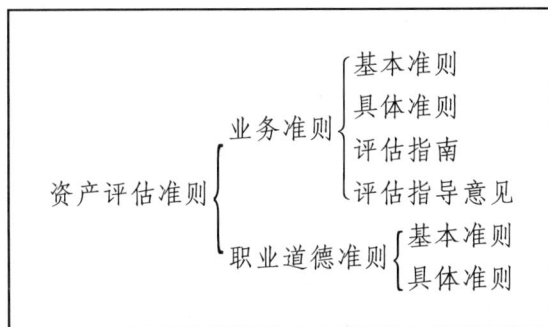

图 2-1 资产评估准则体系结构示意图

注：资产评估准则具体包括 26 项内容。

（一）资产评估职业道德准则

资产评估职业道德准则的纵向关系较为简单，分为职业道德基本准则和具体准则两个层次。职业道德基本准则规范了注册资产评估师职业道德方面的基本要求、专业胜任能力、注册资产评估师与委托方和相关当事方的关系、注册资产评估师与其他注册资产评估师的关系等；职业道德具体准则进一步明确和规范了评估实践中存在的与职业道德有关的问题和职业道德基本准则中的一些重要内容，如独立性、不正当竞争、保密原则。我国于 2004 年 5 月 1 日施行《资产评估职业道德准则——基本准则》，并于 2013 年 7 月 1 日施行《资产评估职业道德准则——独立性》。

（二）资产评估业务准则

资产评估业务准则涉及面广，具体包括基本准则、具体准则、评估指南和评估指导意见四个层次。

1. 资产评估基本准则

资产评估基本准则是注册资产评估师执行各种资产类型、各种评估目的以及资产评估业务的基本规范，是各类资产评估业务中应当共同遵守的基本规则。资产评估基本准则规范的内容应不区分所评估资产的类别和评估目的，其对于各具体准则和评估指南具有一定的"引出"作用，但并不一定是一一对应的。我国于 2004 年 5 月 1 日施行《资产评估准则——基本准则》。

2. 资产评估具体准则

资产评估具体准则是按照资产类型和评估行为类型分别制定的评估准则，在这些准则中，规定了对不同资产对象、不同目的、不同用途的资产的评估所应遵循的要求。资产评估具体准则又可分为程序性准则和专业性准则两个部分。程序性准则是关于注册资产评估师通过履行一定的专业程序完成评估业务、保证评估质量的规范。专业性准则针对不同资产类别的特点，分别对不同类别资产评估业务中的评估师执业行为进行规范。

资产评估具体准则按资产类型不同，可分为机器设备评估准则、不动产评估准则、无形资产评估准则、企业价值评估准则、资源性资产评估准则等；按行为类型不同，可分为以持续经营为目的的资产评估准则，以拍卖为目的的资产评估准则，以抵押贷款为目的的资产评估准则，以破产清算为目的的资产评估准则等。

我国于 2001 年 9 月 1 日施行第一个评估准则《资产评估准则——无形资产》，并经过修订，于 2009 年 7 月 1 日施行；2008 年 7 月 1 日施行《资产评估准则——评估报告》、《资产评估准则——评估程序》、《资产评估准则——业务约定书》、《资产评估准则——工作底稿》、《资产评估准则——机器设备》、《资产评估准则——不动产》；2010 年 7 月 1 日施行《资产评估准则——珠宝首饰》；2012 年 7 月 1 日施行《资产评估准则——企业价值》；2013 年 7 月 1 日施行《资产评估准则——森林资源资产》和《资产评估准则——利用专家工作》。

3. 资产评估指南

资产评估指南包括对特定评估目的、特定资产类别（细化）评估业务以及对资产评估中某些重要事项的规范。资产评估指南将根据评估业务的发展不断增加或进行修订。我国于 2007 年 12 月 31 日起施行《以财务报告为目的的评估指南（试行）》；于 2009 年 7 月 1 日起施行《企业国有资产评估报告指南》；于 2011 年 7 月 1 日起施行《金融企业国有资产评估报告指南》；于 2012 年 1 月 1 起施行《评估机构业务质量控制指南》。

4. 资产评估指导意见

资产评估指导意见是针对资产评估业务中的某些具体问题的指导性文件。该层次较为灵活，针对评估业务中新出现的问题及时提出指导意见，某些尚不成熟的评估指南或具体评估准则也可以先作为指导意见发布，待实践一段时间或成熟后再上升为具体准则或指南。我国于 2003 年 3 月 1 日施行《注册资产评估师关注评估对象法律权属指导意见》和《珠宝首饰评估指导意见》；2005 年 7 月 1 日施行《金融不良资产评估指导意见》；2008 年 7 月 1 日起施行《资产评估价值类型指导意见》；2009 年 7 月 1 日起施行《专利资产评估指导意见》；2010 年 7 月 1 日起施行《投资性房地产评估指导意见（试行）》；2012 年 7 月 1 日起施行《商标资产评估指导意见》；2012 年 7 月 1 日起施行《实物期权评估指导意见（试行）》。

此外，中国资产评估协会还于 2012 年 12 月 31 日印发了两项专家提示，即《资产评估操作专家——中小评估机构业务质量控制》和《资产评估操作专家提示——上市公司重大资产重组评估报告批露》。

第三节　国际评估准则

国际评估准则（IVS）是由国际评估准则委员会（现已改为国际评估准则理事会 IVSC）于 1985 年制定并发布的。此后分别在 1994 年、1997 年、2000 年、2001 年、2003 年、2005 年和 2007 年进行了修改。最新的国际评估准则实施于 2011 年，即第九版。

一、国际评估准则的制定背景

（一）国际评估准则制定的基础

在 20 世纪 80 年代以前，评估业在世界范围内得到了广泛的发展，像美国、英国、加拿大、新西兰等发达国家都纷纷成立了评估协会、评估学会等专业性组织，制定了本国评估准则。同时，评估业在发展中国家也得到了一定的普及和发展。这些都为制定国际性的评估准则奠定了行业基础和理论技术基础。

（二）国际评估准则制定的内在动力

尽管各国评估业都取得了长足的进展，但评估行业在 20 世纪 80 年代以前始终未能形成一个国际性的行业，各国在评估准则及专业术语上的差异给评估业的国际合作和进一步发展带来了很大的困难。由于缺乏国际性的评估准则，许多国家及地区的评估准则的运用也受到了限制。为了适应评估行业发展的客观需要，急需制定统一的国际性评估准则，这也是制定国际评估准则的内在动力。

（三）国际评估准则制定的外部动力

随着国际经济和市场全球化的发展，专业资产评估在市场经济中的重要性得到了广泛认可。合格、客观、专业化发展的资产评估服务对各种经济行为，尤其是对跨国投资者来说是必要的。国际经济界也迫切需要规范、统一的国际评估准则，以促使评估业更好地为经济发展服务。这就为国际评估准则的制定奠定了外部客观基础。

二、国际评估准则的主要内容

最新第九版的国际评估准则不仅在风格上而且在表述上都较第八版有了很大的变化，其进行了大量的删减，仅剩下原有内容的四分之一。最新第九版国际评估准则主要包括以下内容。

（一）定义

这部分包括那些在准则正文中有特定意义的词语和短语，这些定义将在多项准则中重复出现。仅在单项准则中使用的定义于该准则中确定。

（二）框架

IVS框架包括业界公认的评估概念和原则，这也是国际评估准则的基础。评估人员执行准则时需要考虑和应用到这个框架。

（三）基本准则

在满足资产准则或评估应用中规定的变更或新增要求的前提下，三项基本准则适用于所有类型和所有目的的资产评估。该基本准则包括"IVS101 工作范围"、"IVS 102 实施"以及"IVS103 报告"。

（四）资产准则

资产准则包括"准则"和"注释"。"准则"陈述了修改或扩大基本准则的要求，并包含了基本准则中的原则如何应用到特定资产种类的说明；"注释"则提供了每一类资产特征的附加背景信息，这些信息影响价值和惯用评估方法的使用。资产准则包括"IVS 200 企业及企业权益"、"IVS 210 无形资产"、"IVS 220 机器设备"、"IVS 230 不动产权益"、"IVS 233 在建投资性不动产"、"IVS 250 金融工具"。

（五）评估应用

评估应用适用于基本评估目的。每个"应用"包括一个"准则"和一个"指南"。"准则"包括对基本准则的增加或修订，以及从事该目的评估时，如何应用基本准则和资产准则中相关原则的说明。"指南"部分则提供如下信息。

1. 可适用的其他团体发布的国际应用规则或准则在评估方面的要求，如国际财务报告准则（IFRS）。

2. 用于该目的的其他公认评估要求。

3. 为满足这些要求所需的适当评估程序。

评估应用包括"IVS 300 以财务报告为目的的评估"、"IVS 310 以担保贷款为目的的不动产权益评估"。

（六）索引（略）

三、国际评估准则的相关概念

国际评估准则对资产评估的一些基本概念进行了详细的阐述，这里主要就折旧、价格、价值、市场、成本和最佳用途进行阐述，其他的不再逐一阐述。

（一）折旧

折旧在评估行业和会计行业经常涉及。评估师在资产评估业务中所使用的折旧概念表示从估计的全新重置成本中扣除的任何部分。这些扣除部分即评估中的折旧，包括实体性损耗、功能性（技术性）陈旧或经济性贬值。会计上的折旧是指会计师根据历史成本原则做出的对资产原始成本的一种摊销，但并不考虑这种摊销是否与实际情况相符。因此，关于折旧的定义在评估行业和会计行业中最重要的区别为：对评估师而言，评估行业中的折旧应当与市场有关，反映相关的市场状况；对会计师而言，会计行业中的折旧与会计原则相关，并不反映市场状况。

（二）市场、成本、价格和价值

市场、成本、价格、价值等概念是资产评估中最基本的概念，同时也是争议最大的概念，理解这些基本概念在资产评估中的内涵对于评估专业人员是十分重要的。

市场是买方和卖方在价格作用机制下就商品和服务进行交易的体系，市场的存在是资产评估能够得以进行的基础条件之一。市场意味着买方和卖方能够在合理限制的条件下进行商品或服务交易。交易各方能够根据供求关系和其他价格确定因素、各方的能力和知识、各方对商品或服务效用的理解以及各自的需要、欲望等因素作出合理决策。

成本是与生产相关的概念，是为商品或服务所支付的货币数额，或者是生产商品、提供服务所需要的货币金额。对于购买者来说，为商品或服务所付出的价格就成为其成本。

价格是与商品或服务交换相关的概念，某商品或某项服务所要求的、提供的或支付的货币数额，反映了商品或服务进行实际交易的货币金额。一般情况下，价格反映出在特定条件下特定的买方或卖方对商品或服务价值的认可。

价值是个经济概念，价值并不是事实，只是根据特定的价值定义在特定时间内对商品、服务进行交易时最可能形成的价格的估计额。价值的经济概念反映了在价值的有效日期（基准日）内，市场（而不是特定买方或卖方）对于某人拥有某商品或接受某服务而具有的利益的评判。

（三）最佳用途

最佳用途又称为最大最有效用途，对某项资产而言，实际可能的、经合理证明的、法律允许的、财务上可行的并能实现该被评估资产最大价值的最可能用途。根据最佳用途的定义，法律不允许或实际不可行的用途不得视为最佳用途。对法律允许且实际可行的用途仍需要评估师证明这种用途合理可行的原因。如果分析表明一种或多种用途是合理可行的，则需要进一步通过经济可行性研究来论证，能体现最高价值并满足其他条件验证的用途才可以认为是最佳用途。最佳用途对于不动产评估尤为重要。

练习题

一、单项选择题

1. 《资产评估准则——基本准则》实施于（ ）。

A. 2001 年   B. 2003 年   C. 2004 年   D. 2005 年

2. 我国最早颁布的准则是（ ）。

A. 基本准则   B. 无形资产准则   C. 职业道德准则   D. 企业价值准则

二、多项选择题

1. 资产评估业务准则可以分为（ ）。

A. 基本准则   B. 具体准则   C. 评估指南   D. 评估指导意见

2. 2008 年 7 月颁布的准则有（ ）。

A. 不动产准则   B. 无形资产准则   C. 机器设备准则   D. 评估程序准则

第三章　资产评估程序

学习目的与要求

通过本章的学习，使学生了解：资产评估程序的含义、重要性；资产评估的具体程序，包括明确资产评估业务基本事项、签订资产评估业务约定书、编制资产评估计划、进行现场调查、收集资产评估资料、评定估算、编制和提交资产评估报告书、资产评估工作底稿归档。重点要掌握资产评估的各个具体程序的内容。

第一节　资产评估程序概述

一、资产评估程序的定义

资产评估程序是指资产评估机构和人员执行资产评估业务形成资产评估结论所履行的系统性工作步骤。资产评估程序由具体的工作步骤组成，不同的资产评估业务由于评估对象、评估目的、资产评估资料收集情况等相关条件的差异，评估人员可能需要执行不同的资产评估程序或工作步骤，但由于资产评估业务的共性，各种资产类型、各种评估目的资产评估业务的基本程序是相同或相通的。通过对资产评估基本程序的总结和规范，可以有效地指导评估人员开展各种类型的资产评估业务，因此有必要加强对资产评估基本程序的研究和规范。

我国评估实务界从不同角度对评估程序有着不同的理解，总的来说可以从狭义和广义的角度来了解资产评估程序。资产评估是一种基于委托合同基础之上的专业服务，因此从狭义的角度看，很多人认为资产评估程序开始于资产机构和人员接受委托，终止于向委托人或相关当事人提交资产评估报告书。然而作为一种专业性、风险性很强的中介服务，为保证资产评估业务质量、控制资产评估风险、提高资产评估服务水平，以便更好地服务于委托人，并维护资产评估行为各方当事人的合法利益和社会公共利益，因此有必要从广义角度了解资产评估程序。广义的资产评估程序开始于承接资产评估业务前的明确资产评估基本事项环节，终止于资产评估报告书提交后的资产评估文件归档管理。

二、资产评估的基本程序

资产评估具体程序或工作步骤的划分取决于资产评估机构和人员对资产评估工作步骤共性的归纳，资产评估业务的性质、复杂程度也是影响资产评估具体程序划分的重要因素。在2008年7月1日起施行的《资产评估准则——评估程序》中，规定了注册资产评估师通常执行的资产评估基本程序，具体内容如下。

1. 明确资产评估业务基本事项。

2. 签订资产评估业务约定书。

3. 编制资产评估计划。

4. 进行现场调查。

5. 收集资产评估资料。

6. 评定估算。

7. 编制和提交资产评估报告书。

8. 资产评估工作底稿归档。

注册资产评估师不得随意删减基本评估程序。注册资产评估师应当根据准则，结合评估业务的具体情况，制定并实施适当的具体评估步骤。注册资产评估师在执行评估业务的过程中，由于受到客观条件的限制，无法或者不能完全履行评估程序，这时可以根据能否采取必要措施弥补程序缺失和是否对评估结论产生重大影响来决定继续执行评估业务或者终止评估业务。注册资产评估师应当记录评估程序履行情况，并形成工作底稿。

三、资产评估程序的重要性

（一）资产评估程序是规范资产评估行为、提高资产评估业务质量和维护资产评估服务公信力的重要保证

资产评估机构和人员接受委托后，不论执行何种资产类型、何种评估目的的资产评估业务，都应当履行必要的资产评估程序，按照工作步骤有计划地进行资产评估。这样做不仅有利于规范资产评估机构和人员的执业行为，而且能够有效地避免由于机构和人员水平不同而导致的在执行具体资产评估业务中可能出现的程序上的重大疏漏，切实保证资产评估业务质量。恰当履行资产评估程序对于提高资产评估机构业务水平乃至资产评估行业整体业务水平分具有重要意义。资产评估是一项专业性很强的中介服务工作，评估机构和人员履行严格的评估程序也是赢得客户和社会公众信任、提高评估行业社会公信力的重要保证。

（二）资产评估程序是相关当事方评价资产评估服务的重要依据

由于资产评估结论是相关当事方进行决策的重要参考依据之一，因此资产评估服务必然引起许多相关当事方的关注，包括委托人、资产占有方、资产评估报告使用人、相关利益当事人、司法部门、证券监督及其他行政监督部门、资产评估行业主管协会以及社会公众、新闻媒体等。资产评估程序不仅为资产评估机构和人员执行资产评估业务提供了必要的指导和规范，而且为上述相关当事方提供了评价资产评估服务的重要依据，同时也是委托人、司法和行政监管部门及资产评估行业协会监督资产评估机构和人员、评价资产评估服务质量的主要依据。

（三）资产评估程序是资产评估机构和人员防范执业风险、保护自身合法权益、合理抗辩的重要手段

随着资产评估行业的发展，资产评估机构和人员与其他当事人之间就资产评估服务引起的纠纷和法律诉讼越来越多。从各国的实践来看，由于资产评估工作的专业性及在举证、鉴定方面存在较大难度等原因，无论是当事人还是司法部门由于都倾向于追究资产评估机构和人员在履行必要资产评估程序方面的疏漏和责任。同时又由于我国资产评估实践尚处于初步发展阶段，各方对资产评估的专业性还存在认识上的差距，我国资产评估委托人和相关当事方、政府和行业监管部门及司法部门在相当长的时间内部倾向于对资产评估结论做出"高低"、"对错"的简单二元判断，并以此作为对资产评估服务和评估机构、人员的评判依据。随着我国资产评估行业的发展，有关各方对资产评估的认识逐步提高，目前已经开始逐步转向重点关注资产评估机构和人员在执行业务过程中是否恰当履行了必要的资产评估程序。因此，恰当履行资产评估程序是资产评估机构和人员防范执业风险的主要手段，也是在产生纠纷或诉讼后，合理保护自身权益、合理抗辩的重要手段。

第二节　资产评估的具体程序

一、明确资产评估业务基本事项

明确资产评估业务基本事项是资产评估程序的第一个环节，包括在签订资产评估业务约定书以前所进行的一系列基础性工作，对资产评估项目风险评价、项目承接与否以及资产评估项目的顺利实施具有重要意义。由于资产评估专业服务的特殊性，资产评估程序甚至在资产评估机构接受业务委托前就已开始。资产评估机构和人员在接受资产评估业务委托之前，应当采取与委托人等相关当事人讨论、阅读基础资料、进行必要初步调查等方式，与委托人等相关当事人共同明确资产评估业务基本事项。

（一）委托方、产权持有者和委托方外的其他报告使用者

资产评估机构和人员应当了解委托方与产权持有者的基本状况。在不同的资产评估项目中，相关当事方有所不同，主要包括资产占有方、资产评估报告使用方、其他利益关联方等。委托人与相关当事人之间的关系也应当作为重要基础资料予以充分了解，这对于理解评估目的、相关经济行为以及防范恶意委托等十分重要。在可能的情况下，评估机构和评估人员还应要求委托人明确资产评估报告的使用人或使用人范围以及资产评估报告的使用方式。明确评估报告使用者范围有利于评估机构和评估人员更好地根据使用者的需求提供良好服务，同时也有利于降低评估风险。

（二）评估目的

资产评估机构和人员应当与委托方就资产评估目的达成明确、清晰的共识，并尽可能细化资产评估目的，说明资产评估业务的具体目的和用途，避免仅仅笼统列出通用资产评估目的的简单做法。

（三）评估对象和评估范围

资产评估机构和人员应当了解评估对象及其权益基本状况，包括法律、经济和物理状况，如资产类型、规格型号、结构、数量、购置（生产）年代、生产（工艺）流程、地理位置、使用状况、企业名称、住所、注册资本、所属行业在行业中的地位和影响、经营范

围、财务和经营状况等。资产评估机构和人员应当特别了解有关的评估对象权利受限状况。

（四）价值类型

资产评估机构和人员应当在明确资产评估目的的基础上，恰当确定价值类型，确信所选择的价值类型适用于资产评估目的，并就所选择价值类型的定义与委托方进行沟通，避免出现歧义、误导。

（五）评估基准日

资产评估机构和人员应当通过与委托方的沟通，了解并明确资产评估基准日。资产评估基准日是评估业务中极为重要的基础，也是评估基本原则之一的时点原则在评估实物中的具体实现。评估基准日的选择应当有利于资产评估结论有效地服务于资产评估目的，减少和避免不必要的资产评估基准日期后事项。评估机构和人员应当根据专业知识和经验，建议委托方根据评估目的、资产和市场变化情况等因素合理选择评估基准日。

（六）资产评估报告使用限制

资产评估机构和人员在承接评估业务前，应充分了解所有对资产评估业务可能构成影响的限制条件，以便进行必要的风险评价，并更好地为客户服务。

（七）评估报告提交时间及方式（略）

（八）评估服务费总额、支付时间和方式（略）

（九）委托方与注册资产评估师工作配合和协助等其他需要明确的重要事项

根据具体评估业务的不同，评估机构和人员应当在了解上述基本事项的基础上，了解其他对评估业务的执行可能具有影响的相关事项。资产评估机构和人员在明确上述资产评估基本事项的基础上，应当分析下列因素，确定是否承接资产评估项目。

（1）评估项目风险。评估机构和人员应当根据初步掌握的相关评估业务的基础情况，具体分析资产评估项目的执业风险，以判断该项目的风险是否超出合理的范围。

（2）专业胜任能力。评估机构和人员应当根据所了解的评估业务的基础情况和复杂性，分析本机构和评估人员是否具有与该项目相适应的专业胜任能力及相关经验。

（3）独立性分析。评估机构和人员应当根据职业道德要求和国家相关法则规定，结合评估业务的具体情况分析资产评估机构和人员的独立性，确认与委托人或相关当事方是否存在现实或潜在利害关系。

二、签订资产评估业务约定书

资产评估业务约定书是资产评估机构与委托人共同签订的，确认资产评估业务委托与受托关系的，明确委托目的、被评估资产范围及双方义务等相关重要事项的合同。

根据我国资产评估行业的现行规定，注册资产评估师承办资产评估业务，应当由其所在的资产评估机构统一受理，并由评估机构与委托人签订书面资产评估业务约定书。注册资产评估师不得以个人名义签订资产评估业务约定书。资产评估业务约定书应由资产评估机构与委托方的法定代表人或其授权代表签订，且内容全面、具体，含义清晰、准确，并符合国家法律、法规和资产评估行业的管理规定。2008年7月1日起施行的《资产评估准则——业务约定书》的基本内容如下。

1. 资产评估机构和委托方的名称、住所。

2. 资产评估的目的。

3. 资产评估的对象和范围。

4. 资产评估基准日。

5. 资产评估报告使用者。

6. 出具资产评估报告的期限和方式。

7. 资产评估服务费总额、支付时间和方式。

8. 评估机构和委托方的其他权利和义务。

9. 违约责任和争议解决。

10. 签约时间。

评估机构在决定承接评估业务后，应当与委托方签订业务约定书。若评估目的、评估对象、评估基准日发生变化，或者评估范围发生重大变化，评估机构应当与委托方签订补充协议或者重新签订业务约定书。

三、编制资产评估计划

为高效完成资产评估业务，资产评估机构和人员应当编制资产评估计划，对资产评估过程中的每个工作步骤以及时间和人力安排进行规划与安排。资产评估计划是资产评估机构和人员为执行资产评估业务拟定的资产评估思路与实施方案，对合理安排工作量、工作进度、专业人员调配、按时完成资产评估业务具有重要意义。评估计划通常包括评估的具体步骤、时间进度、人员安排和技术方案等内容。由于资产评估项目千差万别，资产评估计划也不尽相同，注册资产评估师可以根据评估业务的具体情况确定评估计划的详略程度。资产评估机构和人员应当根据所承接的具体资产评估项目情况，编制合理的资产评估计划，并根据执行资产评估业务过程中的具体情况，及时修改、补充资产评估计划。

注册资产评估师编制的评估计划的内容应该涵盖现场调查、收集评估资料、评定估算、编制和提交评估报告等评估业务实施全过程，在资产评估计划编制过程中应当同委托人等就相关问题进行洽谈，以便于资产评估计划的实施。同时注册资产评估师应当将编制的评估计划报评估机构相关负责人审核、批准。注册资产评估师编制资产评估工作计划时应当重点考虑以下因素。

1. 资产评估目的、资产评估对象状况。

2. 资产评估业务风险、资产评估项目的规模和复杂程度。

3. 评估对象的性质、行业特点、发展趋势。

4. 资产评估项目所涉及资产的结构、类别、数量及分布状况。

5. 相关资料收集状况。

6. 委托人或资产占有方过去委托资产评估的经历、诚信状况及提供资料的可靠性、完整性和相关性。

7. 资产评估人员的专业胜任能力、经验及专业与助理人员的配备情况。

四、现场调查

资产评估机构和人员执行资产评估业务时，应当对评估对象进行必要的勘查，包括对不动产和其他实物资产进行必要的现场勘查；而对企业价值、股权和无形资产等非实物性资产进行评估时，也应当根据评估对象的具体情况进行必要的现场勘查。进行资产勘查和现场调查工作不仅仅基于资产评估人员勤勉尽责义务的要求，同时也是资产评估程序和人员全面、客观了解评估对象，核实委托方和资产占有方提供资料的可靠性，并通过在资产勘查和现场调查过程中发现的问题、线索，有针对性地开展资料收集、分析工作。由于各类资产差别很大以及评估目的不同等原因，不同项目对评估对象进行勘查或现场调查的具体方式和程度也不尽相同。评估师应当根据评估项目的具体情况，确定合理的资产勘查或现场调查方式，并与委托方或资产占有方进行沟通，以确保资产勘查或现场调查工作的顺利进行。

五、收集资产评估资料

在上述几个环节的基础上，资产评估机构和人员应当根据资产评估项目的具体情况收集资产评估相关资料。资料收集工作是资产评估业务质量的重要保证，也是进行分析、判断进而形成评估结论的基础。由于资产评估的专业性和评估对象的广泛性，不同的项目、不同的评估目的、不同的资产类型对评估资料有着不同的需求。同时又由于评估对象及其所在行业的市场状况、信息化和公开化程度差别较大，相关资料的可获取程度也不同。因此，从一定程度上来看，资产评估机构和人员的执业能力体现在其收集、占有与所执行项目相关信息资料的能力上。资产评估机构和人员在日常工作中就应当注重收集信息资料及其来源，并根据所承接的项目情况确定所要收集资料的深度和广度，同时采取必要措施确信资料来源的可靠性。

注册资产评估师应当通过询问、函证、核对、监盘、勘查、检查等方式进行调查，以获取评估业务需要的基础资料，了解评估对象现状，关注评估对象法律权属。注册资产评估师执行现场调查时无法或者不宜对评估范围内所有资产、负债等有关内容进行逐项调查的，可以根据重要程度采用抽样等方式进行调查。注册资产评估师应当根据评估业务需要和评估业务实施过程中的情况变化及时补充或者调整现场调查工作。注册资产评估师所收集的评估资料包括直接从市场等渠道独立获取的资料，从委托方、产权持有者等相关当事方获取的资料，以及从政府部门、各类专业机构和其他相关部门获取的资料。评估资料包括查询记录、询价结果、检查记录、行业资讯、分析资料、鉴定报告、专业报告及政府文件等。注册资产评估师还应根据评估业务的具体情况对所收集的评估资料进行必要的分析、归纳和整理，以形成评定估算的依据。

六、评定估算

资产评估机构和人员在占有相关资产评估资料的基础上进行评定估算，主要包括分析资产评估资料、恰当选择资产评估方法、运用资产评估方法形成初步资产评估结论、综合分析确定资产评估结论、资产评估机构内部复核等具体工作步骤。

资产评估机构和人员应当对所收集的资产评估资料进行充分分析，确定其可靠性、相关性、可比性，摒弃不可靠、不相关的信息，在此基础上选择合适的资产评估方法，并根据业务需要及时补充和收集相关信息。

成本法、市场法和收益法是三种通用的资产评估基本方法，原则上在任何资产评估项目中，资产评估人员都应先考虑这三种方法的适用性。长期以来在我国资产评估项目实践中，绝大多数资产评估业务是以成本法为唯一使用的资产评估方法。随着我国资产评估理论和实践的发展，特别是市场发育状况及其他相关条件的日益成熟，我们应当提倡资产评估人员根据评估对象、评估目的、资料收集情况等相关条件恰当选择资产评估方法，鼓励尽可能选用多种评估方法进行评估，对宜采用两种以上资产评估方法的评估项目，应使用两种以上资产评估方法，并说明选择资产评估方法的理由。

资产评估人员选择恰当的资产评估方法后，应当根据评估基本原理和评估准则的要求恰当运用评估方法进行评估，以形成初步评估结论。资产评估人员若采用成本法，应当合理确定完全重置成本和各相关贬值因素；若采用市场法，应当合理选择参照物，分析参照物的信息资料，并根据评估对象与参照物的差异进行必要调整；若采用收益法，应当合理预测未来收益，合理确定收益期限和折现率等相关参数。

资产评估人员在形成初步资产评估结论的基础上，需要对信息资料及参数的数量、质量和选取的合理性等进行综合分析，以最终形成资产评估结论。当采用两种以上资产评估方法时，资产评估人员应当在得出的初步结论的基础上，综合分析评估方法的相关性和恰当性、相关参数选取的合理性，最终形成资产评估结论。

资产评估机构应当建立内部质量控制制度，由不同人员对资产评估过程和结论进行必要的复核工作。

七、编制和提交资产评估报告书

资产评估机构和人员执行必要的资产评估程序、形成资产评估结论后，应当按有关资产评估报告的规范编制资产评估报告书。资产评估报告书的内容主要包括委托方和资产评估机构的情况，资产评估的目的，资产评估结论价值类型，资产评估基准日、评估方法及其说明，资产评估假设和限制条件等。资产评估机构和人员可以根据资产评估业务性质和委托方或其他评估报告使用者的要求，在遵守资产评估报告书规范和不引起误导的前提下，使资产评估报告的详略程度适当。

资产评估机构和人员应当以恰当的方式将资产评估报告书提交给委托人。正式提交资产评估报告书之前，资产评估机构和人员可以在不影响对最终评估结论进行独立判断的前提下，与委托方或者委托方许可的相关当事方就评估报告有关内容进行必要沟通，听取委托人、资产占有方对资产评估结论的反馈意见，并引导委托人、资产占有方、资产评估报告使用者等理解资产评估结论。

八、资产评估工作底稿归档

资产评估机构和人员向委托人提交资产评估报告书后，应当及时将资产评估工作底稿归档。将这一环节列为资产评估基本程序之一，充分体现了资产评估服务的专业性和特殊性，这不仅有利于评估机构应对今后可能出现的资产评估项目检查和法律诉讼，也有利于资产评估工作总结、完善和提高资产评估业务水平。

根据自 2008 年 7 月 1 日起施行的《资产评估准则——工作底稿》，注册资产评估师执行资产评估业务时，应当遵守法律、法规和资产评估准则的相关规定；编制和管理的工作底稿应当真实完整、重点突出、记录清晰、结论明确。注册资产评估师可以根据评估业务的具体情况，合理确定工作底稿的详略程度；工作底稿可以是纸质文档、电子文档或者其他介质形式的文档，电子或者其他介质形式的重要工作底稿，如评估业务执行过程中的重大问题处理记录，对评估结论有重大影响的现场勘查记录、询价记录和评定估算过程记录等，应当同时形成纸质文档。注册资产评估师收集委托方和相关当事方提供的与评估业务相关的资料作为工作底稿时，应当由提供方在相关资料中签字、盖章或者以其他方式进行确认，并于评估报告日后 90 日内，及时将工作底稿与评估报告等一起归入评估业务档案，由所在评估机构按照国家有关档案管理的法律、法规及本准则的规定妥善管理；评估业务档案自评估报告日起一般至少保存 10 年；工作底稿的管理应当执行保密制度。除下列情形外，工作底稿不得对外提供。

1. 司法部门按法定程序进行查询的。
2. 依法有权审核评估业务的政府部门按规定程序对工作底稿进行查阅的。
3. 资产评估行业协会按规定程序对执业质量进行检查的。
4. 其他依法可以查阅的情形。

练习题

一、单项选择题

1. 对不同的评估对象和评估目的而言，评估的基本程序应该是（ ）。

A. 相通或相同　B. 完全不相同　C. 基本相同　D. 部分不相同

2. 明确资产评估业务基本事项是鉴定评估业务约定书（ ）的基础工作。

A. 之前　B. 之后　C. 贯穿全过程　D. 与此无关

3. 与委托人签订评估业务约定书的应当是（ ）。

A. 注册资产评估师　B. 资产评估机构　C. 注册资产评估师和评估机构　D. 均可

4. 资产评估计划的详略程度取决于（ ）。

A. 收取的评估费用的多少　B. 评估人员素质

C. 评估机构规模　　　　　　D. 评估业务规模和复杂程度

二、多项选择题

1. 资产评估业务约定书的内容包括（　　）。

A. 评估范围　B. 评估目的　C. 评估假设　D. 评估基准日　E. 评估工作日期

2. 狭义的评估程序不包括（　　）。

A. 明确基本事项　B. 编制评估计划　C. 收集资料　D. 整理归档　E. 评定估算

第四章　资产评估基本方法

学习目的与要求

通过本章的学习，使学生了解：资产评估三种基本方法中的市场法、收益法和成本法的概念、基本前提、基本程序、具体指标、具体评估方法及其优缺点；三种评估方法的比较与选择。重点要掌握市场法、收益法和成本法三种基本方法的计算和应用。

第一节　市场法

市场法的理论依据是均衡价值论。均衡价值论认为在资产评估中，既要考虑资产的购建成本，也要考虑资产的效用。在一个存在着竞争的市场环境中，资产的市场价格是以实际价格（价值）为基础上下波动的。

一、市场法的基本含义和基本前提

（一）市场法的基本含义

市场法又叫现行市价法，是对市场上相同或类似资产的近期交易价格进行直接比较或类比分析，以估测被评估资产价值的各类评估方法的总称。

从市场法的基本含义我们可以看出，市场法是资产评估的一种评估思路，而不是一种具体的评估方法。市场法包括很多具体的评估方法，只要符合市场法评估思路都可以作为市场法的评估方法。

市场法依据替代原理，采取比较或类比的思路和方法，利用已经被市场检验了的资产成交价格的信息，评定和估算出被评估资产的价值。这种方法得出的评估结果是很容易被当事人双方理解和接受的，因为任何一个理性的投资者购买资产时，都不会支付高于市场上具有相同用途的替代品的成交价格。

市场法的应用与市场经济体制的建立和发展、资产的市场化程度密切相关，随着我国社会主义市场经济体制的建立和完善，市场法将有更广泛的应用空间，并将逐步成为一种重要的评估方法。

（二）市场法的基本前提

市场法虽然是一种被广泛应用的评估方法，但是必须满足两个基本前提条件：一是要有一个活跃的公开市场；二是公开市场上的参照物及其与被评估资产可比较的指标、技术参数等资料可以搜集到。

活跃的公开市场是一个充分的市场，市场上的成交价格基本上可以反映市场行情，排除了个别交易的偶然性，以此为基础估测的资产的评估值，更接近于市场价格，更易于当事人双方理解和接受。参照物的选取以及参照物与被评估资产的可比性是运用市场法的重要前提，也是进行比较分析的主要数据依据。

二、市场法的基本程序

（一）选择参照物

选择参照物是运用市场法进行评估的重要环节，对参照物的要求最关键的就是可比性问题，包括功能、市场条件以及成交时间的可比性等；参照物的数量也是其中的一点要求，不论参照物与评估对象怎样相似，通常应至少选择三种参照物。因为运用市场法评估资产价值，被评估资产评估值的高低取决于参照物成交价格水平，而参照物成交价格又不仅仅是参照物功能自身的市场体现，同时还受买卖双方交易地位、交易动机、交易时限等因素的影响。为了避免某个参照物个别交易中的特殊因素和偶然因素对成交价格及评估值产生影响，运用市场途径评估资产时应尽量选择多个参照物。另外，选择的参照物的成交价格必须是正常的、真实的成交价，如报价、拍卖底价、关联方交易价格等都不能视为成交价格。

（二）在评估对象与参照物之间选择比较因素

不论何种资产，影响其价值的因素基本相同，如资产的性质、市场条件等。但具体到每一种资产时，影响资产价值的因素又各有侧重。例如，不动产主要受地理位置因素的影响，而机器设备则受技术水平的影响。根据不同种类资产价值形成的特点，选择对资产价值影响较大的因素作为对比指标，在参照物与评估对象之间进行比较。

一般来讲，评估对象与参照物之间需要比较的因素包括以下几个方面的内容。

（1）时间因素。时间因素是指参照物的交易时间与评估基准日时间上的不一致所导致的差异。由于大多数资产的交易价格总是处于波动之中，不同时间条件下，资产的价格会有所不同，在评估时必须考虑时间差异。一般情况下，应当根据参照物价格变动指数将参照物实际成交价格调整为评估基准日交易价格。

（2）区域因素。区域因素是指参照物所在地区的条件与被评估资产所在地区的条件不同所导致的差异。一般情况下，应当把参照物所在地区的条件与被评估资产所在地区的条件进行对比，根据参照物的成交价格，调整被评估资产的价格。区域因素对不动产价格的影响尤为突出。

（3）功能因素。功能因素是指参照物与被评估资产在功能上的差异对评估值的影响。一般可以通过功能系数法调整功能差异。功能因素对机器设备价格的影响尤为突出。

（4）成新率因素。成新率因素是指参照物与被评估资产在新旧程度方面的差异对评估值的影响。一般来讲，资产的成新率越大，资产的价值就越高。在评估时，需要把参照物的成新率与被评估资产的成新率进行比较，根据参照物的成交价格，调整被评估资产的价格。

（5）交易情况。交易情况主要包括交易的市场条件和交易条件。市场条件主要是指参照物成交时的市场条件与评估时的市场条件，且它们均属于公开市场或非公开市场以及市场供求状况。通常情况下，市场供不应求时，价格偏高；供过于求时，价格偏低。市场条件上的差异对资产价值的影响很大。交易条件主要包括交易批量、交易动机、交易时间等。交易批量不同，交易对象的价格就可能会不同，交易动机对资产交易价格也会产生影响，在不同时间进行交易，资产的交易价格也会有所不同。

（6）个别因素。个别因素主要包括资产的实体特征和质量。资产的实体特征主要是指资产的外观、结构、规格型号等。资产的质量主要是指资产本身的建造或制造的工艺水平。

（三）指标对比、量化差异

根据所选定的对比指标，在参照物及评估对象之间进行比较，并将两者的差异进行量化。例如，资产功能指标，参照物与评估对象尽管功能相同或相近，但是在生产能力及生产产品的质量方面，以及在资产运营过程中的能耗、物耗和人工消耗等方面都会有不同程度的差异，将参照物与评估对象对比指标之间的差异数量化、货币化是运用市场法的重要环节。

（四）在各参照物成交价格的基础上调整已经量化的对比指标差异

市场法是以参照物的成交价格作为估算评估对象价值的基础。在此基础上将已经量化的参照物与评估对象对比指标差异进行调增或调减，就能得到以每个参照物为基础的评估对象的初评结果。初评结果的数量取决于所选择的参照物个数，一般选择了几个参照物就有几个初评结果。

（五）综合分析确定评估结果

运用市场法通常应至少选择三种参照物，就是说在通常情况下，运用市场法评估的初评结果也在三个以上。按照资产评估一般惯例的要求，正式的评估结果只能有一个，这就需要评估人员对若干初评结果进行综合分析，以确定最终的评估值，但这并没有明确规定，完全取决于评估人员对参照物的把握和对评估对象的认识，再加上评估经验。

三、市场法中的具体评估技术方法

（一）类比调整法

类比调整法也叫市场售价类比法，是在公开市场上无法找到与被评估资产完全相同的参照物时，可选择若干个类似资产的交易案例作为参照物，通过分析比较评估对象与各个参照物交易案例的因素差异，并对参照物的价格进行差异调整，来确定被评估资产价值的方法。

类比调整法是市场法中最基本的评估方法，具有适应性强、应用广泛的特点。由于这种方法对参照物的要求不高，只要参照物与被评估资产大体相似就可以。

类比调整法的具体计算公式为：

资产评估价值＝参照物的成交价±功能因素调整值±时间因素调整值±区域因素调整值±交易情况调整值±……

或　　资产评估价值＝参照物的成交价×功能因素调整系数×时间因素调整系数×区域因素调整系数×交易情况调整系数×……

【例4-1】估价对象为城市规划中属于住宅区的一块空地，面积为600平方米，地形为长方形。要求评估该空地2012年10月的公平市场交易价格。

解：（1）选择评估方法。该类型的土地交易有较多的实例，故采用市场法进行评估。

（2）搜集有关的评估资料。①搜集待估土地资料（略）；②搜集交易案例资料（详见表4-1）。

表4-1　交易案例情况表

影响因素	案例A	案例B	案例C	案例D	评估对象
坐落	略	略	略	略	略
所在地区	临近	类似	类似	类似	一般市区
用地性质	住宅	住宅	住宅	住宅	住宅
土地类型	空地	空地	空地	空地	空地
交易日期	2012.4	2012.3	2011.10	2011.12	2012.10
总价	196万元	312万元	274万元	378万元	
单价	8 700元/平方米	8 200元/平方米	8 550元/平方米	8 400元/平方米	
面积	225平方米	380平方米	320平方米	450平方米	600平方米
形状	长方形	长方形	长方形	略正方形	长方形
地势	平坦	平坦	平坦	平坦	平坦
地质	普通	普通	普通	普通	普通
基础设施	较好	完备	较好	很好	很好
交通状况	很好	较好	较好	较好	很好
正面路宽	8米	6米	8米	8米	8米
容积率	6	5	6	6	6
剩余使用年限	35年	30年	35年	30年	30年

（3）进行交易情况修正。经分析，交易案例A、D为正常买卖，无需进行交易情况修正；交易案例B较正常买卖价格偏低2%；交易案例C较正常买卖价格偏低3%，因此各交易案例的交易情况修正率为：交易案例A为0；交易案例B为2%；交易案例C为3%；交易案例D为0。

（4）进行交易日期修正。根据调查，2011年10月以来土地价格平均每月上涨1%，因此各参照物交易案例的交易日期修正率为交易案例A为6%；交易案例B为7%；交易案例C为12%；交易案例D为10%。

（5）进行区域因素修正。交易案例A与待估土地处于同一地区，无需作区域因素修正。交易案例B、C、D的区域因素修正情况可参照表4-2来判断。

表 4-2　区域因素比较表

区域因素	案例 B	案例 C	案例 D
自然条件	相同	相同	相同
社会环境	稍差	相同	相同
街道条件	相同	相同	相同
交通便捷度	稍差	稍好	相同
离车站的远近	稍远	稍近	相同
离市中心的远近	相同	稍近	相同
基础设施状况	稍差	相同	稍好
公共设施完备状况	相同	稍差	相同
环境污染状况	相同	相同	相同
周围环境及景观	相同	相同	相同
规划限制	相同	相同	相同
综合打分	88 分	108 分	100 分

本次评估设定待估地块的区域因素值为 100 分，通过对表 4-2 中各种区域因素的对比分析，经综合判定打分，交易案例 B 所属地区为 88 分，交易案例 C 所属地区为 108 分，交易案例 D 所属地区为 100 分。

（6）进行个别因素修正。

①经比较分析，待估土地的面积较大，有利于充分利用，另外环境条件也比较好，故判定待估土地比各交易案例土地价格高 2%。

②土地使用年限因素的修正。交易案例 B、D 与待估土地的剩余使用年限相同，因此无需修正；交易案例 A、C 均需进行使用年限因素的调整，其修正系数如下（假定折现率为 8%）：

$$年限修正系数 = [1-1\div(1+8\%)^{30}] \div [1-1\div(1+8\%)^{35}]$$
$$= 0.900\,6 \div 0.932\,4$$
$$= 0.965\,9$$

（7）计算待估土地的初步评估价格。

交易案例 A 修正后的单价为：$8\,700 \times \frac{100}{100} \times \frac{106}{100} \times \frac{100}{100} \times \frac{100}{98} \times 0.965\,9 \approx 9\,089$（元/平方米）

交易案例 B 修正后的单价为：$8\,200 \times \frac{100}{98} \times \frac{107}{100} \times \frac{100}{88} \times \frac{100}{98} \approx 10\,382$（元/平方米）

交易案例 C 修正后的单价为：$8\,550 \times \frac{100}{97} \times \frac{112}{100} \times \frac{100}{108} \times \frac{100}{98} \times 0.965\,9 \approx 9\,009$（元/平方米）

交易案例 D 修正后的单价为：$8\ 400 \times \dfrac{100}{100} \times \dfrac{110}{100} \times \dfrac{100}{100} \times \dfrac{100}{98} \approx 9\ 429$（元/平方米）

（8）采用简单算术平均法求取评估结果。

土地评估单价为：$(9\ 089 + 10\ 382 + 9\ 009 + 9\ 429) \div 4 \approx 9\ 821$（元/平方米）

土地评估总价为：$600 \times 9\ 821 = 5\ 892\ 600$（万元）

（二）直接比较法

直接比较法是指能够在市场上找到与被评估资产完全相同或基本相同的参照物，直接利用参照物的成交价格或利用参照物的成交价格和参照物的某一特征与被评估资产的同一特征进行比较来判断被评估资产价值的方法。其具体计算公式如下：

资产评估值 = 参照物成交价格

或　　　资产评估值 = 参照物成交价格 ×（评估对象某因素 ÷ 参照物某因素）

直接比较法适用于具有完全相同或基本相同的参照物的情况，具有直观简捷、便于操作的特点。其具体包括以下六种方法。

1. 功能价值法

功能价值法适用于被评估资产与参照物仅存在功能因素差异的情况，具体计算公式如下：

资产评估价值 = 参照物成交价格 ×（评估对象生产能力 ÷ 参照物生产能力）

【例 4-2】被评估资产的年生产能力为 90 吨，参照资产的年生产能力为 120 吨，评估时点参照资产的市场价格为 20 万元，试确定被评估资产的价值。

解：被评估资产的价值 = $20 \times 90/120 = 15$（万元）

即被评估资产的价值为 15 万元。

2. 市价折扣法

市价折扣法适用于被评估资产与参照物仅存在交易条件方面差异的情况，具体计算公式如下：

资产评估价值 = 参照物成交价格 ×（1 − 价格折扣率）

【例 4-3】某评估师评估某拟快速变现资产时，在评估时点与其完全相同的资产的正常变现价为 20 万元，经综合分析，他认为快速变现资产的折扣率应为 30%，试评估该快速变现资产的价值。

解：快速变现资产价值 = $20 \times (1 − 30\%) = 14$（万元）

即某拟快速变现资产的价值为 14 万元。

3. 成本市价法

成本市价法是以被评估资产的合理成本为基础，利用参照物的成本市价比例来估算被评估资产价值的方法，具体计算公式如下：

资产评估价值 = 评估对象现行合理成本 ×（参照物成交价格 ÷ 参照物现行合理成本）

【例 4-4】评估时点某市商品住宅的成本市价率为 150%，已知被估全新住宅的现行合理成本为 20 万元，试确定其评估价值。

解：该商品住宅的评估价值 = $20 \times 150\% = 30$（万元）

即该市商品住宅的评估价值为 30 万元。

4. 价格指数法

价格指数法适用于被评估资产与参照物仅存在时间因素差异的情况，具体计算公式如下：

$$资产评估价值 = 参照物成交价格 \times 价格指数$$

或　　　$$资产评估价值 = 参照物成交价格 \times （1 + 物价变动指数）$$

【例4-5】与被评估对象完全相同的参照资产 6 个月前的成本价格为 10 万元，一年间该类资产的价格上升了 10%，试计算该类资产现在的价值。

解：该类资产现在的价值 = 10 × （1 + 10%） = 11 （万元）

即该类资产现在的价值为 11 万元。

5. 成新率价格法

成新率价格法适用于被评估资产与参照物仅存在成新率差异的情况，具体计算公式如下：

$$资产评估价值 = 参照物成交价格 \times （评估对象成新率 \div 参照物成新率）$$

其中，资产的成新率 = 资产的尚可使用年限 ÷ （资产的已使用年限 + 资产的尚可使用年限）

6. 市盈率乘数法

市盈率乘数法是以参照物的市盈率为乘数，与被评估资产的收益额相乘来估算被评估资产价值的方法，具体计算公式如下：

$$资产评估价值 = 评估对象年收益额 \times 参照物市盈率$$

【例4-6】某被估企业的年净利润为 1 000 万元，评估时点资产市场上同类企业平均市盈率为 20 倍，试评估该企业的价值。

解：企业的价值 = 1 000 × 20 = 20 000 （万元）

即该企业的价值为 20 000 万元。

以上各种具体的评估方法中，只有市盈率乘数法适用于整体企业价值评估，其他方法适用于单项资产评估。值得注意的是，上述评估方法只是市场法中的一些常用方法，市场法还包括很多其他的具体方法。另外，上述评估方法还可能成为或可以成为成本法的具体方法。

四、市场法的优缺点

市场法是一种最简单、最有效的方法，也是发达市场经济国家应用最广泛的评估方法。市场法的优点表现在：评估值能反映市场现实价格；评估结果易为各方理解和接受。市场法的缺点表现在：前提条件严格；适用范围有限，不适用于专用机器设备、大部分无形资产及受地区、环境严格限制的资产的评估。

第二节　成本法

成本法的理论依据是劳动价值论。劳动价值论认为资产的价值由凝结在资产中的物化劳动和活劳动决定，也就是说资产的价值是由其生产成本决定的，即成本越高，价值就越大。

一、成本法的基本含义和基本前提

（一）成本法的基本含义

成本法也叫重置成本法，是指先估测被评估资产的重置成本，然后估测被评估资产业已存在的各种贬值、受损因素，并将其从重置成本中予以扣除而得到被评估资产价值的各类评估方法的总称。

从成本法的基本含义我们可以看出，成本法也是资产评估的一种评估思路，而不是一种具体的评估方法。成本法包括很多具体的评估方法，只要符合成本法评估思路都可作为成本法的评估方法。

成本法是以被评估资产的重置价值为基础，扣除从资产的形成并开始投入使用至评估基准日这段时间内的各种损耗，以得到被评估资产价值的一种评估方法。成本法是从成本取得和成本构成的角度对被评估资产的价值进行分析和判断的，具体计算公式如下：

$$资产评估价值 = 资产的重置成本 - 资产实体性贬值 - 资产功能性贬值 - 资产经济性贬值$$

或　　　$$资产评估价值 = 资产的重置成本 \times 成新率 - 资产功能性贬值 - 资产经济性贬值$$

（二）成本法的基本前提

成本法的应用必须要满足如下三个基本前提条件。

第一，被评估资产处于持续使用状态或被假定处于持续使用状态。同时，被评估资产必须是可再生的或可复制的。如土地、矿藏等一般不适用于成本法。

第二，必须具备可利用的真实的历史资料。成本法的应用是建立在历史资料基础上的，许多信息资料、指标需要通过历史资料获得。因此，要求能够收集到可利用的历史资料，而且必须注意这些资料的真实性和准确性。

第三，形成资产价值的成本耗费是必需的。成本耗费是形成资产价值的基础，但耗费包括有效耗费和无效耗费。采用成本法评估资产，先要确定这些耗费是必须的，而且应体现社会或行业平均水平，而不是个别情况。

二、重置成本及其估算

应用成本法评估资产的价值时，需要从重置成本中扣除资产的各种贬值，因此，重置成本是估算资产价值的基础。在评估实务中，一般以重置成本的具体估算方法来划分成本法。

（一）重置成本的含义

简单的说，资产的重置成本就是资产的现行再取得成本。具体来说，重置成本又分为复原重置成本和更新重置成本两种。

复原重置成本是指采用与评估对象相同的材料、建筑或制造标准、设计、规格及技术等，以现时价格水平重新购建与评估对象相同的全新资产所发生的费用。

更新重置成本是指采用新型材料，先进建筑或制造标准，新型设计、规格和新技术等，以现行价格水平购建与评估对象具有同等功能的全新资产所需的费用。

复原重置成本与更新重置成本的相同点在于都采用的是资产的现行价格；不同点在于采用的材料、技术和工艺等存在差异，复原重置成本采用的是与被评估资产相同的材料、技术和工艺等，而更新重置成本采用的是新型的材料、技术和工艺等。

那么，当计算重置成本时，既能计算出复原重置成本，又能计算出更新重置成本，我们应选择哪种重置成本呢？一般应该选择更新重置成本，原因在于：一方面，更新重置成本比复原重置成本小，因为新技术的采用提高了劳动生产率，生产资产的必要劳动时间减少了，所以根据替代的原理，应该选择更新重置成本；另一方面，采用新型的材料、技术和工艺生产的资产无论从使用性能上还是从成本耗费方面都优于旧资产，重置这样的资产更容易为人们理解和接受。另外，计算重置成本时如果选择了更新重置成本，那么在计算功能性贬值时一般不用刻意计算超额投资成本，只需计算超额营运成本。这样就简化了功能性贬值的计算。

（二）重置成本的估算方法

重置成本的估算方法有很多种，计算时需要根据被评估的资产和可获取的数据资料进行选择，主要方法包括重置核算法、价格指数法、功能系数法和统计分析法。

1. 重置核算法

重置核算法也叫核算法，是利用成本核算的原理，根据重新取得资产所需的费用项目逐项计算，然后累加得到资产的重置成本的方法。在实际测算过程中，重置核算法又具体划分为两种类型，即购买型和自建型。

购买型是以购买资产的方式进行资产的重置。资产的重置成本具体是由资产的现行购买价格、运杂费、安装调试费以及其他必要费用构成，将上述取得资产的必需费用累加起来，便可计算出资产的重置成本。

自建型是把自建资产作为资产重置方式，它根据重新建造资产所需的料、工、费及必要的资金成本和开发者的合理收益等分析与计算出资产的重置成本。这里要注意的是，资产的重置成本必须包括开发者的合理收益，因为购买的资产的价格一般包括开发者的合理收益，那么作为自建的资产，其重置成本只有包括开发者的合理收益，才能使相同的资产有大致相同的价格。

【例4-7】重新构建一台设备，现行市场价格每台5万元，运杂费1 000元，直接安装成本800元，其中原材料300元，人工成本500元，据统计分析，安装成本中的间接成本为每人工成本的0.8倍，试计算机器设备的重置成本。

解：直接成本应该包括买价、运杂费和安装成本，即直接成本 = 50 000 + 1 000 + 800

$$= 51\ 800\ （元）$$

间接成本为每人工成本的0.8倍，所以，间接成本 = 500 × 0.8 = 400（元）

重置成本 = 直接成本 + 间接成本 = 51 800 + 400 = 52 200（元）

即该机器设备的重置成本为 52 200 元。

2. 价格指数法

价格指数法是利用与资产有关的价格变动指数，将被估资产的历史成本（账面价值）调整为重置成本的一种方法，其计算公式如下：

重置成本 = 资产的账面原值 ×（1 + 价格变动指数）

或　　重置成本 = 资产的账面原值 × 价格指数

公式中，价格指数可以是定基价格指数或环比价格指数。

定基价格指数是评估时点的价格指数与资产购建时点的价格指数之比，具体计算公式如下：

定基价格指数 =（评估时点价格指数 ÷ 资产购建时的价格指数）× 100%

【例4-8】一台机器设备购置于 2009 年，账面原值 10 万元。该类资产适用的定基物价指数：2009 年为 100%，评估基准日为 150%。试求该机器设备的重置成本。

解：该机器设备的重置成本 = 10 ×（150%/100%）× 100% = 15（万元）

即该机器设备的重置成本为 15 万元。

环比价格变动指数可考虑按下式求得：

$$(1 + a_1) \times (1 + a_2) \times (1 + a_3) \cdots\cdots (1 + a_n) \times 100\%$$

式中，a_n 为第 n 年环比价格变动指数。

【例4-9】一台机器设备购置于 2006 年，账面原值 100 000 元，2012 年进行评估。该资产适用的环比物价指数：2007 年为 2.9%，2008 年为 3.1%，2009 年为 4.3%，2010 年为 3.7%，2011 年为 5.8%，2012 年为 4.7%。试求该机器设备的重置成本。

解：该机器设备的重置成本 = 100 000 ×（1 + 2.9%）×（1 + 3.1%）×（1 + 4.3%）×
（1 + 3.7%）×（1 + 5.8%）×（1 + 4.7%）
= 127 107（元）

即该机器设备的重置成本为 127 107 元。

重置核算法和价格指数法是估算重置成本较常用的方法，但二者又有区别：价格指数法估算的重置成本，仅考虑了价格变动因素，因而确定的只能是复原重置成本；而重置核算法既考虑了价格因素，也考虑了生产技术进步和劳动生产率的变化因素，因而既可估算复原重置成本也可估算更新重置成本。例如，一项技术进步较快的资产，采用价格指数法估算的重置成本往往会偏高，这时就不宜采用价格指数法。

3. 功能系数法

功能系数法是通过调整参照物与被评估资产的功能差异，以获得被评估资产的重置成本的方法。根据资产的成本（价值）与功能之间的函数关系不同，功能系数法又具体分为功能价值法和规模经济效益指数法。

（1）功能价值法。功能价值法也称生产能力比例法。该方法适用于资产的成本（价值）与功能之间存在线性关系的情况，功能越大，成本越高，即功能与成本之间成同方向同比例的变化。该方法通过寻找一个与被评估资产相同或相似的资产为参照物，根据参照资产的重置成本及参照物与被评估资产生产能力的比例，估算被评估资产的重置成本，具体计算公式如下：

被评估资产的重置成本 =（被评估资产的年产量/参照物的年产量）×参照物的重置成本

【例4-10】某企业重置一台全新的机器设备，价格为10万元，年产量为10 000件，现知该机器设备的年产量为9 000件。试确定其重置成本。

解：该机器设备的重置成本 =（9 000/10 000）×10 = 9（万元）

即该机器设备的重置成本为9万元。

（2）规模经济效益指数法。规模经济效益指数法适用于资产的成本（价值）与功能之间存在指数关系的情况。这时资产的成本与功能只是成同方向变化，而不成同比例变化，即当功能增加一倍时，其成本不一定增加一倍，这是规模经济效益作用的结果，具体计算公式如下：

被评估资产的重置成本 = 参照物的重置成本 ×（被评估资产的产量 ÷ 参照物的产量)^x

公式中，x 为经验数据，称为规模经济效益指数。美国的这个经验数据在 0.4 ~ 1 之间，我国目前为止尚没有统一的规定，这就限制了该方法的使用。

4. 统计分析法

评估人员应用成本法评估企业整体资产和某同一类型的价值低、数量多的资产时，为了节约时间，简化评估业务，可以使用统计分析法，具体的操作步骤如下：

（1）按照一定的标准对全部资产进行分类；

（2）在各类资产中抽样选择适量的、有代表性的资产，并计算其重置成本；

（3）计算分类资产的调整系数 K；

$$K = \sum 某类抽样资产的重置成本/\sum 某类抽样资产的历史成本$$

（4）计算某类资产的重置成本。

$$某类资产的重置成本 = \sum 某类抽样资产的历史成本 × 调整系数 K$$

其中，历史成本可以查找企业的会计记录。

【例4-11】对某企业某类通用设备进行评估，经抽样选择具有代表性的通用设备5台，估算其重置资本之和为30万元，而这5台具有代表性的通用设备历史成本之和为20万元，该类通用设备账面历史成本之和为500万元。则该类通用设备的重置成本为多少。

解：调整系数 $K = 30/20 = 1.5$

则该类通用设备的重置成本 = 500 × 1.5 = 750（万元）

即该类通用设备的重置成本为750万元。

三、实体性贬值及其估算

（一）实体性贬值的含义

资产的实体性贬值也叫有形损耗，是指资产由于使用及自然力的作用导致的资产物理性能的损耗或下降而引起的资产价值损失。通常采用相对数——实体性贬值率表示资产的实体性贬值，实体性贬值的判断对资产的价值的影响较大。

（二）实体性贬值的估算方法

实体性贬值常用的估算方法有两种，即观察法和使用年限法。

1. 观察法

观察法也叫成新率法，是指由具有专业知识和丰富经验的工程技术人员对被评估资产实体的主要部位进行技术鉴定，综合分析资产的设计、使用、修理和磨损等情况，确定资产的成新率，进而确定资产的实体性贬值的方法，具体计算公式如下：

$$资产实体性贬值 = 重置成本 \times （1 - 成新率）$$

公式中，成新率 = 1 - 实体性贬值率

2. 使用年限法

使用年限法是利用资产的实际已使用年限与总使用年限的比例来判断实体性贬值率，进而确定资产的实体性贬值的方法，具体计算公式如下：

$$资产的实体性贬值 = ［（重置成本 - 预计残值）÷总使用年限］\times 实际已使用年限$$

公式说明：（1）预计残值是指对被评估资产进行清理报废时净收回的金额。在资产评估实务中，通常只考虑数额较大的残值，数额较小的残值可以忽略不计；（2）总使用年限指的是实际已使用年限与尚可使用年限之和，具体计算公式如下：

$$总使用年限 = 实际已使用年限 + 尚可使用年限$$

资产的使用年限与资产在使用中的负荷程度及日常的维修保养有关，因此须将资产的名义已使用年限转化为实际已使用年限。资产的名义已使用年限是从资产的购进使用到评估时的年限，可以通过会计资料查取；资产的实际已使用年限则可以通过名义已使用年限和资产利用率来调整，具体计算公式如下：

$$实际已使用年限 = 名义已使用年限 \times 资产利用率$$

资产利用率 = 截止评估基准日资产累计实际利用时间÷截止评估基准日资产累计法定利用时间 $\times 100\%$

当资产利用率 > 1 时，表示资产超负荷运转，资产实际已使用年限比名义已使用年限要长；

当资产利用率 = 1 时，表示资产满负荷运转，资产实际已使用年限等于名义已使用年限；

当资产利用率 < 1 时，表示开工不足，资产实际已使用年限小于名义已使用年限。

在实际资产评估中，由于资产的基础管理较差和资产运转的复杂性，资产利用率一般都很难确定。

资产的尚可使用年限是指资产的预计可以继续使用的年限。

【例4-12】某资产于2002年2月购进，于2012年2月进行评估。根据该资产技术指标，在正常使用情况下，该资产每天应工作8小时，而实际每天工作7.5小时。试计算该资产利用率。

解：资产利用率 $= 10 \times 360 \times 7.5 / （10 \times 360 \times 8）\times 100\% = 93.75\%$

即该资产的利用率为93.75%。

四、功能性贬值及其估算

（一）功能性贬值的含义

资产的功能性贬值是资产无形贬值的一种，是指由于技术进步引起的资产功能相对落后而造成的资产价值的损失。它包括由于新工艺、新材料和新技术的采用，而使原有资产的建造成本超过现行建造成本的超支额（即超额投资成本），以及原有资产超过体现技术进步的同类资产的运营成本的超支额（即超额运营成本）。超额运营成本主要表现在材耗、能耗和工耗的增加，废品率的上升，等级的下降等方面。

（二）功能性贬值的估算方法

功能性贬值包括两种形式，即超额运营成本形成的功能性贬值和超额投资成本形成的功能性贬值。

1. 超额运营成本形成的功能性贬值

超额运营成本形成的功能性贬值的测算步骤如下。

第一，将被评估资产的年运营成本与功能相同但性能更好的新资产的年运营成本进行比较，确定二者的差异和年超额运营成本。

第二，扣除所得税的影响，确定年净超额运营成本。由于企业支付的运营成本是在税前扣除的，企业支付的超额运营成本会引致税前利润额下降，所得税额降低，使得企业负担的运营成本低于其实际支付额。因此，净超额运营成本是超额运营成本扣除其抵减的所得税以后的余额。

第三，估计被评估资产的剩余寿命。

第四，以适当的折现率将被评估资产在剩余寿命内每年的超额运营成本折现，这些折现值之和就是被评估资产功能性贬值，具体计算公式如下：

被评估资产功能性贬值额 = ∑（被评估资产年净超额运营成本 × 折现系数）

如果被评估资产每年的净超额运营成本相同，则上述公式可以表示为：

被评估资产功能性贬值额 = 被评估资产年净超额运营成本 × $(P/A, r, n)$

公式中，$(P/A, r, n)$ 为年金现值系数。

2. 超额投资成本形成的功能性贬值

超额投资成本形成的功能性贬值可以通过超额投资成本的估算进行评估，即超额投资成本可视为功能性贬值，具体计算公式如下：

超额投资成本功能性贬值 = 复原重置成本 − 更新重置成本

【例4-13】评估人员对某机器设备进行评估时得知，技术先进的设备比原有的陈旧设备生产效率高，且节约工资费用，有关资料及结果详见表4-3。

表4-3 某设备的技术资料及功能性贬值的计算过程

项目	技术先进设备	技术陈旧设备
月产量	10 000 件	10 000 件
单件工资	0.80 元	1.2 元
月工资成本	8 000 元	12 000 元
月差异额		12 000 – 8 000 = 4 000（元）
年工资成本超支额		4 000 × 12 = 48 000（元）
减：所得税（税率25%）		12 000 元
扣除所得税后年净超额工资		36 000 元
资产剩余年限		5 年
假定折现率为10%，5年年金折现系数		3.790 8
功能性贬值额		136 468.8 元

通过表4-3中新老设备的对比，除了生产效率影响工资超额支出外，还可能有原材料消耗、能源消耗等超额支出，计算其功能性贬值时都应逐一考虑。

此外，在实际评估工作中，也可能存在功能性溢价的情况。当评估对象的功能明显优于参照资产的功能时，评估对象就可能存在着功能性溢价。

五、经济性贬值及其估算

（一）经济性贬值的含义

经济性贬值是由于资产的外部环境变化而导致的资产价值的损失，而并非资产本身的原因。引起外部环境变化的原因主要有宏观经济的衰退导致的社会总需求的不足；国家产业政策的调整；国家环保政策的实施；经济地理位置的变化等。

就其表现形式而言，资产的经济性贬值主要表现为运营中的资产利用率下降，甚至闲置，并由此引起资产的运营收益减少。

（二）经济性贬值的估算方法

当有确凿证据表明资产已经存在经济性贬值，可参考以下方法估测其经济性贬值率或经济性贬值额。

1. 资产利用率下降导致的经济性贬值

经济性贬值率 = [1 – （资产预计可被利用的生产能力/资产原设计生产能力)^x] × 100%

公式中，x 为规模效益指数，实践中多采用经验数据，数值一般在0.6～0.7。

经济性贬值额 = （重置成本 – 实体性贬值 – 功能性贬值）× 经济性贬值率

注意，上述公式采用的是重置成本减去实体性贬值减去功能性贬值后的余值，再乘以经济性贬值率，得到经济性贬值额的方法。因此，成本法的四个指标应该按照重置成本、实体性贬值、功能性贬值和经济性贬值的顺序逐一进行确定。

2. 收益额减少导致的经济性贬值

经济性贬值额 = 资产年收益损失额 × （1 - 所得税率） × $(P/A, r, n)$

公式中，$(P/A, r, n)$ 为年金现值系数。

【例4-14】某被估生产线的重置成本为20万元，成新率为80%，由于能耗量大形成的功能性贬值为6万元，该生产线的设计生产能力为年产20 000台，因市场需求结构变化，在未来可使用年限内，每年产量估计要减少6 000台，根据上述条件，试求该生产线的经济性贬值额。

解：经济性贬值率 = $[1 - (14\,000/20\,000)^{0.6}] \times 100\% \approx 19.27\%$

则经济性贬值额 = $(20 \times 80\% - 6) \times 19.27\% \approx 1.927$（万元）

即该生产线的经济性贬值额为1.927万元。

需要注意的是，并不是所有的资产都存在经济性贬值，一般能单独计算收益的资产，如整体资产，要考虑经济性贬值；单个资产在有形损耗的实际使用年限上已经考虑了经济性贬值，所以就不用再考虑了，否则会导致重复计算。另外，当外部经济环境有利于资产的功能和效用发挥时，也可能存在经济性溢价。

六、成本法的优缺点

一般来讲，成本法的应用没有严格的前提条件，当不能使用收益法和市场法评估资产的价值时，可以广泛应用成本法。成本法的优点表现在：较充分地考虑了资产的损耗，评估结果更趋于公平合理；适用于单项资产和特定用途资产的评估；当不能使用市场法和收益法时，可以被广泛使用。成本法的缺点表现在：工作量大；以历史资料为依据，必须考虑这种假设的可行性；经济性贬值不易全面且准确计算。

第三节　收益法

收益法的理论依据是效用价值论。效用价值论认为，资产的价值由资产为其所有者带来的效用决定，资产的效用越大，资产的价值就越高。资产的效用就是资产为其所有者带来的收益。所以，一项资产的未来收益越高，资产的价值就越大，反之就越小。

一、收益法的基本含义和基本前提

（一）收益法的基本含义

收益法也叫收益现值法，是指通过估测被评估资产未来预期收益并折算成现值，来确定被评估资产价值的各类评估方法的总称。

从收益法的基本含义我们可以看出，收益法是资产评估的一种评估思路，而不是一种具体的评估方法。收益法包括很多具体的评估方法，只要符合收益法评估思路都可以作为收益法的评估方法。

收益法服从资产评估中将利求本的思路，即采用本金化和折现的途径及其方法来判断和估算资产的价值。这是一种很有效的方法，因为任何一个理性的投资者投资于某一资产时，他所愿意支付的货币数额不会高于他所投资的资产预期给他带来的回报。

（二）收益法的基本前提

收益法的应用涉及到三个基本要素，即被评估资产的未来预期收益；折现率或资本化率；被评估资产预期获利年限。因此，应用收益法必须能够确定并量化这三个基本要素。采用收益法进行资产评估时必须要满足以下三个基本前提条件。

第一，被评估资产的未来预期收益可以预测并可以用货币衡量。

第二，资产拥有者获得预期收益所承担的风险也可以预测并可以用货币衡量。

第三，被评估资产预期获利年限可以预测。

一般情况下，不能单独计算收益的资产、没有收益的资产以及收益很少且不稳定的资产都不宜采用收益法进行评估。

二、收益法的基本程序

（一）收集与评估对象未来预期收益有关的资料

与评估对象未来预期收益有关的资料包括经营前景、市场形势、财务状况和经营风险等，这些资料是测算评估对象未来预期收益的基础。

（二）分析测算评估对象未来预期收益

收益额是采用收益法评估资产价值的基本参数之一。资产评估中的收益额是资产未来预期收益额，而不是资产的历史收益额或现实收益额；是资产的客观收益，而不是资产的实际收益。因资产种类较多，不同种类资产的收益额表现形式也不完全相同，如企业的收益额通常表现为净利润或净现金流量，而不动产的收益额则通常表现为纯收益等。

（三）确定折现率或资本化率

折现率本质上是一种期望投资报酬率，是投资者在投资风险一定的情况下对投资所期望的回报率。折现率由无风险报酬率和风险报酬率组成。其中，无风险报酬率一般是指同期国库券利率；风险报酬率是指超过无风险报酬率以上部分的投资回报率。资本化率与折现率在本质上是相同的，都是将未来预期收益折算成现值的比率，但其在数值上并不一定是相等的，因为同一资产在未来长短不同时期所面临的风险不一定相等。人们习惯上把未来有限期预期收益折算成现值的比率称为折现率，而将未来永续性预期收益折算成现值的比率称为资本化率。

（四）确定评估对象的收益期限

资产的收益期限是指资产具有获利能力持续的时间，通常以年为时间单位。它由评估人员根据被评估资产自身效能及相关条件，以及有关法律、法规、契约、合同等加以确定。

（五）分析确定评估结果

根据收益法，用折现率或资本化率将评估对象的未来预期收益折算成现值，以确定最后的评估结果。

三、收益法中的主要技术方法

收益法体现的是一种评估思路，包括很多种具体的评估方法，这里大致介绍几种具体的评估方法。为了便于学习和讲述，首先对字符代表含义做以下说明。

P——评估值；

t——年序号；

R_t——未来第 t 年的预期收益；

r——折现率；

r'——资本化率；

n——收益年期；

A——相等的年收益额，即年金。

（一）资产未来收益有限期的情况

1. 年收益额不相等的情况

$$P = \sum_{t=1}^{n} \frac{R_t}{(1+r)^t}$$

2. 年收益额相等的情况

$$P = \sum_{t=1}^{n} \frac{A}{(1+r)^t} = A \times \sum_{t=1}^{n} \frac{1}{(1+r)^t}$$

公式中，$\sum_{t=1}^{n} \frac{1}{(1+r)^t}$ 为年金现值系数公式，可以有以下两种表达形式：

（1）手工计算公式：$\sum_{t=1}^{n} \frac{1}{(1+r)^t} = \frac{1-(1+r)^{-n}}{r}$；

（2）通过查年金现值系数表的计算公式：$\sum_{t=1}^{n} \frac{1}{(1+r)^t} = (P/A, r, n)$。

3. 分段法

分段法将年收益额人为地分成两段：第一段是前 n 年，每年的收益额不相等，需要分别预测；第二段是 $N-n$ 年，且假定收益额相等，则计算公式为：

$$P = \sum_{t=1}^{n} \frac{R_t}{(1+r)^t} + \frac{A}{r(1+r)^n} \times \left[1 - \frac{1}{(1+r)^{N-n}} \right]$$

公式说明：第一段前 n 年每年收入不相等，将每年的收益额分别折现再求和。后面第二段是从第 $n+1$ 年开始一直到第 N 年，第二段每年收入相等，通过 A/r' 折现到第 $n+1$ 年的年初，而第 $n+1$ 年的年初，即第 n 年的年末，所以要按第 n 年再折现。

（二）资产未来收益无限期的情况

1. 未来收益相等的情况

$P = A/r'$

2. 分段法

根据第二段未来每年的收益情况，分段法可采用两种具体的形式。

（1）第二段未来每年收益都相等的情况

$$P = \sum_{t=1}^{n} \frac{R_t}{(1+r)^t} + \frac{A}{r'(1+r)^n}$$

（2）第二段未来每年收益呈固定比例增长的情况

$$P = \sum_{t=1}^{n} \frac{R_t}{(1+r)^t} + \frac{R_n(1+g)}{r'-g} \times \frac{1}{(1+r)^n}$$

【例4-15】预计某企业未来5年的净现金流分别为15万元、13万元、12万元、14万元、15万元，假定该企业可以永续经营下去，且从第6年起以后各年收益均为15万元，折现率和资本化率都为10%，试确定该企业在永续经营情况下的价值。

解：该企业价值 = 15/（1 + 10%）+ 13/（1 + 10%）^{2} + 12/（1 + 10%）^{3} + 14/（1 + 10%）^{4} + 15/（1 + 10%）^{5} + 15/10%（1 + 10%）^{5}

= 15 × 0.909 1 + 13 × 0.826 4 + 12 × 0.751 3 + 14 × 0.683 0 + 15 × 0.620 9 + 15/10% × 0.620 9

= 145.4（万元）

即该企业在永续经营情况下的价值为145.4万元。

【例4-16】某企业预计未来5年的收益额分别为50万元、60万元、55万元、68万元、70万元。假定从第六年开始，以后每年收益额均为70万元，确定的折现率和资本化率都为10%。试确定该企业在50年经营期情况下的评估值。

解：该企业的评估值 = 50/（1 + 10%）+ 60/（1 + 10%）^{2} + 55/（1 + 10%）^{3} + 68/（1 + 10%）^{4} + 70/（1 + 10%）^{5} + 70/10%（1 + 10%）^{5} × [1 − $\frac{1}{(1+10\%)^{50-5}}$]

= 50 × 0.909 1 + 60 × 0.826 4 + 55 × 0.751 3 + 68 × 0.683 0 + 70 × 0.620 9 + 70/10% × 0.620 9 × （1 − 0.013 7）

= 654.94（万元）

即该企业在50年经营期情况下的评估值为654.94万元。

四、收益法的优缺点

收益法理论上是一种非常完美的评估方法，但需要具备一定的前提，而且受主观因素的影响较大。收益法的优点表现在：较真实准确地反映资产本金化的价格；与投资决策相结合，应用此法评估的资产价格易为买卖双方接受；紧扣被评估资产的收益，符合资产评估的本质要求。收益法的缺点表现在：预期收益和折现率都较难确定；适用范围小，一般适用整体资产和可预测未来收益的单项生产经营性资产，如无形资产和资源资产。

第四节　评估方法的选择

一、评估方法之间的关系

资产评估的市场法、成本法和收益法共同构成了资产评估的基本方法体系，三种方法之间既有联系又存在着区别。正确认识资产评估方法之间的内在联系和各自的特点，对于评估方法的选择，具有十分重要的意义。

（一）资产评估方法之间的联系

评估方法是实现评估目的的手段。对于特定经济行为，在相同的市场条件下，对处在相同状态的同一资产进行评估，其评估值应该是客观的。这个客观的评估值不会因评估人员所选用的评估方法不同而出现截然不同的结果。可以说正是评估基本目的决定了评估方法间的内在联系，而这种内在联系为评估人员运用多种评估方法评估同一条件下的同一资产，并作相互验证提供了理论根据。但需要指出的是，运用不同的评估方法评估同一资产，必须保证评估目的、评估前提、被评估对象状态的一致，以及运用不同评估方法所选择的经济技术参数合理。

由于资产评估工作基本目标的一致性，在同一资产的评估中可以采用多种方法，如果使用这种方法的前提条件同时具备，而且评估师也具备相应的专业判断能力，那么，采用多种方法所得出的结果应该趋同。如果采用多种方法得出的结果出现较大差异，可能的原因有：一是某些方法的应用前提不具备；二是分析过程有缺陷；三是结构分析有问题；四是某些支撑评估结果的信息依据失真；五是评估师的职业判断有误。这时评估师可为不同的评估方法建立逻辑关系框架图，通过对比分析，发现其中存在的问题。评估师在发现问题的基础上，除了对评估方法作出取舍外，还应该分析问题的原因，并据此研究解决问题的对策，以便最后确定评估价值。

（二）资产评估方法之间的区别

各种资产评估方法独立存在的本身就说明各种方法之间存在着差异。各种评估方法都是从不同角度去反映资产的价值。不论是通过市场参照物比较获得评估对象的价值，还是根据评估对象预期收益获得其评估价值，抑或是按照资产的再取得途径寻求评估对象的价值，都是对评估对象在一定条件下价值的描述，它们之间是有内在联系并可相互替代的。但是，每一种评估方法都有其自成一体的运作过程，都要求具备相应的信息基础，评估结论也都从某一角度反映资产的价值。因此，各种评估方法又是有区别的。

由于评估的特定目的不同、评估时市场条件的差别，以及评估时对评估对象使用状态设定的差异，需要评估的资产价值类型也是有区别的。评估方法由于自身的特点在评估不同类型的资产价值时，就有了效率上和直接程度上的差别，评估人员应具备选择最直接且最有效率的评估方法来完成评估任务的能力。

二、评估方法的选择

评估方法多种多样，为了高效、简捷、相对合理地估算资产的价值，评估人员选择评估方法时应遵循以下原则。

第一，评估方法的选择要与评估目的、评估时的市场条件、被评估对象在评估过程中所处的状态，以及由此所决定的资产评估价值类型相适应。资产评估目的解决为什么要进行资产评估的问题，这是进行资产评估时首先要考虑的问题。一般来说，资产评估目的会影响评估假设、评估范围和评估对象的确定，从而影响评估方法的确定。因此，资产评估目的制约着资产评估方法的选择。

第二，评估方法的选择受评估对象的类型、理化状态等因素制约。由于不同的评估方法是从不同的途径评估资产的价值，因此评估时应根据被评估资产自身的特点，分析从哪个途径评估最合适。评估人员进行资产评估时，应先区分被评估资产是单项资产还是整体资产，是有形资产还是无形资产，是通用性资产还是专用性资产，是可以复制的劳动创造的资产还是不可复制的资源性资产。一般来说，整体资产、无形资产和不可复制的资源性资产可以考虑选择收益法和市场法；通用性的单项有形资产可以选择市场法；专用性资产、可以复制的劳动创造的资产可以选择成本法进行评估。

第三，评估方法的选择受各种评估方法运用所需的数据资料及主要经济技术参数能否搜集的制约。每种评估方法都需要有相应的大量数据资料，如果短时间内不能收集到这些资料或者收集有很大困难，则只能选择其他的替代方法进行评估。如无货币收益的公益性资产、微利亏损企业、收益无规律难以预测的资产以及风险报酬率无法确定的资产，则不能运用收益法评估，但可以考虑选择成本法。

第四，评估方法的选择还要考虑工作效率和评估人员的特长。

总之，评估人员进行评估方法的选择时，应注意因地制宜、因事制宜，不可机械地按照某种模式或某种特定的顺序进行选择。而且，不管选择了哪种评估方法，都应该保证评估目的、评估时所依据的各种假设与各种参数及其评估结果在性质上和逻辑上的一致。

练习题

一、单项选择题

1. 用物价指数法估算的资产成本是资产的（　　）。

A. 复原重置成本　B. 既可以是复原重置成本，也可以是更新重置成本

C. 更新重置成本　D. 既不是复原重置成本，也不是更新重置成本

2. 某项资产于2009年构建，账面原值为100 000元，于2012年进行评估，若构建时的物价指数为100%，则3年间同类资产物价环比价格指数分别为110%、120%、115%，则该项资产的重置成本应为（　　）元。

A. 145 000　　　　B. 115 000　　　　C. 152 000　　　　D. 151 800

3. 某被评估资产于2002年构建，账面价值为50万元，于2011年进行评估，2002年、2012年该类资产的定基物价指数分别为120%、170%，则被评估资产的重置成本为（　　）万元。

A. 50　　　　　　B. 70.8　　　　　C. 35.3　　　　　D. 85

4. 复原重置成本与更新重置成本的相同之处在于运用（　　）。

A. 相同的原材料　B. 相同的建筑技术标准　C. 资产的现时价格　D. 相同的设计

5. 评估人员采用市场法进行资产评估时，一般应该选择（　　）参照物进行比较。

A. 3个或3个以上　B. 2个或2个以上　C. 1个或1个以上　D. 4个或4个以上

二、多项选择题

1. 实体性贬值的估算方法有（　　）。

A. 观察法 B. 成新率法 C. 使用年限法 D. 修复费用法 E. 重置成本法

2. 造成资产经济性贬值的主要原因有（   ）。

A. 该项资产技术落后   B. 该项资产生产的产品需求减少

C. 社会劳动生产率提高   D. 自然力作用加剧

E. 政府公布淘汰该类资产的时间表

3. 复原重置成本与更新重置成本的相同之处在于运用（   ）。

A. 相同的功能效用   B. 相同的建造技术标准

C. 资产现时价格   D. 相同的设计

E. 相同的材料

三、计算题

1. 某评估人员于 2008 年 1 月对一台设备进行评估，该设备于 2004 年 12 月购建，账面原值为 20 万元，于 2006 年进行一次技术改造，改造费用（包括增加设备）为 2 万元。若定基物价指数 2004 年为 1.05，2006 年为 1.20，2008 年为 1.32。求该设备的重置成本。

2. 某企业于 3 年前购置了 1 台机器设备，据了解，该设备尚无替代品。该设备的账面原值为 10 万元，其中买价为 8 万元，运输费为 0.4 万元，安装费用（包括材料）为 1 万元，调试费用为 0.6 万元。经调查，该设备的现行价格为 9.5 万元，运输费、安装费、调试费分别比 3 年前上涨了 40%、30%、20%。求该设备的重置成本。

3. 被评估机组购建于 2009 年 3 月，主要由主机、辅助装置和工艺管道组成，账面原值为 60 万元，其中主机占 70%，辅助装置占 20%，工艺管道占 10%，到评估基准日，机组主机价格下降 2%，辅助装置价格上升 1%，工艺管道价格上升了 5%。求该机组评估基准日的重置成本。

4. 某被估资产需由 10 名工人进行操作才能运行，而同类先进设备只需要 5 名工人，据统计需支付每名工人的年工资福利等约 12 000 元，据测算该被估资产尚可使用 5 年，适用资本化率和折现率为 10%。试计算该被估资产的功能贬值额（所得税税率为 25%）。

5. 评估对象为某企业于 2004 年购进的一条生产线，账面原值为 150 万元，2007 年进行评估。经调查分析确定，该生产线的价格每年比上一年增长 10%，专业人员勘察估算认为，该资产还能使用 6 年，又知目前市场上已出现功能更先进的资产，并被普遍运用，新设备与评估对象相比，可节省人员 4 人，每人的月工资水平为 650 元，此外，由于市场竞争的加剧，使该生产线开工不足，由此而造成收益损失额每年为 30 万元（该企业所得税税率为 25%，假定折现率为 10%）。要求根据上述资料，采用成本法对该资产进行评估。

6. 某企业预计未来 5 年的收益额分别为 15 万元、18 万元、20 万元、24 万元和 20 万元。假定从第 6 年起以后每年收益均为 20 万元，确定的资本化率和折现率均为 10%。试评估该项资产在永续经营情况下的评估值。

7. 某企业产品设计生产能力为 10 万台，每台市场售价为 1 500 元，现因市场竞争加剧，如完成 10 万台产量，每台需降至 1 400 元，据测算该产品寿命周期还有 3 年，折现率为 10%。试计算该产品的经济贬值额（所得税税率为 25%）。

第二篇
资产评估实务

第五章　机器设备评估

学习目的与要求

通过本章的学习，使学生了解：机器设备的基本含义、特点及分类；机器设备评估的特点、具体程序；运用成本法对机器设备的评估；运用市场法和收益法对机器设备的评估。重点要掌握应用成本法对机器设备的评估，本章是实务重点章。

第一节　机器设备评估概述

一、机器设备的基本含义及特点

（一）机器设备的基本含义

在自然科学领域中，机器设备是指将机械能或非机械能转换为便于人们利用的机械能，以及将机械能转换为某种非机械能或利用机械能来做一定工作的装备或器具。

在资产评估中，机器设备是指纳入固定资产管理范围的机器、设备、仪器、工具和器皿等。国际评估准则对机器设备的有关定义如下：设备、机器和装备是用来为所有者提供收益及提供不动产以外的有形资产。设备是包括专门化的非永久性建筑物、机器和仪器在内的资产组合；机器包括单独的机器和机器的组合，是指使用或应用机械动力的器械装置，由具有特定功能的几部分组成，组合起来用以完成一定的工作；装备是用以支持企业功能的附属性资产。

（二）机器设备的特点

1. 机器设备的单位价值大、使用年限长、流动性差

机器设备都是具有一定价值的生产资料，且在企业资产价值中所占的比重较大。机器设备在企业生产经营中长期发挥作用，反复进入生产过程，实体状态和功能都在发生变化。另外，机器设备虽属于动产类资产，但相对于流动资产来说，其流动性较差，尤其是某些大型的、专用的、高精尖的设备，对其进行价值评估时较难获得公开的市场价值。

2. 机器设备的工程技术性强、专业门类多、分布广

机器设备种类繁多，情况复杂，分布在各行各业，而且工程技术性很强。因此，评估人员对该类机器设备进行评估时，不能仅仅靠观察，还要借助于一定的工具或手段对机器设备进行技术检测，以正确确定其寿命期限及贬值程度，保证评估结果更准确。

3. 机器设备的价值补偿和实物补偿不同时进行

机器设备属于固定资产，其价值补偿是通过分期提取折旧抵减收益来实现的；而其实物

补偿则是在机器设备寿命终结更换新设备或通过对原有设备改造、翻新一次性完成的。因此，在评估中，不能单纯依据设备价值的转移程度来确定成新率，还应该注意机器设备的维修情况、使用情况以及保养情况。

4. 机器设备的价值和使用价值并非一成不变，贬值和增值具有同发性

机器设备在使用过程中会产生有形贬值和无形贬值，这都会使机器设备的价值量降低。同时，通过技术改造会提高机器设备性能，实现内含的扩大再生产，使资产增值。

二、机器设备的分类

为了设计、制造、使用及管理工作的方便，我们按不同的需要、不同的目的对机器设备进行分类。一个专业素质较高的资产评估人员，应该了解机器设备分类的有关知识，具体内容如下。

（1）按固定资产分类标准可分为通用设备；专用设备；交通运输设备；电气设备；电子及通信设备；仪器仪表、计量标准器具及量具、衡器。

（2）按现行会计制度规定可分为生产经营用机器设备；非生产经营用机器设备；租出机器设备；未使用机器设备；不需用机器设备和融资租入机器设备。

（3）按机器设备的组合程度可分为单台设备、机组和成套设备。单台设备是独立的一台或一件设备；机组如组合机床、柴油发电机组等；成套设备是由苦干不同设备按生产工艺过程，依次排序联结，形成的一个完成全部或主要生产过程的机器体系，如合成氨成套设备、胶合板生产线等。

（4）按机器设备的取得方式可分为自制设备和外购设备。其中，外购设备又分为国内购置设备和国外引进设备。

（5）按评估对机器设备的要求可分为机器设备、运输设备和电子设备。

关于机器设备的分类方式还有许多种，在此不再一一列举。但要注意，这些分类方式并不是独立的，各种分类之间可以有不同程度的联系。例如，外购的设备可能是通用设备，也可能是专用设备，还可能是进口设备或国内购买设备。

三、机器设备评估的特点

1. 以单台或单件设备为评估对象，评估工作量大

由于机器设备数量多、单价高、规格复杂、情况各异，所以机器设备评估以单台、单件为对象，以保证评估的真实性和准确性。这样，无形中就增加了评估的工作量。

2. 以技术检测为基础

由于机器设备分布在各行各业，情况千差万别，而机器设备的技术性又很强。因此，往往需要通过技术检测的手段来确定机器设备的损耗程度。

3. 注重机器设备的价值构成

机器设备的价值构成相对来说比较复杂，由于机器设备的来源途径不同，其价值构成也不相同。一般来讲，国内购买的机器设备价值中，应包括买价、运杂费、安装调试费等；而

进口的机器设备价值中，则应包括买价、国外运输费、国外保险费、增值税、关税、国内的运杂费、安装调试费等。因此，评估人员对机器设备进行评估时，尤其是采用成本法评估时，掌握其价值构成尤为重要。

4. 注意与土地、房屋建筑物的不可分割性

机器设备与土地、房屋建筑物以及构筑物有不可分离的必然的联系，评估时必须要明确区分，以防止漏评和重评。例如，电梯、水、电、气、通信设备等另外还有大型机器设备的构筑物基础。一般情况下，简易的构筑物基础可以包含在机器设备的价值中进行评估，而大型的构筑物基础作为单独的构筑物进行评估。

四、机器设备评估的基本程序

在资产评估中，机器设备是重要的评估对象，由于机器设备本身也很复杂，为此，应该分步骤、分阶段评估机器设备，具体包括以下几个阶段。

1. 评估准备阶段

评估人员签订了资产评估协议以后，在具体实施资产评估工作之前，应该着手做好评估的准备工作。

（1）指导委托方做好准备工作，并填写准备资料。如评估人员应指导委托方根据评估操作的要求填写"被评估机器设备明细表"，对被评估机器设备进行自查和盘盈、盘亏事项的调整，机器设备产权资料及有关经济技术资料的准备等。

（2）广泛收集相关数据资料，并进行整理。评估人员应收集的数据资料主要包括以下几个方面的内容。

①设备的产权资料，即证明设备的权属资料，如购置发票、合同、报关单等。注册资产评估师应当关注机器设备的权属，要求委托方或者相关当事方对机器设备的权属做出承诺。同时其还应当对机器设备的权属相关资料进行必要的查验。

②设备使用情况的资料，如设备的生产厂家、规格型号、购置时间、利用率、产品产量、产品质量、大修及技术改造情况等。

③设备实际存在数量的资料。通过清查盘点及审核固定资产明细账和设备卡片，核实设备实际存在数量。

④价格资料，如设备原值、折旧、净值、现行市价、可比参照物的价格以及有关价格的文件和价格指数等。此外，还应关注设备是否有抵押、担保、租赁及诉讼等情况。对产权受到某种限制的设备，应另行造册，在资产评估报告书中进行披露。

（3）分析、研究委托方提供的资料，明确评估重点和清查重点，制定评估方案，落实评估人员，设计评估路线。

2. 现场工作阶段

现场工作阶段是机器设备评估的重点，主要是对机器设备进行清查核实和技术鉴定，以判断其成新率及其损耗情况等。现场工作阶段的具体工作内容主要包括以下几个方面。

（1）逐件清查核实被评估的机器设备。这是机器设备评估现场工作阶段的首要工作，以核实后的设备作为评估对象，确保评估对象真实可靠。根据被评估单位的设备管理状况，以

及被评估机器设备的数量多少和价值高低，可以采用全面清查、重点清查和抽样清查三种方法进行清查核实。一般来讲，价值大的设备适用于全面清查；价值低且数量大的设备适用于抽样清查，评估人员需要视情况而定。

（2）对被评估的机器设备进行分类。为了突出重点，提高工作效率，有必要对设备进行分类。一般的分类方法有两种：一种分类方法是按设备的重要性划分，如 ABC 分类法。这种方法把单位价值大、生产上关键的重要设备归为 A 类，如 50 000 元以上的设备，把单位价值小且数量较多的设备归为 C 类，如 5 000 元以下的设备，把介于 A 类与 C 类之间的设备归为 B 类，如 5 000 千元以上的 50 000 元以下的设备。在资产评估中，评估人员应根据需要采用不同的评估方法。另一种分类方法是按设备的性质划分，如可分为通用设备和专用设备。对被评估的机器设备进行分类可以有效搜集数据资料，合理分配评估人员。

（3）对被评估的机器设备进行鉴定。对被评估的机器设备进行鉴定是现场工作阶段的重点，注册资产评估师通常可以通过现场观察，根据机器设备使用单位所提供的技术档案、检测报告、运行记录等历史资料，根据专业机构的检测结果，对机器设备的技术状态做出判断。必要时，注册资产评估师可以聘请专业机构对机器设备进行技术鉴定，具体鉴定内容包括对设备技术状况的鉴定、使用情况的鉴定、质量的鉴定以及磨损程度的鉴定等。

①对设备技术状况的鉴定，主要是对设备满足生产工艺的程度、生产精度和废品率以及各种消耗和污染情况的鉴定，判断设备是否有技术性贬值和功能性落后等问题。

②对设备使用情况的鉴定，主要了解设备是在用状态还是闲置状态及使用时的设备运行参数、故障率、零配件保证率、设备闲置的原因和维护情况等。

③对设备质量的鉴定，主要了解设备的制造质量、设备所处环境条件对设备质量的影响、设备现时的完整性、外观和内部结构情况等。

④对设备磨损程度的鉴定，评估人员主要了解和掌握设备的物质性损耗，如锈蚀、精度下降、疲劳损伤、材料老化等。

此外，在整个工作过程中，评估人员还要了解机器设备的相关辅助设施，如基座、连接的工艺管道、自动控制装置的价值是否包含在机器设备价值中。

总之，现场收集到的是第一手资料，必须要有完整的工作记录，特别是设备的鉴定工作更要有详细的鉴定记录。这些记录是机器设备价值评估的重要数据来源，也是评估工作底稿的重要组成内容。

3. 评定估算阶段

（1）评估人员应当根据评估对象、价值类型、资料收集情况等相关条件，分析成本法、市场法和收益法的适用性，并恰当选择。

注册资产评估师运用成本法评估机器设备时，应当明确机器设备的重置成本包括购置或者购建设备所发生的必要的、合理的成本、利润和相关税费等；明确重置成本可以划分为更新重置成本与复原重置成本，并应当优先选用更新重置成本；了解机器设备的实体性贬值、功能性贬值和经济性贬值，以及可能引起机器设备贬值的各种因素，并采用科学的方法，合理估算各种贬值；了解对具有独立运营能力或者独立获利能力的机器设备组合进行评估时，成本法一般不应当作为唯一使用的评估方法。

注册资产评估师运用市场法评估机器设备时，应当明确活跃的市场是运用市场法评估机器设备的前提条件，同时还应当考虑市场是否能够提供充足的可比资产的销售数据及数据的可靠性；明确参照物与评估对象具有相似性和可比性是运用市场法的基础，并采用合理的方法对参照物与评估对象间的差异进行调整；了解不同交易市场的价格水平是否存在差异。注册资产评估师应当根据评估对象的具体情况，确定可以作为评估依据的合适的交易市场，或者对市场差异作出调整；明确拆除、运输、安装、调试等因素对评估结论的影响。

注册资产评估师运用收益法评估机器设备时，应当明确收益法一般适用于具有独立获利能力或者获利能力可以量化的机器设备；合理确定收益期限、合理量化机器设备的未来收益，并确定折现率。

（2）评估人员查验有关的可行性分析报告、设计报告、概算或预算报告、竣工报告、技术改造报告、重大设备运行和检验记录等，并与设备管理和操作人员进行沟通，以充分了解设备的历史和现状，广泛收集资料。

（3）评估人员查问有关法律法规，如设备进口环节的税收政策、环境保护法律法规、运输工具的报废标准等，以便在设备评估中考虑法律法规对评估价值的影响。

（4）对产权受到某种限制的设备，包括已抵押或作为担保物等设备，根据实际情况确定评估价值，无法确定评估价值的应在资产评估报告书中进行披露；对已提足折旧，但仍然使用的设备，应该按照正常情况进行评估计价。

（5）在整体评估中，评估人员还应与其他专业评估人员进行交流，及时处理设备与房屋建筑物、无形资产和存货等之间的界限问题，防止重评和漏评。

（6）选择合适的参数以确定评估结果，如有必要应适当调整评估结果，使其与评估目的和用途相适应。

4. 撰写评估说明及评估报告阶段

评定估算过程结束后，评估人员应整理评估工作底稿，并对评估结果进行分析评价，及时撰写评估说明及评估报告书。机器设备评估结果汇总表的格式如表5-1所示。

表5-1　机器设备评估结果汇总表

评估基准日：　　　　　　　　　　　　　　　　　　　　　　　　金额单位：万元

资产类别	账面值	账面净值	调整后净值	评估值	增减值	增减率
专用设备						
普通设备						
运输设备						
……						

注册资产评估师编制机器设备评估报告时，应当反映机器设备的如下相关特点。

（1）对机器设备的描述一般包括物理特征、技术特征和经济特征，注册资产评估师应当根据具体情况确定需要描述的内容。

（2）除了"机器设备评估明细表"中的内容，注册资产评估师编制的评估报告应当包括对评估对象的文字描述，使评估报告使用者了解机器设备的概况，如机器设备的数量、类型、安装、存放地点、使用情况等；了解评估对象是否包括了安装、基础、管线及软件、技术服务、资料、备品备件等。

（3）对评估程序实施过程的描述，应当反映对设备的现场及市场调查、评定估算过程；说明设备的使用情况、维护保养情况、贬值情况等。

（4）在评估假设中明确机器设备是否改变用途、改变使用地点等。

（5）应当明确机器设备是否存在抵押及其他限制情况。

5. 评估报告的审核和报出阶段

评估报告完成以后，要经过三级审核，包括复核人的审核、项目负责人的审核和评估机构负责人的审核。审核无误且确认评估报告无重大纰漏，再将评估报告送达委托方及有关部门。

第二节　成本法在机器设备评估中的应用

成本法是机器设备评估中使用最广泛的方法。其基本思路是，首先确定机器设备的重置成本，然后再扣减机器设备的实体性贬值、功能性贬值和经济性贬值，具体公式如下。

机器设备评估值 = 重置成本 − 实体性贬值 − 功能性贬值 − 经济性贬值

或　　机器设备评估值 = 重置成本 × 成新率 − 功能性贬值 − 经济性贬值

一、机器设备重置成本的估算

机器设备的重置成本可分为两种：复原重置成本和更新重置成本。复原重置成本是按现行的价格购买一台与被评估设备完全相同的设备的成本耗费；更新重置成本是按现行的价格购建一台与被评估设备效用相同的设备的成本耗费。评估时要确定机器设备的重置成本的内涵，也就是要确定机器设备的重置成本的构成及其数额，所以，我们先要确定机器设备的重置成本的构成。

（一）机器设备重置成本的构成

机器设备的重置成本在构成上包括设备的直接费用和设备的间接费用。设备的直接费用由基础费用和其他费用两部分构成。基础费用是指设备的购置价或建造价；其他费用是指设备的运杂费、安装调试费和必要的配套装置费等。设备的间接费用通常是指为购置、建造设备而发生的各种管理费、总体设计制图费、资金成本以及人员培训费用等。

根据设备是外购的还是自制的、是国产的还是进口的、是单台（件）还是成套设备，其重置成本的构成均不相同，具体有以下几种情况。

1. 国内购买的单台设备

国内购买的单台设备的重置成本应该包括评估基准日的购买价、运杂费、安装调试费等。

2. 国外购买的单台设备

国外购买的单台设备的重置成本应该包括境外发生的成本，即到岸价，包括离岸价

（FOB）、境外运杂费和境外保险费；进口从属费用，即进口关税、消费税、增值税、代理手续费、银行手续费、海关监管手续费和商检费等；境内发生的成本，即境内运杂费和安装调试费等。

3. 外购成套需安装的设备

外购成套设备是指由多台设备组成的，具有相对独立的生产能力和一定收益能力的生产装置。对于这种成套设备，重置成本可采用一般单台设备重置成本的估算方法，即先评估单台设备成本，再计算求和。但是，在实际操作中，对于一些属于整体性的费用就不一定能够计入单台设备的成本中，如整体的安装调试费、资金成本等，但这些费用应该也要考虑进去。

4. 车辆

国内购买车辆的重置成本应该包括车辆价格、车辆购置税、国内运杂费和证照费；国外购买车辆的重置成本应该包括车辆价格（CIF 价）、进口关税、消费税、增值税、国内运杂费和证照费。

5. 自制非标准设备

自制非标准设备的价格构成包括：（1）直接材料，包括设备制造所消耗的主材料、辅材料及外购件；（2）燃料和动力，指直接用于设备制造的外购和自制的燃料与动力费；（3）直接人工，指设备制造所直接消耗的人工工资和福利费；（4）制造费用，包括生产单位管理人员的工资和福利费、折旧费、办公费、水电费、物料消耗费、劳动保护费、专用模具费、专用工具费等；（5）期间费用分摊，包括管理费用、财务费用、销售费用等；（6）利润和税金；（7）非标准设备设计费；（8）对制造、安装调试周期较长的，需考虑占用资金的资金成本。

（二）机器设备重置成本的估算

1. 核算法

核算法也叫直接法，适合仍在生产和销售的机器设备的重置成本的估算。重置成本的估算应以市场价为基础，再加上运杂费和安装调试费。其中，市场价格资料的取得，可以采取直接向制造商或销售商询价，也可以从商家的价格表、正式出版的价格资料、广告、计算机网络上公开的价格信息等渠道获取。但是通过各种渠道获得的市场价格信息可能与设备的真实价格有一定的差异，这时评估人员应该注意以下三个问题。（1）市场价格的多样性。根据替代原则，同等条件下选择可获得的最低售价。（2）报价与成交价的区别。通过向近期购买该厂同类产品的其他客户了解实际成交价，以剔除报价水分。（3）折扣因素。销售商给购买大批量产品者很大的折扣对成交价的影响。

采用核算法时，视不同情况给出了如下不同的计算公式。

（1）国内购买的单台设备。

重置成本 = 评估基准日的购买价 + 运杂费 + 安装调试费

（2）国外购买的单台设备。

重置成本 =（FOB 价 + 国外运杂费 + 国外保险费）×评估基准日外汇汇率 + 进口关税 + 增值税 + 消费税 + 海关监管手续费 + 银行及外贸手续费 + 国内运杂费 + 安装

调试费

$$= CIF 价 \times 评估基准日外汇汇率 + 进口关税 + 增值税 + 消费税 + 海关监管手续$$
$$费 + 银行及外贸手续费 + 国内运杂费 + 安装调试费$$

其中，国外运杂费 = FOB 价 × 运杂费率；

国外保险费 = （FOB 价 + 国外运杂费）/（1 - 保险费率）× 保险费率；

关税 = CIF 价 × 关税税率；

消费税 = （关税完税价格 + 关税）/（1 - 消费税税率）× 消费税税率；

增值税 = （关税完税价格 + 关税 + 消费税）× 增值税税率；

银行财务费用 = FOB 价 × 费率；

外贸手续费 = CIF 价 × 费率；

海关监管手续费 = CIF 价 × 费率；

国内运杂费 = CIF 价 × 进口设备国内运杂费率；

安装调试费 = CIF 价 × 进口设备安装调试费率。

（3）外购成套需安装的设备。

重置成本 = 单台未安装进口设备重置成本的和 + 单台未安装国产设备重置成本的和 + 工
器具重置成本 + 安装工程费 + 工程监理费 + 安装调试 + 设计费 + 资金成本

（4）车辆。

国内购买车辆的重置成本 = 车辆价格 + 车辆购置附加税 + 国内运杂费 + 证照费

国外购买车辆的重置成本 = 车辆价格（CIF 价）+ 进口关税 + 消费税 + 增值税 + 国内运
杂费 + 证照费

其中，车辆购置税 = （CIF 价 + 关税 + 消费税）× 税率（10%）

【例 5-1】某企业于 2006 年购建一台设备，该设备的账面原值为 135 000 元，于 2012 年
进行评估，经市场询价，设备的市场价为 136 000 元，运杂费为 600 元，安装调试费为 1 200
元。试计算该设备的重置成本。

解：该设备的重置成本 = 136 000 + 600 + 1 200 = 137 800（元）

即该设备的重置成本为 137 800 元。

【例 5-2】某评估人员于 2002 年年底对某合资企业的一台进口汽流纺机进行评估。该台
机器于 1999 年从德国某公司进口，进口合同中 FOB 价格是 20 万马克。现已安装，正在使
用。评估人员通过德国有关纺机厂商在国内的代理机构向德国生产厂家进行了询价，了解到
当时德国已不再生产被评估的那种型号的气流纺机了，其替代产品是全面采用计算机控制的
新型纺机，新型纺机的现行 FOB 报价为 35 万马克。针对这一情况，评估人员经与有关纺机
专家共同分析研究报价和成交价格的差别及新型纺机与被评估气流纺机在技术性能上的差
别，最后认为，按照通常情况，实际成交价应为报价的 70% ~ 90%。故按德方 FOB 报价的
80% 作为 FOB 成交价。针对新型纺机在技术性能上优于被评估的气流纺机，估测被评估气流
纺机的现行 FOB 价格约为新型纺机 FOB 价格的 70%，30% 的贬值折扣主要是由于技术落后
造成的。评估基准日德国马克对美元的汇率为 1.7 : 1，人民币对美元的汇率为 5.8 : 1。境
外运杂费按 FOB 价格的 5% 计算，保险费按 FOB 价格的 0.5% 计算，关税与增值税因为符合

合资企业优惠条件，予以免征。银行手续费按 CIF 价格的 0.8% 计算，国内运杂费按（CIF 价格＋银行手续费）的 3% 计算，安装调试费用包括在设备价格中，由德方派人安装调试，不必另付费用。由于该设备安装周期较短，故没有考虑到利息因素。根据上述分析及数据资料，试计算被评估汽流纺机的重置成本。

解：FOB 价格 ＝35 ×80% ×70% ＝19.6（万马克）

FOB 价格 ＝19.6 ÷1.7 ＝11.53（万美元）

境外运杂费 ＝11.53 ×5% ＝0.58（万美元）

保险费 ＝11.53 ×0.5% ＝0.058（万美元）

CIF 价格 ＝FOB 价格 ＋运费 ＋保险费 ＝12.168（万美元）

银行手续费用 ＝12.168 ×0.8% ＝0.097（万美元）

国内运杂费 ＝（12.168 ＋0.097）×3% ＝0.368（万美元）

汽流纺机的重置成本 ＝12.168 ＋0.097 ＋0.368 ＝12.633（万美元）

即汽流纺机的重置成本为 12.633 万美元，折合成人民币为 73.271 万元。

2. 功能系数法

对于无法直接取得现行购置价或建造费用的设备，如果能够找到现有同类设备的市价、建造费用，或市价、建造费用加运杂费和安装调试费，就可采用功能系数法计算设备的更新重置成本。根据被评估设备的功能与成本的关系，功能系数法又分为功能价值法和规模经济效益指数法两种。

（1）当成本和生产能力呈线性关系时，计算公式为：

被评估设备重置成本 ＝参照物重置成本 ×（被评估设备的生产能力 ÷参照物的生产能力）

（2）当成本和生产能力呈指数关系时，计算公式为：

被评估设备重置成本 ＝参照物重置成本 ×（被评估设备的生产能力 ÷参照物的生产能力）^{x}

式中，x 为经验数据，称为规模经济效益指数。美国在 0.4 ~ 1，在机器设备评估中常取 0.6 ~ 0.8。

【例5-3】某企业于 2007 年购建了一套年产 50 万吨某产品的生产线，账面原值为 1 000 万元，于 2012 年进行评估，评估时选择了一套与被评估生产线相似的生产线，该生产线于 2011 年建成，年产同类产品 75 万吨，造价为 3 000 万元。经查询，该类生产线的规模效益指数为 0.7，根据被评估资产生产能力与参照物生产能力方面的差异，采用规模经济效益指数法计算被评估生产线 2011 年和 2012 年的重置成本。

解：2011 年的重置成本 ＝3000 ×（50/ 75）$^{0.7}$ ＝2 259（万元）

以上计算的重置成本还需要调整到评估基准日的水平。由于无法获取评估基准日该生产线的价格指数，不能直接将 2011 年的重置成本调整为 2012 年评估基准日的重置成本。因此，将该生产线适当划分为主要装置、辅助生产装置、工艺管道、仪器仪表、建筑安装费和管理费六大项，并按被评估生产线原始成本中上述六项所占比重作为权数，对 2011 年至 2012 年上述六项的价格变动系数加权求取生产线价格调整系数。上述六项在生产线原始成本的比重为：主要装置 70%，辅助装置 5%，工艺管道 5%，仪器仪表 5%，建筑安装费 10%，管理费 5%。2011 年至 2012 年上述六项价格及费用变动率为：主要装置 5%，辅助装置 3%，工艺管道 10%，仪器仪表 2%，建筑安装费 15%，管理费 10%。所以，2012 年的重置成本为：

$$2012 \text{ 年的重置成本} = 2\,259 \times (1 + 70\% \times 5\% + 5\% \times 3\% + 5\% \times 10\% + 5\% \times 2\% + 10\% \times$$
$$15\% + 5\% \times 10\%)$$
$$= 2\,259 \times (1 + 3.5\% + 0.15\% + 0.5\% + 0.1\% + 1.5\% + 0.5\%)$$
$$= 2\,400 \text{（万元）}$$

即该被评估生产线在 2011 年和 2012 年的重置成本分别为 2 259 元和 2 400 元。

3. 物价指数法

对于既无法直接取得设备现行购置价或建造成本，也无法获得同类设备的购置价或建造成本的，可以采取物价指数法计算其复原重置成本。但是对于技术进步速度较快、技术进步对价格影响较大的设备，不宜采用物价指数法，具体计算公式如下：

重置成本 = 设备账面原值 × （评估时点定基价格指数 ÷ 资产购建时定基价格指数）

【例 5-4】某被评估设备于 2005 年购进，账面原值为 10 万元，于 2012 年进行评估，2005 年和 2012 年定基物价指数分别为 109.6 和 143.2，2005 年至 2012 年环比物价指数分别为 119.7%，109.5%，106.3%，101.6%，98.1%，97%，97%，试按两种物价指数计算只计购置费的重置成本。

解：（1）用定基物价指数计算

$$\text{被评估资产重置成本} = 100\,000 \times \frac{143.2}{109.6} = 130\,657 \text{（元）}$$

（2）用环比物价指数计算

$$\text{被评估资产重置成本} = 100\,000 \times (119.7\% \times 109.5\% \times 106.3\% \times 101.6\% \times 98.1\% \times$$
$$97\% \times 97\%)$$
$$= 130\,661.5 \text{（元）}$$

物价指数法简便易行，但使用时，评估人员应注意以下问题：应使用设备的分类物价指数，避免使用综合物价指数；对设备重置成本的各个构成部分，如购置价、运杂费、安装费、基础费等，应采用各自的物价指数分别计算。对于进口设备，应使用设备生产国的分类物价指数，外汇和人民币要分别考虑；对于不同时期投入资金进行技术改造的设备，一般根据分类物价指数将不同时期投入的资金分别折算成现行价格，然后再加总以确定其重置成本。

评估人员运用物价指数法计算进口设备重置成本时，其中原来用外币支付的部分（即原来的 CIF 价格），应使用设备生产国的物价变动指数来调整，而不应用国内价格变动指数来调整。但对原来的国内费用（即进口关税、增值税、银行手续费、国内运杂费、安装调试费等）都应按国内的物价变动指数来调整，调整公式如下：

重置成本 = 账面原值中的到岸价值/进口时外汇汇率 × 进口设备生产国同类资产价格变动指数 × 评估基准日外汇汇率 × （1 + 现行进口关税税率） × （1 + 其他税费率）+ 账面原值中支付人民币部分价格 × 国内同类资产价格变动指数

该公式假定进口设备的到岸价格全部以外汇支付，其余均用人民币支付。如实际情况与此假设不符，应自行调整。评估人员运用物价指数法对进口设备重置成本进行估测时，应尽量将支付外汇部分与支付人民币部分，或者说将受设备生产国物价变动影响部分与受国内价格变动影响部分分开，分别运用设备生产国的价格变动指数与国内价格变动指数进行调整，不应综合采用国内或设备生产国的价格变动指数一揽子调整。

【例5-5】某企业于2003年从美国进口一套设备，账面原值为735万元人民币。购建时以外汇支付的部分为500万元，其中设备价款为485万元，境外运输及保险费为15万元，以人民币支付的部分为235万元，其中关税和其他税费225万元，国内运费及安装调试费10万元，进口时美元和人民币的比价为1∶5.80。2005年对该进口设备进行评估，经调查分析可知，该类设备目前在美国市场的销售价格比2003年提高10%，境外运输费及保险费综合比2003年提高5%，2005年美元同人民币的比价为1∶8.30，2005年关税税率为20%，增值税税率为17%，其他费率为1.50%，国内运输费及安装调试费综合比较，2005年比2003年提高6%，则该进口设备的重置成本为多少。

解：该进口设备的重置成本 = [485 ÷ 5.80 × （1 + 10%） + 15 ÷ 5.80 × （1 + 5%）] ×

8.30 × （1 + 20%） × （1 + 18.50%） + 10 × （1 + 6%）

= 1 117.69 + 10.60

= 1 128.29（万元）

即该进口设备的重置成本为1 128.29万元。

4. 重置核算法

自制非标准设备的市场价格资料较难收集到，因此常用重置核算法，而重置核算法常用的方法是综合估价法。综合估价法是根据设备的主材费用和主要外购件费用与设备成本费用的比例关系，通过确定设备的主材费用和主要外购件费用，计算出设备的相应成本，另外考虑一定的利润、税金和设计费，从而求得该设备的重置成本，具体计算公式如下：

$$RC = (M_{rm}/K_m + M_{pm}) \times (1 + K_p) \times (1 + K_d/n) / (1 - r_t)$$

式中：RC——非标准设备重置成本；

M_{rm}——主材费；

K_m——成本主材费率；

M_{pm}——主要外购件费；

K_p——成本利润率；

r_t——综合税率；

K_d——非标准设备设计费率；

n——非标准设备的产量。

其中，主材费 $M_{rm} = \Sigma$ [（某主材净消耗量/该主材利用率）×含税市场价格/（1 + 增值税率）]

主要外购件费 $M_{pm} = \Sigma$ [某主要外购件的数量 × 含税市场价格/（1 + 增值税率）]

综合税率 r_t = 增值税税率 × （1 + 城建税税率 + 教育费附加费率）

【例5-6】某悬链式水幕喷漆室为非标自制设备，购建于2004年12月，评估基准日为2012年9月30日。计算该悬链式水幕喷漆室的重置成本。

解：根据设计图纸，该设备主材为钢材，主材的净消耗量为25.5吨，评估基准日期钢材不含税市场价为3 500元/吨，另外，所需主要外购件（电机、泵、阀、风机等）不含税费用55 680元。主材费利用率为90%，成本主材费率为55%，成本利润率为15%，设计费率为16%，产量1台。

首先确定设备的主材费用，该设备的主材利用率为90%，则主材费：

$M_{rm} = 25.5 \div 90\% \times 3\ 500 = 99\ 167$（元）

成本利润率：

$K_p = 15\%$

如增值税税率为17%，城市维护建设税税率为7%，教育费附加费率为3%，则综合税率：

$r_t = 18.7\%$

非标设备设计费率：

$K_d = 16\%$

非标设备的数量：

$n = 1$（台）

则设备的重置成本：

$RC = (99\ 167 \div 55\% + 55\ 680) \times (1 + 15\%) / (1 - 18.7\%) \times (1 + 16\%/1)$
$\quad\quad = 387\ 210.54$（元）

即该悬链式水幕喷漆室的重置成本为387 210.54元。

二、机器设备实体性贬值的估算

实体性贬值也称有形损耗，是指设备由于运行中的磨损和暴露在自然环境中被侵蚀，造成设备实体形态的损耗而引起的贬值。实体性贬值的具体计算方法有：观察法、使用年限法和修复费用法。

（一）观察法

观察法是评估人员到评估现场对被评估机器设备进行现场观察和现场技术检测，并结合设备的实际使用情况，如使用时间、使用强度、技术状况、制造质量等经济技术参数，经综合分析估测设备的实体性贬值率的一种方法。

运用观测法所分析的主要指标有：设备的现时技术状态、设备的实际已使用时间、设备的正常负荷率及原始制造质量、设备的维修保养及技术改造情况、设备重大故障（事故）经历、设备的工作环境和条件、设备的外观和完整性等。

评估人员估算机器设备的实体性贬值率时，可以参考表5-2中给定的经验数据。但在实际评估活动中，这些数据只能作为参考，不可作为唯一的标准生搬硬套，不能简单地"对号入座"。评估人员进行评估时，还应广泛听取专家组及一线的设备操作人员、维修人员和管理人员的介绍和评判，并进行综合分析归纳，依据经验判断设备的实体性贬值。

表5-2　实体贬值率参考表

设备状态		贬值率（%）
全新	全新，刚刚安装，尚未使用，资产状态极佳	0
		5
很好	很新，只轻微使用过，无需更换任何部件或进行任何修理	10
		15
良好	半新资产，但经过维修或更新，处于极佳状态	20
		25
		30
		35
一般	旧资产，需要进行某些修理或更换一些零部件，如轴承之类	40
		45
		50
		55
		60
尚可使用	处于可运行状况的旧资产，需要大量维修或更换零部件，如电机等	65
		70
		75
		80
不良	需要进行大修理的旧资产，如更换运动机件或主要结构件	85
		90
报废	除了基本材料的废品回收价值外，没有以其他方式出售	97.5
		100

注：该表是美国评估协会使用的实体贬值率参考表。

（二）使用年限法

使用年限法是从使用寿命角度来估算贬值，它假设机器设备有一定的使用寿命，所评估的机器设备的贬值率与其已使用年限成正比，并且成线性关系。

实体性贬值率＝实际已使用年限÷总使用年限×100%

＝实际已使用年限÷（实际已使用年限＋尚可使用年限）×100%

1. 总使用年限

机器设备的已使用年限与尚可使用年限之和为设备的总使用年限，即机器设备的使用寿命。机器设备的使用寿命是指从开始使用到淘汰所经历的时间，通常可以分为物理寿命、技术寿命和经济寿命。机器设备的物理寿命是指机器设备从开始使用到报废所经历的时间。机器设备的物理寿命的长短主要取决于机器设备的自身质量与运行过程中的使用、保养和正常维修情况。机器设备的技术寿命是指机器设备从开始使用到技术过时经历的时间。机器设备的技术寿命在很大程度上取决于社会技术进步和技术更新的速度与周期，可通过改造延长其技术寿命。机器设备的经济寿命是指机器设备从开始使用到因经济上不合算而停止使用所经历的时间。所谓经济上不合算，是指维持机器设备继续使用所需要的维持费用大于机器设备继续使用所带来的收益。这时，评估人员估算机器设备的实体性贬值时，就涉及机器设备的总使用年限应该选择哪个寿命年限的问题，应该说，这是个比较复杂的问题。由于经济寿命要小于物理寿命和技术寿命，因此，国际上首选的是经济寿命，但并不排除物理寿命和技术寿命作为总使用年限的可能性。我国目前没有具体的规定，所以我们可以把设备的已使用年限和尚可使用年限之和作为其总使用年限，这样较现实、合理且易于操作。

2. 实际已使用年限

实际已使用年限是指机器设备从开始使用到评估基准日所经历的时间。实际已使用年限不同于折旧时间，也不同于购置时间，是实际应用于生产经营的时间。在评估实务中，通常需要把名义使用年限转换为实际已使用年限，具体公式为如下：

实际已使用年限 = 名义使用年限 × 设备利用率

其中，设备利用率 = 截止评估基准日累计的实际利用时间 ÷ 截止评估基准日累计的法定利用时间 × 100%

【例5-7】某被评估设备已投入使用5年，在正常情况下该设备按一班制生产，每天工作8小时。经调查了解，该设备在5年中平均每天工作只有6小时，经现场鉴定，若该设备保持每天8小时的工作量尚可使用7年。试计算该设备的实体性贬值率。

解：实体性贬值率 $= \dfrac{5 \times \frac{6}{8}}{5 \times \frac{6}{8} + 7} \times 100\% = \dfrac{3.75}{3.75 + 7} \times 100\% = 34.88\%$

即该设备的实体性贬值率为34.88%。

另外，如果机器设备经过多次大修理、技术改造或追加投资，就会延长其尚可使用年限或缩短其实际已使用年限，那么上述方法计算的已使用年限就不能反映设备的实际情况，需要进行调整。在评估实务中，我们采用的是缩短其已使用年限的方法，即以各次投资的重置成本为权数，对各次投资的已使用年限进行加权平均，以确定其实际已使用年限的方法，具体计算公式如下：

加权投资年限 = Σ 加权重置成本 ÷ Σ 重置成本

其中，加权重置成本 = 重置成本 × 投资后设备的已使用年限

则，实体性贬值率 = 加权投资年限 ÷ （加权投资年限 + 尚可使用年限）

值得注意的是，如果计算加权重置成本时采用的已使用年限是名义的已使用年限，那么以此为基础计算出来的加权投资年限应该是加权投资名义年限，还必须将其再乘以资产利用率以转换为加权投资实际年限。

【例5-8】某企业于2002年购入一台设备，账面原值为30 000元，2007年和2009年进行两次更新改造，当年投资分别为3 000元和2 000元，又于2012年对该设备进行评估，假

定从 2002 年到 2012 年每年价格上升率为 10%，该设备的尚可使用年限经检测和鉴定为 7 年，试估算设备的成新率。

解：第一步，估算重置成本（详见表 5-3）。

表 5-3　重置成本估算

投资日期（年）	原始投资额（元）	价格变动系数	重置成本（元）
2002	30 000	2007	78 000
2007	3 000	1.61	4 830
2009	2 000	1.33	2 660
合计	35 000	—	85 490

第二步，计算加权重置成本（详见表 5-4）。

表 5-4　加权重置成本计算

投资日期（年）	现行成本（元）	投资年限	加权重置成本（元）
2002	78 000	10	78 000
2007	4 830	5	24 150
2009	2 660	3	7 980
合计	85 490	—	812 130

第三步，计算加权投资年限。

加权投资年限 = 812 130/85 490 ≈ 9.5（年）

第四步，计算成新率。

成新率 = 7 ÷（9.5 + 7）×100% = 42%

即该设备的成新库为 42%。

3. 尚可使用年限

机器设备的尚可使用年限是指机器设备的剩余使用寿命。其可以通过技术检测和专业技术鉴定来确定；也可以通过用总使用年限减去实际已使用年限的余额来确定。根据机器设备的具体情况，估算尚可使用年限可以采用以下方法。

（1）对于较新且使用和维护正常的设备，可用设备的总使用年限减去设备的实际已使用年限得到设备的尚可使用年限。

（2）对那些已经接近甚至超过总使用年限的设备，可以通过专业技术人员的判断，直接估算尚可使用年限。

（3）对那些不准备通过大修理继续使用的设备，可以利用设备的一个大修理周期作为设备尚可使用年限的上限，减去设备上一次大修理至评估基准日的时间，其余的时间便是尚可使用年限。

（4）对于国家明文规定限期淘汰、禁止超期使用的设备，如压力容器、运输车辆、严重污染环境及高能耗等设备，不论设备的现时状态如何，其尚可使用年限不能超过国家规定禁止使用的日期。

（三）修复费用法

修复费用法是假设所发生的实体性损耗是可以修复的，则设备的实体性损耗就应该等于补偿实体性损耗所发生的费用。这种方法的基本原理是：如果机器设备可以通过修复恢复到全新状态，那么可以认为设备的实体性损耗等于其修复费用。机器设备修复一般是通过修理或者更换损坏部分来完成的。例如，某机床的电机损坏，如果这台机床不存在其他贬值，则更换电机的费用即为机床的实体性贬值。

机器设备的实体性损耗分为可修复部分和不可修复部分。评估人员采用修复费用法时，要尽量把实体性贬值中的可修复部分和不可修复部分区别开来。可修复部分的实体性损耗是指可以通过技术修理恢复其功能，且经济上是合理的。不可修复部分的实体性损耗是指通过技术修理不能恢复其功能，或者在经济上是不划算的。对可修复部分的实体性损耗，可以修复费用直接作为实体性贬值；对不可修复部分的实体性损耗，应该采用前述方法加以确定，这两部分之和就是被评估设备的全部实体性贬值，具体计算公式如下：

实体性贬值率 = （可修复部分的实体性损耗 + 不可修复部分的实体性损耗）÷ 设备的重置成本

【例5-9】被评估设备为一储油罐，这个油罐已经建成并使用了10年，并预计将来还能再使用20年。评估人员了解到，该油罐目前正在维修，其原因是原储油罐因受到腐蚀，底部已出现裂纹，发生渗漏，必须更换才能使用。整个维修计划大约需要花费350 000元，其中包括油罐停止使用造成的经济损失，清理、布置安全工作环境、拆卸并更换被腐蚀底部的全部费用。评估人员已估算出该油罐的复原重置成本为2 000 000元，现在用修复费用法估测油罐的实体性贬值率。

解：可修复部分实体性贬值为350 000元；

$$不可修复部分实体性贬值率 = \frac{10}{10+20} \times 100\% = 33.3\%$$

不可修复部分复原重置成本 = 2 000 000 – 350 000 = 1 650 000（元）

不可修复部分实体性贬值 = 1 650 000 × 33.3% = 549 450（元）

$$油罐全部实体性贬值率 = \frac{350\ 000 + 549\ 450}{2\ 000\ 000} = 45\%$$

假若该油罐有更新重置成本，这时用更新重置成本乘以45%的实体性贬值率，就可得到成本法评估油罐时应当扣除的实体性贬值。

修复费用法适用于那些特定结构部件经常被磨损，但能够以经济上可行的办法加以修复的机器设备，如需定期更换部分系统的机组、成套设备、生产线等。评估人员能够应用修复费用法时，应该尽量采用这种方法，因为这种方法区分了可修复部分和不可修复部分，计算结果较准确。

（四）估算机器设备的实体性贬值应注意的问题

首先，选择估算设备实体性损耗的具体方法，可以根据信息资料的获得情况、被评估设备具体特点以及评估人员的专业知识和经验来确定。一般情况下，在信息资料充分的情况下，同时运用几种方法估算实体性损耗，并且互相核对，在核对的基础上根据孰低原则确定成新率。也可在有充分依据的前提下，采用加权平均法确定成新率，即

成新率 = 观察法成新率×60% + 使用年限法成新率×40%

其次，评估人员分析估算实体性损耗时，要注意其中是否含有功能性损耗或其他损耗因素，以避免发生重复扣减的问题。评估人员用观测分析法确定设备的实体性损耗（或成新率）时，往往可能考虑功能性损耗；用使用年限法确定实体性损耗时，对已经过大修或进行技术改造的设备，也可能涉及功能性损耗；用修复费用法确定实体性损耗时，修复费用中更有可能含有功能性损耗。因为新替换上去的部件如果是采用新技术生产的，那么它不仅可以恢复设备的原有功能，还可能改善设备的原有功能。因此，当可修复性损耗在设备总损耗额中占有较大比重时，就应考虑用修复费用法计算的成新率是否是一个包含功能性损耗的综合成新率。

三、机器设备功能性贬值的估算

机器设备的功能性贬值主要是由于科学技术的进步引起的，主要有两种表现形式：一是由于新工艺、新材料和新技术的采用，而使原有资产的建造成本超过现行建造成本的超支额，即超额投资成本；二是由于科技进步出现了新的、性能更优越的设备，致使原有设备的功能相对新式设备已经落后，而引起其价值贬值，即超额运营成本。

（一）超额投资成本形成的功能性贬值

超额投资成本形成的功能性贬值是设备的复原重置成本与更新重置成本之间的差额，具体计算公式如下：

超额投资成本 = 复原重置成本 − 更新重置成本

从理论上讲，直接使用设备的更新重置成本其实就已经将被评估设备价值中所包含的超额投资成本部分剔除掉了，所以不必再去刻意寻找设备的复原重置成本，然后再减设备的更新重置成本得到设备超额投资成本。

（二）超额运营成本形成的功能性贬值

超额运营成本引起的功能性贬值就是设备在未来使用过程中超额运营成本的折现值。超额运营成本引起的功能性贬值通常按以下步骤测算。

1. 选择参照物，并将参照物的年运营成本与被评估设备的年运营成本进行对比，找出两者之间的差别，并计算年超额运营成本额。

2. 按企业运用的所得税率计算被评估设备因超额运营成本而抵减的所得税，得到被评估设备的年超额运营成本净额。

3. 估测被评估设备的剩余使用年限。

4. 选择适当的折现率，将被评估设备在剩余使用年限中的每年超额运营成本净额折现，累加计算被评估设备的功能性贬值。

【例5-10】某一生产控制装置拟作为评估对象，其正常运行需6名操作人员。目前同类

新式控制装置所需的操作人员定额为 4 名。假设该被评估装置与参照物在运营成本的其他支出项目方面大致相同，操作人员人均年收入为 9 000 元，被评估控制装置尚可使用 3 年，所得税税率为 25%，适用的折现率为 10%。试测算被评估控制装置的功能性贬值额。

解：根据上述资料，被评估控制装置的功能性贬值额测算如下。

（1）计算被评估控制装置的年超额运营成本额：

（6 – 4）×9 000 = 18 000（元）

（2）测算被评估控制装置的年超额运营成本净额：

18 000 ×（1 – 25%）= 13 500（元）

（3）将被评估控制装置在剩余使用年限内的年超额运营成本净额折现累加，估算其功能性贬值额：

13 500 ×（P/A, 10%, 3）= 13 500 × 2.486 9 ≈ 33 573.15（元）

即被评估控制装置的功能性贬值额为 33 573.15 元。

【例 5-11】计算某电焊机超额运营成本引起的功能性贬值。（1）分析比较被评估机器设备的超额运营成本因素：经分析比较，被评估的电焊机与新型电焊机相比，引起超额运营成本的因素主要为老产品的能耗比新产品高。通过统计分析，按每天 8 小时工作，每年 300 个工作日，每台老电焊机比新电焊机多耗电 6 000 度。（2）确定被评估设备的尚可使用寿命，计算每年的超额运营成本：根据设备的现状，评估人员预计该电焊机尚可使用 10 年，如每度电按 0.5 元计算。（3）折现率为 10%，所得税税率按 25% 计算。

解：（1）每年的超额运营成本 = 6 000 × 0.5 = 3 000（元）

（2）每年净超额运营成本 = 税前超额运营成本 ×（1 – 所得税）

= 3 000 ×（1 – 25%）

= 2 250（元）

（3）净超额运营成本的折现值 = 净超额运营成本 × 折现系数

= 2 250 × 6.145

≈ 13 826.3（元）

即该电焊机由于超额运营成本引起的功能性贬值为 13 826.3 元。

（三）估算机器设备的功能性贬值应注意的问题

首先，是选择参照物。参照物的选择直接影响功能性贬值的大小，一般应选择评估涉及的地区范围内已普遍使用的先进设备，而不是尚未普遍使用的最先进的设备，因为后者的技术在评估所涉及的行业或地区范围内尚未成熟，其功能价值尚未被普遍接受。

其次，是功能性贬值是否需要单独计算的问题。一般来说，如果所测算的机器设备的重置成本是复原重置成本，就需单独计算功能性贬值，除非被评估设备刚刚购建尚不存在功能性贬值；如果所测算的机器设备的重置成本是更新重置成本，进一步考虑所测算的更新重置成本是将两类功能性贬值均剔除了还是仅剔除了超额投资成本，如果仅剔除了超额投资成本，仍需单独计算超额运营成本。

四、机器设备经济性贬值的估算

机器设备的经济性贬值是由于外部因素引起的贬值，即由于市场竞争加剧，产品需求减少，导致设备开工不足，生产能力相对过剩；原材料、能源等提价，造成成本增加，但生产的产品售价没有相应提高；国家有关能源、环境保护等限制或削弱产权的法律、法规使产品生产成本增加或者使设备强制报废，缩短了设备的正常使用寿命等。以上这些情况可以归结为：生产能力降低或收益减少。

（一）生产能力降低引起的经济性贬值

当机器设备因外部因素，即经济衰退、产业结构调整、国家环保政策限制等影响，出现开工不足，致使设备的实际生产能力明显低于其额定或设计能力时，其价值低于充分利用时的价值而产生经济性损耗，具体计算公式如下：

经济性贬值率 = $[1 - (设备预计可被利用的生产能力 \div 设备原设计生产能力)^x] \times 100\%$

经济性贬值额 = （重置成本 - 实体性贬值 - 功能性贬值）× 经济性贬值率

其中，x 为规模效益指数，实践中多用经验数据，机器设备的 x 指数一般选取 $0.6 \sim 0.7$。

（二）收益减少造成的经济性贬值

由于企业外部的原因，虽然设备生产负荷并未降低，但出现如原材料涨价、劳动力费用上升等情况都会导致生产成本提高，或部分迫使产品降价出售等情况，且可能使设备创造的收益减少，使用价值降低，进而产生经济性损耗，具体计算公式如下：

经济性贬值额 = 设备年收益损失额 × （1 - 所得税额）× $(P/A, r, n)$

【例5-12】某家电生产厂家，其家电生产线年生产能力为10万台，由于市场竞争加剧，该厂家电产品销售量锐减，企业不得不将生产量减至年产7万台（销售价格及其他条件未变）。这种局面在今后很长一段时间难以改变，试估测该生产线的经济性贬值率。

解：经济性贬值率 = $\left[1 - \left(\dfrac{70\,000}{100\,000}\right)^{0.6}\right] \times 100\% = [1 - 0.81] \times 100\% = 19\%$

即该生产线的经济性贬值率为19%。

【例5-13】承例5-12，如果家电生产企业不降低生产量，就必须降价销售家电产品。假定原来产品的销售价为2 000元/台，今后如果要继续保持10万台的销售量，产品售价需降至1 900元/台，即每台产品损失毛利100元。经估测，该生产线还可以继续使用3年，若折现率为10%，试估算该生产线的经济性贬值额。

解：根据上式和提供的有关材料，

经济性贬值额 = （100 × 100 000）× （1 - 25%）× $(P/A, 10\%, 3)$

$\qquad\qquad\quad$ = 7500 000 × 2.486 9

$\qquad\qquad\quad$ = 18 651 750（元）

即该生产线的经济性贬值额为18 651 750元。

（三）估算机器设备的经济性贬值应注意的问题

首先，注意被评估设备是否是能够单独计算获利能力的生产线、成套设备。一般来说，不能单独计算获利能力的单台（件）设备不计算经济性损耗。

其次，需对评估基准日后，即未来的影响设备利用率或收益额的因素进行预测，进而判断是否存在经济性损耗的问题。

第三节　市场法和收益法在机器设备评估中的应用

一、市场法

评估人员应用市场法评估机器设备时，应先明确鉴定被评估对象，选择参照物，然后选择适当的方法估测对比，最后分析确定设备评估值。其中，与参照物的比较和评估方法的选择是很重要的环节。

（一）比较因素

比较因素是指可能影响机器设备市场价值的因素。评估人员使用市场比较法进行评估的过程中，将参照物与评估对象进行比较是一项非常重要的工作。在比较之前，评估师先要确定哪些因素可能影响机器设备的价值，哪些因素对价值没有影响。比较因素是一个指标体系，它要能够全面反映影响价值的因素。不全面的或仅使用个别指标所做出的价值评估是不准确的。一般来讲，设备的比较因素可分为四大类，即个别因素、交易因素、地域因素和时间因素。

1. 个别因素

设备的个别因素一般指反映设备在结构、形状、尺寸、性能、生产能力、安装、质量、经济性等方面差异的因素。不同的设备，差异因素也不同。在评估中，常用于描述机器设备的指标一般包括以下几项。

（1）名称。

（2）型号规格。

（3）生产能力。

（4）制造厂家。

（5）技术指标。

（6）附件。

（7）设备的出厂日期。

（8）役龄。

（9）安装方式。

（10）实体状态。

2. 交易因素

设备的交易因素是指交易动机、背景对价格的影响，不同的交易动机和交易背景都会对设备的出售价格产生影响。如以清偿、快速变现或有一定优惠条件的出售，其售价往往低于正常交易的价格。另外，交易数量也是影响设备售价的一个重要因素，大批购买的价格一般要低于单台购买的价格。

3. 时间因素

不同交易时间的市场供求关系、物价水平等都会不同，评估人员应选择与评估基准日最接近的交易案例，并对参照物的时间影响因素做出调整。

4. 地域因素

由于不同地区市场供求条件等因素的不同，设备的交易价格也受到影响，评估参照物应尽可能与评估对象在同一地区。如评估对象与参照物存在地区差异，则需要做出调整。

（二）具体技术方法

1. 直接匹配法

直接匹配法是根据与评估对象基本相同的市场参照物，通过直接比较来确定评估对象的价值。例如，评估一辆汽车时，如果二手汽车交易市场能够发现与评估对象基本相同的汽车，它们的制造商、型号、年代、附件都相同，只有行驶里程和实体状态方面有些差异，在这种情况下，评估师一般直接将评估对象与市场上正在销售的同样的汽车作比较，并确定评估对象的价格。直接比较法相对比较简单，但是它对市场的反映最为客观，能最精确反映设备的市场价值。这种方法可用以下公式表示：

$$V = V' \pm \triangle i$$

式中：V——评估值；

V'——参照物的市场价值；

$\triangle i$——差异调整。

2. 因素调整法

因素调整法是通过比较分析相似的市场参照物与被评估设备的可比因素差异，并对这些因素逐项做出调整，由此确定被评估设备的价值。这种方法是在无法获得基本相同的市场参照物的情况下，以相似的参照物作为分析调整的基础。这种方法与直接比较法相比更主观，在对比较因素进行分析的基础上，需要做更多的调整。

为了减少调整时因主观因素产生的误差，所选择的参照物应尽可能与评估对象相似。从时间上来讲，参照物的交易时间应尽可能接近评估基准日；在地域上，尽可能与评估对象在同一地区。另外，评估对象与参照物应具有较强的可比性，实体状态方面比较接近。

【例5-14】评分人员对某企业一台1515型纺织机进行评估，经过市场调查，选择了本地区近几个月已经成交的1515型纺织机的3个交易实例作为比较参照物，被评估对象及参照物的有关情况详见表5-5。

表5-5 被评估对象及参照物情况表

	参照物 A	参照物 B	参照物 C	被评估对象
交易价格	10 000 元	6 000 元	9 500 元	－
交易状况	公开市场	公开市场	公开市场	公开市场
生产厂家	上海	济南	上海	沈阳
交易时间	6 个月前	5 个月前	1 个月前	－
成新率	80%	60%	75%	70%

评估人员经过对市场信息进行分析得知，3个交易实例都是在公开市场条件下销售的，不存在受交易状况影响使价格偏高或偏低的现象，影响售价的因素主要是生产厂家（品牌）、交易时间和成新率。

（1）生产厂家（品牌）因素分析和修正。经分析，参照物A和参照物C是上海一家纺织机械厂生产的名牌产品，其价格同一般厂家生产的纺织机相比高25%左右，参照物A，B，C的修正系数分别为：100/125，100/100，100/125。

（2）交易时间因素的分析和修正。经分析，近几个月纺织机械的销售价格每月上升3%左右，参照物A，B，C的修正系数分别为：118/100，115/100，103/100。

（3）成新率因素分析和修正。根据公式，成新率修正系数 = 被评估对象成新率/参照物成新率，参照物A，B，C成新率修正系数分别为：70/80，70/60，70/75。

（4）计算参照物A，B，C的因素修正后价格，得出初评结果。

参照物A修正后的价格为：$10\ 000 \times \dfrac{100}{125} \times \dfrac{118}{100} \times \dfrac{70}{80} = 8\ 260$（元）

参照物B修正后的价格为：$6\ 000 \times \dfrac{100}{100} \times \dfrac{115}{100} \times \dfrac{70}{60} = 8\ 050$（元）

参照物C修正后的价格为：$9\ 500 \times \dfrac{100}{125} \times \dfrac{103}{100} \times \dfrac{70}{75} = 7\ 306$（元）

（5）确定评估值。对参照物A，B，C修正后的价格进行简单算术平均，求得被评估设备的评估值为：

$(8\ 260 + 8\ 050 + 7\ 306) \div 3 = 7\ 872$（元）

使用市场法应该注意的是，市场法评估的仅是机器设备的购买价格，如需评估其在用、续用价值，则必须再加上相关的其他费用。

二、收益法

（一）适用范围

1. 收益能够量化的设备。单项设备大部分不具有独立获利能力，一般不采用；自成体系的成套设备、生产线、单独作业的车辆特别是租赁的设备可用。

2. 作为一种补充方法，确定设备的功能性贬值和经济性贬值，或分析企业是否存在无形资产。

（二）基本公式

1. 每年收益额不相等时：

$$P = \sum_{t=1}^{n} \frac{R_t}{(1+r)^t}$$

2. 每年收益额相等时：

$$P = A \times [1 - (1+r)^{-n}] / r = A \times 年金现值系数$$

值得注意的是，公式中的收益额只是机器设备所获得的全部收益的一部分，而不是全部收益。因为机器设备要获得收益，还必须具备其他的条件。

（三）优缺点

应用收益法评估机器设备能充分考虑其各种贬值，评估结果易于被投资者接受。但是，由于机器设备评估是以单台设备为评估对象的，很难量化单台设备的收益，加之折现率很难确定。所以，单台设备的评估不适合运用收益法。

练习题

一、单项选择题

1. 采用价格指数调整法评估进口设备所适用的价格指数是（　）。

A. 设备进口国零售商品价格指数　　B. 设备出口国综合价格指数

C. 设备进口国综合价格指数　　　　D. 设备出口国分类价格指数

2. 运用修复费用法估测成新率适用于（　）。

A. 所有机器设备

B. 具有特殊结构及可补偿性有形损耗的设备

C. 具有特殊结构及在技术上可修复的有形损耗的设备

D. 具有特殊结构及不可补偿有形损耗的设备

3. 运用价格指数法评估机器设备的重置成本仅仅考虑了（　）因素。

A. 技术因素　　B. 功能因素　　C. 地域因素　　D. 时间因素

4. 对被评估的机器设备进行模拟重置，按现行技术条件下的设计、工艺、材料、标准、价格和费用水平进行核算，这样求得的成本称为（　）。

A. 更新重置成本　　B. 复原重置成本　　C. 完全重置成本　　D. 实际重置成本

二、多项选择题

1. 进口设备的重置成本包括（　）。

A. 设备购置价格　　B. 设备运杂费用　　C. 设备进口关税　　D. 银行手续费用

E. 设备安装调试费用

2. 运用使用年限法估测设备的成新率涉及的基本参数为（　）。

A. 设备额总经济使用寿命　　B. 设备的技术水平　　C. 设备的实际已使用时间

D. 设备的负荷程度　　　　　E. 设备的剩余经济使用年限

3. 设备成新率的估测通常采用（　）进行。

A. 使用年限法　　B. 修复费用法　　C. 观测分析法　　D. 功能价值法　　E. 统计分析法

4. 设备的功能性贬值通常表现为（　）。

A. 超额重置成本　　B. 超额投资成本　　C. 超额运营成本　　D. 超额更新成本

三、计算题

1. 某被评估的生产控制装置购建于2002年，原始价值为100万元，2007年和2010年分别投资5万元和2万元进行了两次更新改造，2012年对该资产进行评估。调查表明，该类设备及相关零部件的定基价格指数在2002年、2007年、2010年、2012年分别为110%、

125%、130%、150%。该设备尚可使用年限为6年。另外，该生产控制装置正常运行需要5名技术操作员，而目前的新式同类控制装置仅需要4名操作员。假定待评估装置与新装置的运营成本在其他方面相同，操作人员的人均年工资福利费为12 000元，所得税税率为25%，适用折现率为10%。根据上述调查资料，求待评估资产的价值。

2. 被评估设备购建于2002年，账面价值为100 000元，2007年进行了技术以改造，追加技术改造投资50 000元。2012年对该设备进行了评估，根据评估人员的调查、检查、对比分析，得到以下数据：（1）2002至2012年每年的设备价格上升率为10%；（2）该设备的月人工成本比其替代设备高1 000元；（3）被评估设备所在企业的正常投资报酬率为10%，规模效益指数为0.7，所得税税率为25%；（4）该设备在评估前使用期间的实际利用率仅为正常利用率的50%，经技术检测，该设备尚可使用5年，在未来5年中，设备利用率能够达到设计要求。根据上述条件，估测该设备的有关参数和评估值。

3. 被评估设备购建于2002年，账面价值为30 000元，2007年和2010年进行两次技术改造，主要是添置了一些自动控制装置，分别投资了3 000元和2 000元，2012年对设备进行评估，假设从2002年至2012年每年的价格上升率为10%，该设备的尚可使用年限为8年。试根据所给条件估测被估设备的成新率。

第六章　不动产评估

学习目的与要求

通过本章的学习，使学生了解：不动产的概念及特征；不动产价格的分类；不动产评估的原则；影响不动产价格的因素；不动产评估的市场法、成本法、收益法、残余法、剩余法和基准地价修正法，在建工程评估。重点要掌握不动产评估的市场法、收益法、成本法、残余法和剩余法，本章是实务重点章。

第一节　不动产评估概述

一、不动产的概念及其特性

根据 2008 年 7 月 1 日实施的《资产评估准则——不动产》，不动产是指土地、建筑物及其他附着于土地上的定着物，包括物质实体及其相关权益。但是，这并不意味着只有土地和建筑物的合成体才是不动产。本章不动产的评估对象有三种：单纯的土地的评估，即地产评估；单纯的建筑物的评估，即房产评估；土地和建筑物合成体的评估，即不动产评估。当然，在不动产评估实务中，单纯的建筑物评估比较少见，这里我们重点介绍土地的评估和不动产评估。

（一）土地

土地一般是指地球表层的陆地部分，包括内陆水域和滩涂。从广义的角度来看，土地是指陆地及其空间的全部环境因素，是由土壤、气候、地址、地貌、生物和水文、水文地质等因素构成的自然综合体。土地具有两重性，因为它不仅是资源，也是资产。尤其是城市土地，是人类改造自然、经过加工的改良物，凝聚了人类大量的物化劳动，投入了各种基础设施，它是由人类开发和再开发形成的。土地的供给可以分为土地的自然供给和经济供给两个方面。

地球提供给人类可利用的土地数量叫做土地的自然供给，它反映了土地供人类使用的天然特性，其数量包括已利用的土地和未来可供利用的土地。土地的自然供给是相对稳定的，几乎不受任何人为的因素或社会经济因素的影响，因此，它是无弹性的。一般来说，自然供给的土地具有以下特征：适宜人类生存和工作的气候条件；适宜植物生长的土壤质地和气候条件；可以利用的淡水资源；可供人类利用的生产资源；一定的交通条件。

所谓土地的经济供给是指在土地的自然供给的范围内，对土地进行了开发、规划和整治，以满足人类不同需求的土地供给。因此可以说，土地的经济供给是通过人类开发利用而形成的土地供给。因而土地经济供给的数量会受人类社会活动的影响。例如，开发新土地、调整用地结构、提高土地集约率等活动都影响土地的经济供给量。由此可见，土地的经济供给是有弹性的。土地的经济供给的变化可以是直接变化，也可以是间接变化。直接变化是指土地经济供给的绝对土地面积的变化或某种用途土地数量绝对面积的变化；间接变化是指单位土地面积上集约率的变化。

1. 土地的特性

土地的特性可以分为土地的自然特性和土地的经济特性两个方面。

（1）土地的自然特性。

①位置的固定性。土地具有位置的固定性，不能随土地产权的流动而改变其空间的位置。地产交易不是土地实体本身的空间移动，而是土地产权的转移。土地位置的固定性决定了土地价格具有明显的地域性特征。

②质量的差异性。土地的位置不同，造成了土地之间存在自然差异，这个差异导致土地级差地租的产生。

③不可再生性。土地是自然的产物，是不可再生资源，土地资源的利用只有科学合理，才能供人类永续利用。

④效用永续性。只要利用得当，土地的效用即利用价值会一直延续下去。

（2）土地的经济特性。

①供给的稀缺性。所谓土地经济供给的稀缺性主要是指某一地区的某种用途的土地供不应求，形成稀缺的经济资源。土地经济供给的稀缺性与土地总量的有限性、土地位置的固定性、土地质量的差异性有关。土地经济供给的稀缺性客观上要求人们集约用地。

②可垄断性。土地的所有权和使用权都可以垄断。由于土地具有可垄断性，因此，土地所有权或使用权在让渡时，就必然要求在经济上有所表现。

③土地利用多方向性。一块土地的用途有多种，可以作为农田，也可以建住宅或建写字楼或建商场。土地利用的多方向性客观上要求在地产估价中需要确定土地的最佳用途。

④效益级差性。由于土地质量的差异性而使不同土地具有不同的生产力，从而在经济效益上具有级差性。

2. 土地使用权

在我国，城市土地的所有权属于国家，农村和城市郊区的土地，除由法律规定属于国家所有的以外，均属于农民集体所有，其中宅基地和自留地、自留山属于农民集体所有。集体土地不能进入不动产市场流转，国有土地所有权也不能进入不动产市场流转，因此地价一般指的是土地使用权的价格。

（1）土地使用权出让。

土地使用权出让是指国家以土地所有者的身份将国有土地使用权在一定年限内出让给土地使用者，并由土地使用者向国家支付土地使用权出让金的行为。土地使用权最高出让年限由国务院按下列用途确定：居住用地70年；工业用地50年；教育、科技、文化、卫生、体育用地50年；商业、旅游、娱乐用地40年；综合或者其他用地50年。

（2）土地使用权转让。

土地使用权转让是指土地使用者将土地使用权再转移的行为，包括出售、交换、赠与。

但要注意，土地使用权转让时，土地使用权出让合同和登记文件中所载明的权利与义务要随之转移，而且未按出让合同规定的期限和条件开发、利用土地的不得转让。

（3）土地使用权出租。

土地使用权出租是指土地使用者作为出租人将土地使用权随同地上建筑物和附着物租赁给承租人使用，由承租人向出租人支付租金的行为。未按出让合同规定的期限和条件开发、利用土地的不得出租。

（4）土地使用权抵押。

土地使用权要进行抵押时，抵押人与抵押权人应当签订抵押合同。抵押合同不得违背国家法律法规和土地使用权出让合同的规定；同时，还应当办理抵押登记和过户登记。

值得注意的是，土地使用权的使用年限届满，土地使用者需要继续使用土地的，应当最迟于届满前一年申请续期，除非有社会公共利益需要，一般应予以批准。土地使用权使用年限届满未申请续期或虽申请但未被批准续期的，土地使用权由国家无偿收回。

（二）建筑物

建筑物与土地不同，建筑物是劳动的产物，是一种社会资源，具有不同于土地的特点。

1. 建筑物不能脱离土地而独立存在

土地是可以独立存在的一种自然资源和社会资源，而建筑物必须建立在土地之上，与土地具有不可分割性，离开土地的空中楼阁是不存在的。

2. 建筑物的使用寿命是有限的

尽管建筑物的使用寿命很长，一般可以达到十几年、数十年，甚至更长，但相对于土地来说，建筑物的寿命是相当有限的，也就是说建筑物的使用价值是有时间限制的。随着时间的推移，不管使用还是不使用，建筑物的主体和功能都会不断的贬值，在一定年限后，建筑物就会失去其使用价值。

3. 建筑物属于可再生性社会资源

建筑物的使用寿命尽管是有限的，但可以通过重建恢复其使用价值，扩展其功能，或通过局部翻修改造等手段延长其使用寿命。

（三）不动产

不动产是土地和房屋及其权属的总称。土地是房屋不可缺少的物质载体，任何房屋都不能离开土地而独立存在，我国《城市房产管理法》规定："房地产转让、抵押时，房屋的所有权和该房屋占用范围内的土地使用权同时转让、抵押。"同时，土地的区位决定了房屋的位置，直接影响到不动产的价格，因此，在不动产评估中，通常要评估不动产的整体价值。不动产一般具有如下几个方面的特性。

1. 位置固定性

由于房屋固着在土地上，因此不动产的相对位置是固定不变的。可以说，地球上没有完全相同的不动产，即使有两宗不动产的地上建筑物设计、结构和功能等完全相同，因土地位置的差异，也会造成价格的差异。

2. 供求区域性

由于土地位置的固定性，不动产还具有区域性的特点。一个城市不动产的供给过剩并不能解决另一个城市供给不足的问题。例如，A市大量空置的不动产并不能解决B市不动产需求不足的问题。不动产供求关系的区域差异又造成区域之间不动产价格的差异性。

3. 长期使用性

由于土地可以永续利用，建筑物也是可以再生的，使用年限可达数十年甚至长达上百年，使用期间即使房屋变旧或受损，也可以通过不断的翻修，延长其使用期限。

4. 大量投资性

不动产生产和经营管理要经过一系列过程：取得土地使用权、土地开发和再开发、建筑设计和施工、不动产销售等环节，都要投入大量的资金。如大城市地价和房屋的建筑成本都相当高，无论开发者和消费者，一般都难以依靠自身的资金进行不动产投资，因此，金融业的支持和介入，是发展不动产必不可少的条件。

5. 保值与增值性

一般物品在使用过程中由于老化、变旧、耗损、毁坏等原因，其价值会逐渐减小。与此相反，在正常的市场条件下，从长期来看，土地的价值呈上升走势。由于土地资源的有限性和固定性，制约了对不动产不断膨胀的需求，特别是对良好地段物业的需求，导致价格上涨。同时，对土地的改良和城市基础设施的不断完善，使土地原有的区位条件改善，进而使土地增值。

6. 投资风险性

不动产使用的长期性和保值增值性使之成为投资回报率较高的行业，同时不动产投资风险也比较大。不动产投资的风险主要来自三个方面：其一，不动产无法移动，建成后又不易改变用途，如果市场销售不对路，容易造成长期的空置、积压；其二，不动产的生产周期较长，从取得土地到房屋建成销售，通常需要3~5年的时间，在此期间影响不动产发展的各种因素发生变化，都会对不动产的投资效果产生影响；其三，自然灾害、战争、社会动荡等，都会对不动产投资产生无法预见的影响。

7. 相对不易变现性

由于不动产位置的固定性和用途不易改变等，再加上不像股票和外汇可以迅速变现，其变现性较差。但是，随着不动产市场的不断成熟和完善，不动产的交易也已经日益频繁。

8. 政策限制性

不动产市场受国家和地区政策影响较大。城市规划、土地利用规划、土地用途管制、住房政策、不动产信贷政策、不动产税收政策都会对不动产的价格产生直接或间接的影响。

二、不动产价格的种类及特点

（一）不动产价格的种类

不动产价格种类有各种表现形式，可根据其权益、形成方式和交易方式等加以分类。

1. 根据权益的不同，可分为所有权价格、使用权价格、其他权利价格

不动产发生交易行为时，所针对的权益有所有权、使用权、抵押权、租赁权、典权等。所针对的不动产权益不同，其价格就不同，如不动产使用权价格、不动产抵押权价格、不动产租赁权价格等。不动产的使用权价格是指不动产使用权的交易价格。一般情况下，不动

所有权价格高于不动产使用权价格。抵押权价格是为不动产抵押而评估的不动产价格。抵押权价格由于要考虑抵押贷款清偿的安全性，一般要比市场交易价格低。租赁权价格是承租方为取得不动产租赁权而向出租方支付的价格。

2. 按价格形成方式可分为市场交易价格、评估价格和理论价格

市场交易价格是不动产在市场交易中实际成交的价格。在正常的市场条件下，买卖双方均能迅速获得交易信息，买方能自由地在市场上选择其需要，卖方亦能自由地出售不动产，买卖双方均以自身利益为前提，在彼此自愿的条件下，以某一价格完成不动产交易。由于交易的具体环境不同，市场交易价格经常波动，可能是公平交易价格，也可能是非公平交易价格。拍卖价格、协议价格、招标价格、转让价格等都属于市场交易价格。市场交易价格一般具有如下作用：它是交易双方收支价款的依据、交纳契税和管理费的依据等。

评估价格是对市场交易价格的模拟。由于评估人员的经验及对不动产价格影响因素的理解不同，同一宗不动产可能得出不同的评估价格，当然评估结果也可能不同，但在正常的情况下，不论运用何种方法，评估结果不应有太大的差距。不动产评估价格根据使用目的及其作用可分为基准地价、标定地价、房屋重置价格、交易底价、课税价格等几种。其中基准地价、标定地价、房屋重置价格由政府制定，且由政府定期公布。交易底价则不一定由政府制定，还可由交易有关方面制定。房屋重置价格是指在重置时的建筑技术、工艺水平、建筑材料价格、工资水平及运输费用等条件下，重新建造与原有房屋相仿的结构、式样、设备和装修的新房时所需得费用。课税价格是政府为课征有关房地产税而由估价人员评估的作为课税基础的价格。

理论价格是经济学理论中认为的不动产"公开市场价格"，即如果不动产在合理市场进行交易，它应该实现的价格。

3. 按不动产的实物形态，可划分为土地价格、建筑物价格和不动产价格

土地价格包括基准地价、标定地价和出让底价等。基准地价是按照城市土地级别或均质地域分别评估的商业、住宅、工业等各类用地和综合土地级别的土地使用权的平均价格。基准地价评估以城市为单位进行。标定地价是市、县政府根据需要评估的正常地产市场中，具体宗地在一定使用年限内的价格。标定地价可以以基准地价为依据，根据土地使用年限、地块大小、土地形状、容积率、微观区域等条件，通过系数修正进行评估得到，也可以通过市场交易资料，直接进行评估得到。出让底价是政府出让土地使用权（招标或拍卖）时确定的最低价格，也称起叫价格，若低于这个价格则不出让。出让底价是政府根据土地出让的年限、用途、地产市场行情等因素确定的待出让宗地或成片土地在某时点的价格。建筑物价格是指纯建筑物部分的价格，不包含其占用的土地价格。在现实生活中，很少有单纯建筑物的买卖，因此建筑物价格很少见。不动产价格是指建筑物连同其占用的土地的价格。

4. 按不动产价格表示单位，可划分为总价格、单位价格、楼面地价等

不动产价格是指一宗不动产的整体价格。不动产单位价格有三种情况：对土地而言，是指单位土地面积的土地价格；对建筑物而言，是指单位建筑面积的建筑物价格；对不动产单位价格而言，是指单位建筑面积的房地价格。不动产的单位价格的高低能反映不动产单位价格水平的高低，而不动产总价格一般不能说明不动产价格水平的高低。楼面地价又称单位建

筑面积地价，是指平均到每单位建筑面积上的土地价格。楼面地价＝土地总价格/建筑总面积，因为建筑总面积/土地总面积＝容积率，所以楼面地价＝土地单价/容积率。

5. 其他价格，包括公告地价和申报地价

公告地价是政府定期公布的土地价格，在有些国家和地区，一般作为征收土地增值税和土地征用补偿的依据。申报地价是土地所有人或使用人参照公告地价向政府申报的土地价格，《中华人民共和国城市房地产管理法》第34条规定："国家实行房地产成交价格申报制度。房地产权利人转让房地产，应当向县级以上地方人民政府规定的部门如实申报成交价，不得瞒报或者作不实的申报。"

（二）不动产价格的特点

1. 不动产价格是权益价格

由于不动产位置不可移动，因此不动产买卖、抵押等并不能转移不动产的物质实体本身，而是转移与不动产有关的各种权益。不动产的权益有多种表现形式，如所有权、使用权、抵押权、租赁权等，因此，发生经济行为的不动产转移方式不同，形成的不动产权益不同，其权益价格也不相同，评估时必须对此仔细考虑。

2. 不动产价格与用途有关

一般商品的价格由其生产成本、供给和需求等因素决定，其价格一般并不因使用状况不同而产生差别。但是，同样一宗不动产在不同的用途下产生的收益是不一样的。特别是土地，在不同的规划用途下，其使用价值是不一样的，土地价格与其用途相关性极大。例如，在市场经济条件下，一宗土地如果被合法地用于经营商业比用于住宅更有利，其价格必然由商业用途决定。

3. 不动产价格具有个别性

由于不动产的个别性，没有两宗不动产条件完全一致。同时在不动产价格形成中，交易主体之间的个别因素也很容易起作用。因此，不动产价格形成具有个别性。又由于不动产位置的固定性，其交易往往是单个进行的，因此形成的不动产市场是一个不完全竞争市场。不动产不像一般商品可以开展样品交易、批量交易，每一宗不动产交易都具有个别性。

4. 不动产价格具有可比性

不动产价格尽管具有与一般商品不同的许多特性，但并不意味着其价格之间互不联系。事实上，人们可以根据不动产价格的形成规律，对影响不动产价格的因素进行比较，进而比较不动产的价格。

三、不动产评估的原则

所谓不动产评估，是指专业评估人员为特定目的对不动产的特定权益在某一特定时点上的价值进行估计。由于土地具有固定性、稀缺性、个别性等特性，不动产市场是一个不完全竞争即不充分市场。不动产价格通常依交易要求个别形成，受许多个别因素影响，因此评估师进行评估时，是在个人经验基础之上对市场做出的判断，是科学方法和经验判断的结合。评估师进行评估活动时，必须受到行业行为准则的约束，即在一定的评估原则下开展评估活动。评估师进行不动产评估时，除了需要遵循供需原则、替代原则、贡献原则和预期收益原则以外，还特别需要注意遵循最有效使用原则和合法原则等。

（一）最有效使用原则

土地及其建筑物可以有商业、工业、住宅等多种用途。但同一不动产在不同用途状况下，其收益并不相同。不动产权利人为了获得最大收益总是希望不动产达到最佳使用状态。但是不动产的最佳使用必须在法律、法规允许的范围内，必须受城市规划的制约。在市场经济条件下，不动产用途可以通过竞争决定，使不动产达到最有效使用。因此，评估人员进行不动产价值评估时，不能仅仅考虑不动产现时的用途和利用方式，而应结合预期原则考虑何种情况下不动产才能达到最佳使用及实现的可能，以最佳使用所能带来的收益评估不动产的价值。

（二）合法原则

合法原则是指评估人员应以评估对象的合法产权、合法使用和合法处分等为前提进行不动产评估。评估人员分析不动产的最有效使用状态时，必须根据城市规划及有关法律的规定，依据规定用途、容积率、建筑高度与建筑风格等确定该不动产的最有效使用。又如测算不动产的净收益时，其经营用途应为合法用途，如不能用作赌场。城市规划为居住用地的，评估该地块价值时，必须以居住用地作为其用途，不能用作工业用地或商业用地。测算房地产的净收益时，不能以临时建筑或违章建筑的净收益作为测算依据。

四、不动产评估的程序

不动产评估一般应依照以下程序进行：明确评估基本事项→制订工作计划→实施勘查与收集资料→测算被估不动产的价值→确定评估结果→撰写评估报告。

（一）明确评估基本事项

评估人员对不动产进行评估时，必须了解评估对象的基本情况，这也是拟定不动产评估方案、选择评估方法的前提。评估事项包括以下内容。

1. 明确评估目的

不同的评估目的，其所评估的价值的内涵也不完全相同。不动产评估目的包括不动产转让、抵押、租赁、保险、税收、征收、征用、企业产权变动，以及财务报告目的等。因此，评估人员受理评估业务时，通常由委托方提出评估目的，并将评估目的明确写在评估报告上。

2. 了解评估对象

注册资产评估师执行不动产评估业务，应当全面了解不动产的实物状况、权益状况和区位状况，掌握评估对象的主要特征。对不动产的实体了解包括土地面积、土地形状、临路状态、土地开发程度、地质、地形及水文状况，建筑物的类型、结构、面积、层数、朝向、平面布置、工程质量、新旧程度、装修和室内外的设施等。对不动产的权益状态了解包括土地权力性质、权属、土地使用权年限、建筑物的权属、评估对象设定的其他权利状况等。

3. 确定评估基准日

所谓确定评估基准日就是确定待估对象的评估时点，通常以年、月、日表示。由于不动产价格经常处于变化之中，而且不动产价格随其价格影响因素的变化而变动，因此，必须事先确定所评估的是某一具体时点的价值。

4. 签订评估合同

在明确评估基本事项的基础上，双方便可签订评估合同，用法律的形式保护各自的权益。评估合同是委托方和受理方就评估过程中双方的权利和义务达成的协议，包括对评估对象、评估目的等事宜的约定。评估日期一般也要写入评估项目委托合同中，一旦确定，评估人员必须按期保质完成。评估合同的内容要明确规定双方的权益和应尽的义务，以及对违反合同的处理办法。一旦合同签订后，任何一方未经对方同意不得随意更改合同内容，如有未尽事宜，须通过双方协商解决。

（二）制订工作计划

制订工作计划就是对评估工作日程、人员组织等做出安排。在对被评估对象有了基本了解后，就可以对资料的收集、分析和价值的测算等工作程序与组织做出科学的安排。制订合理的工作计划，有助于提高工作效率和评估质量。

（三）实地勘查与收集资料

虽然受理评估业务时评估师已通过对方提供的资料大体了解到评估对象的基本状况，但此时评估师仍需亲临现场勘查。因为评估需要的资料和数据十分广泛，委托方提供的资料有限，并不能完全满足评估工作的需要。实地勘查是不动产评估工作的一项重要步骤。注册资产评估师执行不动产评估业务，一般情况下，应当对所评估的不动产进行现场调查，明确不动产存在状态并关注其权属状况。特殊情况下，如果采用抽样等方法对不动产进行现场调查，注册资产评估师应当制定合理的抽样方法，并充分考虑抽样风险。对于不动产处于隐蔽状况或者因客观原因无法进行实地查看的部分，应当采取适当措施加以判断并予以恰当披露。不动产市场是地域性很强的市场，交易都是个别交易，非经实地勘查难以对不动产进行评估。实地勘查就是评估人员亲临不动产所在地，对被估房产进行实地调查，以充分了解不动产的特性和所处区域环境。同时应注意实地勘查时要做必要的记录，以形成工作底稿。

评估资料的收集在评估过程中是一项耗时较长、工作量大且要求细致的工作。其内容涉及选用评估方法和撰写评估报告所需的资料数据，包括评估对象的基本情况；有关评估对象所在地段的环境和区域因素资料；与评估对象有关的不动产市场资料，如市场供需状况、建造成本等；国家和地方涉及不动产评估的政策、法规和定额指标。获得上述资料的途径除了委托方提供外，主要通过现场的勘测和必要的调查访问。

（四）测算被估不动产价值

注册资产评估师执行不动产评估业务时，应当根据评估对象特点、价值类型、资料收集情况等相关条件，分析市场法、收益法和成本法三种资产评估基本方法以及假设开发法、基准地价修正法等衍生方法的适用性，恰当选择评估方法。《资产评估准则——不动产》有如下规定。

注册资产评估师采用市场法评估不动产时，应当收集的交易实例信息一般包括交易实例的基本状况，主要有名称、坐落、四至、面积、用途、产权状况、土地形状、土地使用期限、建筑物建成日期、建筑结构、周围环境等；成交日期；成交价格，包括总价、单价及计价方式；付款方式；交易情况，主要有交易目的、交易方式、交易税费负担方式、交易人之间的特殊利害关系、特殊交易动机等。用作参照物的交易实例应当具备的条件包括在区位、用途、规模、建筑结构、档次、权利性质等方面与评估对象类似；成交日期与评估基准日接近；交易类型与评估目的吻合；成交价格为正常价格或者可修正为正常价格。

注册资产评估师运用收益法评估不动产时，应当了解：不动产应具有经济收益或者存在潜在经济收益；不动产未来收益及风险能够较准确地预测与量化；不动产未来收益应当是不动产本身带来的收益；不动产未来收益包含有形收益和无形收益。同时应当合理确定收益期限、净收益与折现率：收益期限应当根据建筑物剩余经济寿命年限与土地使用权剩余使用年限等参数，并根据有关法律、法规的规定，合理确定；确定净收益时应当考虑未来收益和风险的合理预期；折现率与不动产的收益方式、收益预测方法、风险状况有关，也因不动产的组成部分不同而存在差异。折现率的口径应当与预期收益口径保持一致。

注册资产评估师运用成本法评估不动产、估算重置成本时，应当了解：重置成本采用客观成本；不动产重置成本采取土地使用权与建筑物分别估算，然后加总的评估方式时，重置成本的相关成本构成应当在两者之间合理划分或者分摊，避免重复计算或者漏算；不动产的重置成本通常采用更新重置成本。当评估对象为具有特定历史文化价值的不动产时，应当尽量采用复原重置成本，并对不动产所涉及的土地使用权剩余年限、建筑物经济寿命年限及设施设备的经济寿命年限进行分析与判断，以合理确定不动产的经济寿命年限；同时还应当全面考虑可能引起不动产贬值的主要因素，合理估算实体性贬值、功能性贬值和经济性贬值。

注册资产评估师运用假设开发法评估不动产时，应当了解：假设开发法适用于具有开发和再开发潜力，并且其开发完成后的价值可以合理确定的不动产；开发完成后的不动产价值是开发完成后不动产状况所对应的价值；后续开发建设的必要支出和应得利润包括后续开发成本、管理费用、销售费用、投资利息、销售税费、开发利润和取得待开发不动产的税费等；假设开发方式应当是满足规划条件下的最佳开发利用方式。

注册资产评估师运用基准地价修正法评估土地使用权价值时，应当根据评估对象的价值内涵与基准地价内涵的差异，合理确定调整内容。在土地级别、用途、权益性质等要素一致的情况下，调整内容一般包括交易日期修正、区域因素修正、个别因素修正、使用年期修正和开发程度修正等。

（五）综合分析确定评估结果

同一宗不动产运用不同评估方法评估出来的价值往往不一致，需要进行综合分析。综合分析是对所选用的评估方法、资料及评估程序的各阶段，做客观的分析和检查。此时应特别注意以下几点：所选用的资料是否适当；评估原则的运用是否适当；对资料分析是否准确，特别是对影响因素权重的赋值是否恰当。

（六）撰写评估报告

注册资产评估师执行不动产评估业务时，应当在履行完必要的评估程序后，根据《资产评估准则——评估报告》编制评估报告。无论是单独出具不动产评估报告，还是将不动产评估作为评估报告的组成部分，注册资产评估师都应当在评估报告中披露必要信息，使评估报告使用者能够容易理解评估结论。评估报告是评估过程和评估成果的综合反映，通过评估报告，不仅可以得到不动产评估的最后结果，还能了解整个评估过程的技术思路、评估方法和评估依据。

第二节　不动产价格的影响因素

影响不动产价格的因素有很多，这些因素对不动产价格的影响是不同的，有的有利于提高不动产的价格，有的则起相反的作用。同时，不同的因素对不动产价格的影响程度也不尽相同，有的影响力较大，有的则较小，甚至没有影响。即使同一因素，也会由于不动产的用途、类型等的不同而产生不同的影响。此外，随着时间的变化、地区的不同，影响不动产价格的因素也会发生变化。正是因为这样，评估人员进行不动产价格评估时，应明确掌握各种影响因素，充分调查和分析过去的变化、现在的状态及未来的趋势，并研究分析各种因素之间的相互关系。

按照影响不动产价格的因素与不动产的关系，可分为一般因素、区域因素和个别因素三个层次。

一、一般因素

一般因素是指影响不动产价格的一般、普遍、共同的因素。它通常会对整个不动产市场产生全面的影响，从而成为影响不动产价格的基本因素。

1. 社会因素

社会因素包括人口数量、人口素质、家庭规模、政治安定状况、社会治安状况、城市化程度及公共设施的建设状况等。人口因素与不动产价格的关系非常紧密，呈正相关，如人口增多，对不动产的需求就增加，而在供给相对匮乏的情况下，房价水平就会上升。人口素质包括人们的受教育程度、文明程度等，这也可能引起不动产价格的变化，如地区居民的素质低、组成复杂，社会秩序欠佳，则该地区的不动产价格会呈下滑趋势。家庭规模是指社会或某一地区的家庭平均人口数。家庭人口数有变化，即使人口总数不变，也将影响居住单位数的变动，从而影响需用住宅使用面积数额的变动，导致不动产需求的变化，最终影响到不动产价格。政治安定状况是指现有政权的稳定程度、民族的团结情况等。一般来说，政局稳定、民族团结、人们安居乐业，不动产价格就会呈上升趋势。社会治安状况对房价的影响主要指不同区域的治安状况对该区域房价的影响。城市化意味着人口向城市集中，造成城市不动产需求不断扩大，从而带动城市不动产价格上涨。另外，公共设施的建设又从成本方面推动不动产价格，从而导致不动产价格上扬。

2. 经济因素

经济因素包括经济发展状况，储蓄及投资水平，财政收支及金融状况，物价、工资及就业水平和利率水平等。经济发展状况对不动产价格的影响巨大。经济发展速度快，各行各业对不动产的需求也就相应增大，不动产价格看涨；经济发展速度放慢甚至萧条时，不动产价格就会出现徘徊甚至回落的情况。因此，从不动产价格的变化也可以反映经济发展的状况。同时储蓄及投资水平对不动产价格的影响也较为复杂。不动产是消费资料和生产资料的综合体，一般来说，随着储蓄水平和投资水平的提高，对不动产的需求就会增加。财政收支和金融状况对不动产价格的影响表现为，财政、金融状况的恶化会导致银根紧缩，从而造成一方面对不动产的需求减退，另一方面因开发资金不足，使不动产的供给量也急剧下降。物价波动对不动产价格的影响较为明显，通常来说，当通货膨胀严重时，人们为减少货币贬值带来的损失，往往转向不动产投资，以求保值增值，从而刺激不动产价格猛涨。在工资及就业水平较高时期，由于人们货币购买力较强，就可能推动不动产价格；反之，失业率上升，问津不动产的人就会减少。利率水平对不动产价格的影响也较为复杂，但一般来讲，利率提高一方面会增加不动产的开发成本，另一方面会减少对不动产的投资需求；反之则相反。

3. 政策因素

政策因素是指影响不动产价格的制度、政策、法规、行政措施等方面的因素，主要有土地制度、住房制度、城市规划、土地利用规划、不动产价格政策、不动产税收政策等。土地制度对土地价格的影响很大。例如，在我国传统的土地无偿使用的制度下，地租、地价等根本不存在。在市场经济条件下，制定科学合理的土地制度和政策，不仅使国家作为土地所有者的权益得到体现，而且通过市场形成合理的土地使用权价格，从而大大促进土地的有效使用。住房制度与土地制度一样，对不动产价格的影响也是很大的。实行福利型的住房制度，必然造成住宅不动产价格的低水平，从而无法促进供给的有效增加，难以形成真正的不动产市场。城市规划、土地利用规划等对不动产价格都有很大的影响，特别是城市规划中规定用途、容积率、覆盖率、建筑高度等指标。就规定用途来说，城市规划把土地规划为住宅区、商业区、工业区等，这就相当于大体上规定了某地区的土地价格。不动产价格政策对不动产价格的影响是通过具体的政策措施来实现的，如果政府试图抑制过高的房价，就会采取一系列有助于降低房价的措施，如降低税收、降低贷款利率、规定收费标准等。不动产税收政策对不动产价格的影响是比较明确的，税收的变化必然会直接影响不动产价格。

4. 心理因素

心理因素对不动产的影响很微妙，评估人员进行评估时，主要考虑门牌号码、时尚风气、风水等因素对不动产价值的影响。

影响不动产价格的一般因素影响到所有不动产，并在所有不动产的价格方面体现出来，因而对具体的评估对象而言，一般因素并不是评估中所重点考虑的因素。

二、区域因素

区域因素是指不动产所在区域的自然、社会、经济、政策等因素相结合所产生的区域性特性对不动产价格水平的影响因素。这些因素可细分为商业和服务业繁华度、道路通达度、交通便捷度、设施完备度和环境质量状况等因素。当然，不同性质的区域，如住宅区、商业区、工业区等，其影响不动产价格的区域因素是不同的，即使是同一种因素，其对不同性质区域的影响程度也是不同的。

1. 商业和服务业繁华度

商业和服务业繁华度是指所在区域的商业、服务业繁华状况及各级商业、服务中心的位置关系。一般来说，某个区域的商业和服务业繁华程度越高，该地区的不动产价格也高。

2. 道路通达度

道路通达度是指所在区域道路系统的通畅程度。某个区域道路的级别（一般分为主干道、次干道、支路）越高，该区域的不动产价格也越高。

3. 交通便捷度

交通便捷度是指区域交通的便捷程度，包括公共交通系统的完善程度和便利程度。某个区域的交通越便捷，该区域的不动产价格就越高。

4. 设施完备度

设施完备度是指城市的基础设施、生活设施、文化娱乐设施等的完备程度。基础设施主要包括供水、排水、供电、供气、供热、通信等设施；生活设施主要包括学校、医院、农贸市场、银行、邮电局等设施；文化娱乐设施主要包括电影院、图书馆、博物馆、俱乐部、文化馆、公园、体育场馆等设施。这些设施的完备程度对不动产价格有较大的影响，设施越完备，不动产价格就越高。

5. 环境质量状况

环境质量状况是指区域景观环境、人文环境、社区环境等状况，包括景观、绿化、空气质量、区域居民素质、社区文化、污染等状况。一般来说，一个区域的环境质量越高，该区域的不动产价格水平会较高。

当然，评估人员进行不动产评估时，应注意考虑评估对象的用途。因为，不同用途的不动产，所考虑的区域因素是不同的，且同一种因素对不同用途的不动产来说，其影响的方向、影响的程度均会有所不同，如对于临街的住宅，车水马龙、人来人往是一个不利因素，但对于商铺来说却是个有利因素。

三、个别因素

个别因素是指不动产的个别性对不动产个别价格的影响因素，它是决定相同区域不动产出现差异价格的因素，包括土地个别因素和房屋建筑物个别因素两个方面。

1. 土地个别因素

不同用途的土地个别因素并不完全一致，对土地价格影响较大的个别因素主要有如下几个方面的内容。

（1）位置、面积、地势、地质。位置的差异可带来收益上的差异、生活环境的差异，要获得地段位置好的土地，必然要支付较高的代价。土地面积大小对于土地的利用有一定的制约作用，土地面积对土地价格的影响主要是通过它与土地利用性质是否匹配发挥作用的。如果土地面积过小，其可利用的范围就会缩小，从而影响地价。地势即与相临地块的高低关系，一般来说，地势高的土地价格要高于地势低的土地价格。地质条件与地价的关系是正相关的，即地质条件越好，地价越高；地质条件越低劣，地价则低。

（2）形状、宽度、深度。土地的开头可能是矩形、三角形或不规则形，对建筑物的规模可能产生不同的影响。通常，地块形状使用的效用大，则价格就高。临街宽度与深度对商业地块的价格影响很大，在宽度一定的条件下，一般来说，宽度增大，土地的价格也增加，如宽度与深度适当，则可使地块能充分发挥面积的效用。

（3）临街状况。地块的临街状况对地价的影响很大，街角地处于两条街道交叉或拐角处，具有两面正面长度，对商用不动产最能发挥效用，从而使地价提高。但对于居住用不动产来说，街角地对地价的影响则相反。临街地一面临街，其商用价值低于街角的地价。袋地深入到街区的腹地，通过巷道与街道相连，从而形成了不利的位置条件，其商用价值较低，但袋地用于住宅建设时，地价可能高于商用，这要看袋地的采光、通风、视野、防火等因素情况。盲地一般指未接公共道路的宗地，其价格一般较低。

（4）规划用途、容积率、使用年限。土地的用途对地价的影响很大，同样一块土地规划为不同的用途，则地价不同。一般来说，对于同一宗土地，商业用途、住宅用途、工业用途的地价是递减的。容积率是影响地价的一个主要因素，容积率越大，地价就越高，反之亦然。使用年限对地价影响也较大，土地使用年限越长，则地价越高。

（5）生熟程度。生熟程度是指被开发的程度，土地的被开发程度越来越高，则地价也越高。通常，土地有生地、毛地、熟地之分，熟地的价格要高于生地和毛地的价格。

2. 房屋建筑物个别因素

从房屋建筑物个别性看，影响不动产价格的个别因素主要有以下几个方面的内容。

（1）面积、构造、材料等。房屋建筑物的高度、建筑面积不同，建造成本就有差异；构造及使用材料品质不同，也影响着建造成本。

（2）设计、设备。房屋建筑物的设计是否合理，设备档次、质量对建筑物的价格有重大影响。一般来说，房屋的布局、造型及使用功能合理，房价就高；设备的性能、质量好，房价也高。

（3）施工质量。施工质量是指房屋建筑物在抗震、防渗漏、隔音、抗变形、抗磨损及安全性等方面的质量。在其他条件相同的情况下，房屋的施工质量将直接影响不动产的价格。

（4）楼层、朝向。楼层的高低影响房屋的使用功能和使用的方便性、舒适性，进而影响房价。房屋的朝向影响房屋的通风、采光及视野等。

（5）政府各种法规的限制。如政府对住宅区绿地面积的规定，对房屋间距的规定，消防对建筑的要求以及建筑高度限制等，都会影响到房价。

（6）新旧程度。新的房屋价格一般要高些，旧的房屋价格一般要低些。

第三节　收益法在不动产评估中的应用

一、基本思路

收益法又称收益现值法、收入资本化法、收益还原法，是不动产评估最常用的方法之一。收益法是将被评估不动产未来预期收益折现，以确定其评估值的方法，具体步骤如下。

1. 搜集相关不动产收入和费用资料。

2. 预测不动产客观总收益。

3. 估算不动产客观总费用。

4. 测算不动产净收益。

5. 估测并选择适当的资本化率或折现率。

6. 选用恰当的具体评估技术和方法估测不动产评估价值。

二、适用范围

应用收益法评估不动产的前提是被评估不动产在未来时期能够形成收益。所以，收益现值法适用于有未来收益的不动产价格评估，如写字楼、商场、旅馆、公寓用地等，而不适用于（如政府机关、学校、公园等）公共建设设施不动产价格的评估。

三、净收益的估算

（一）含义

净收益是指归属于不动产的除去各种费用后的收益，一般以年为单位。企业确定净收益时，必须注意不动产的实际净收益和客观净收益的区别。实际净收益是指在现实状态下被估不动产实际取得的净收益。实际净收益由于受到多种因素的影响，通常不能直接用于评估。例如，当前收益权利人在法律上、行政上享有某种特权或受到特殊的限制，致使不动产的收益偏高或偏低，而这些权利或限制又不能随同转让；当前不动产并未处于最佳利用状态，收益偏低；收益权利人经营不善，导致亏损，净收益为零甚至为负值；土地处于待开发状态，无当前收益，同时还必须支付有关税、费，净收益为负值。由于评估的结果是用来作为正常市场交易的参考，因此必须对存在上述偏差的实际净收益进行修正，以剔除其中特殊的、偶然的因素，取得的不动产在正常的市场条件下用于法律上允许的最佳利用方向上的净收益值，其中还应包含对未来收益和风险的合理预期。我们把这个收益称为客观净值收益，只有客观净值收益才能作为评估的依据。

（二）客观总收益

总收益是指以收益为目的的不动产和与之有关的各种设施、劳动力及经营管理者要素结合产生的收益，也就是指被估不动产在一年内所能得到的所有收益。求取总收益时，是以客观收益即正常收益为基础，而不能以实际收益计算。

评估人员计算以客观收益为基础的总收益时，不动产所产生的正常收益必须是其处于最佳利用状态下的结果。最佳利用状态是指该不动产处于最佳利用方向和最佳利用程度。

由于现实经济过程的复杂性，呈现在评估人员面前的收益状况也非常复杂，因而收益的确定较难。如某种经营能带来的收益虽较丰厚，但在未来存在激烈竞争或存在潜在的风险，使现实收益具有下降趋势，则不能用现实收益估价，而必须对其加以修正。为此，评估人员确定收益值时需要注意：以类似不动产的收益作比较；对市场走势作准确的预测；必须考虑收益的风险性和可实现性。

（三）客观总费用

总费用是指取得该收益所必需的各项支出，如维修费、管理费等，也就是为创造总收益所必须投入的正常支出。总费用也应该是客观费用。

总费用所应包含的项目随被评估不动产的状态不同而有所区别。有些费用支出是正常支出，有些是非正常支出。作为从总收益中扣除的总费用，要做认真分析，以剔除不正常的费用支出。

四、折现率或资本化率的估测

折现率或资本化率是决定不动产价格的最关键因素。评估价格对折现率或资本化率最为敏感，折现率或资本化率的每个微小变动，都会导致评估价格的显著变化。因此，评估人员要确定一个很精确的折现率或资本化率。

（一）求取方法

1. 收益与售价比率法

这种方法是以市场上收集若干与待评估不动产相类似的交易案例，分析其内含资本化，然后加以加权平均或简单平均求出折现率或资本化率的方法。该方法适用于市场比较成熟，交易案例较多的情况。由于这种方法的数据来自市场，能直接反映市场供求状况，因而是一种比较客观的方法。

【例6-1】某评估人员在不动产市场中收集到五个与待估不动产类似的交易实例，具体详见表6-1。

表6-1　纯收益与售价交易实例

可比实例	纯收益	价格	资本化率
1	418.9元/（年·平方米）	5 900元/平方米	7.1%
2	450.0元/（年·平方米）	6 000元/平方米	7.5%
3	393.3元/（年·平方米）	5 700元/平方米	6.9%
4	459.9元/（年·平方米）	6 300元/平方米	7.3%
5	507.0元/（年·平方米）	6 500元/平方米	7.8%

对以上五个可比实例的资本化率进行简单算术平均就可以得到资本化率，即：

$r = （7.1\% + 7.5\% + 6.9\% + 7.3\% + 7.8\%）/5 = 7.32\%$

2. 无风险报酬率加风险报酬率法

无风险报酬率一般可选用一年期国库券利率或银行一年定期贷款利率，然后根据影响待评估不动产的社会经济环境，预计其风险程度确定风险报酬率。资本化率一般为无风险报酬率和风险报酬率之和。这种方法适用于不动产存在不活跃市场，难以寻找类似的交易实例的情况。

3. 各投资风险、收益率排序插入法

这种方法的基本思路是，评估人员收集社会上各种类型投资及其收益率的资料，按收益率大小进行排序，并制成图表，再根据经验判断待估不动产的资本化率应在哪个范围内，从而确定所要求取的资本化率。

（二）折现率或资本化率的种类

1. 综合折现率或资本化率

综合折现率或资本化率是将土地和附着于其上的建筑物看作一个整体来评估所采用的折

现率或资本化率。此时评估的是不动产整体的价格，采用的净收益也是房地合一的净收益。

2. 建筑物折现率或资本化率

建筑物折现率或资本化率用于评估建筑物的自身价格。这时采用的净收益是建筑物自身所产生的净收益，把不动产整体收益中的土地净收益排除在外。

3. 土地折现率或资本化率

土地折现率或资本化率用于求取土地自身的价格。这时采用的净收益是土地自身的净收益，把不动产整体收益中的建筑物净收益排除在外。一般来说，土地资本化率会低于建筑物资本化率的 2%～3%。

综合资本化率、建筑物资本化率和土地资本化率的关系，可用如下公式表示：

$$r = \frac{r_1 L + r_2 B}{L + B}$$

或

$$r = r_1 x + r_2 y$$

$$r_1 = \frac{r(L+B) - r_2 B}{L}$$

式中，r——综合资本化率；

r_1——土地资本化率；

r_2——建筑物资本化率；

x——土地价格占不动产价格的比例；

y——建筑物价格占不动产价格的比例；

L——土地价格；

B——建筑物价格。

五、收益期限

不动产收益期限要根据具体的评估对象、评估对象的寿命及评估时采用的假设条件等来确定。

（1）对于单独的土地和单纯的建筑物作为评估对象的，应分别根据土地使用权年限和建筑物经济寿命确定未来可获收益的期限。

（2）对于土地与建筑物合成体作为评估对象的，如果建筑物的经济寿命长于或等于土地使用权年限，则根据土地使用权年限确定未来可获收益的期限；如果建筑物的经济寿命短于土地使用权年限，则可以先根据建筑物的经济寿命确定未来可获收益的期限，然后再加上土地使用权年限超出建筑物经济寿命的土地剩余使用年限确定未来可获收益的期限。

六、计算公式

（一）评估房地合在一起的不动产价值

不动产价值＝不动产净收益/综合资本化率

式中：不动产净收益＝不动产总收益－不动产总费用

不动产总费用＝管理费＋维修费＋保险费＋税金

（二）单独评估土地的价值

1. 由土地收益评估土地价值

土地价值 = 土地净收益/土地资本化率

式中：土地净收益 = 土地总收益 – 土地总费用

土地总费用 = 管理费 + 维护费 + 税金

2. 由不动产收益评估土地价值

（1）土地价值 = 不动产价值 – 建筑物现值

式中：建筑物现值 = 建筑物重置价 – 年贬值额 × 已使用年数

$$年贬值额 = \frac{建筑物重置价 – 残值}{耐用年限} = \frac{建筑物重置价 \times （1 – 残值率）}{耐用年限}$$

此时，建筑物的现值必须采用收益法以外的方法，可以是成本法和市场法，但一般采用成本法。

（2）$土地价值 = \dfrac{房地产净收益 – 建筑物净收益}{土地资本化率}$

式中：建筑物净收益 = 建筑物现值 × 建筑物资本化率

（三）单独评估建筑物的价值

1. 建筑物价值 = 不动产价值 – 土地价值

此时，土地的现值必须采用收益法以外的方法，可以是成本法和市场法，但一般采用市场法。

2. $建筑物价值 = \dfrac{房地产净收益 – 土地净收益}{建筑物资本化率}$

值得注意的是，用来求取不动产净收益的不动产总费用并不包含不动产折旧费。同时，以上所列计算公式均假设土地使用年限为无限年期，但在评估实务中应注意土地使用的有限年限。

七、应用举例

【例6-2】某房地产公司于1998年2月以有偿出让方式取得一块土地50年的使用权，并于2000年2月在此地块上建成一座钢混结构的写字楼，当时造价为每平方米3 800元，经济耐用年限为60年。目前，该类型建筑的重置价格为每平方米4 200元。该大楼总建筑面积为5 000平方米，全部用于出租。据调查，当地同类型写字楼的租金一般为每天每平方米2元，空置率在10%左右，每年需支付的管理费一般为年租金的3.5%，维修费为建筑物重置价的1.5%，房产税为租金收入的12%，其他税为租金收入的6%，保险费为建筑物重置价的0.2%，资本化率确定为8%。试根据以上资料评估该写字楼在2003年2月的价格。

解：（1）估算年有效毛收入

年有效毛收入 = 2 × 365 × 5 000 × （1 – 10%） = 3 285 000（元）

（2）估算年营运费用

①管理费：年管理费 = 3 285 000 × 3.5% = 114 975（元）

②维修费：年维修费 = 4 200 × 5 000 × 1.5% = 315 000（元）

③保险费：年保险费 = 4 200 × 5 000 × 0.2% = 42 000（元）

④税金：年税金 = 3 285 000 ×（12% + 6%）= 591 300（元）

⑤年营运费用：年营运费用 = 114 975 + 31 500 + 42 000 + 59 130 = 1 063 275（元）

（3）估算净收益

年净收益等于年有效毛收入减去年营运费用，

即：年净收益 = 3 285 000 − 1 063 275 = 2 221 725（元）

（4）计算不动产价格

不动产的剩余收益期为45年，则：

不动产价格 = 2 221 725/8% × $[1 − 1/(1 + 8\%)^{45}]$ = 26 901 538（元）

（5）评估结果

经评估，该写字楼在 2003 年 2 月的价格为 26 901 538 元，单价为每平方米 5 380 元。

【例6-3】某房地产公司于 2002 年 11 月以有偿出让方式取得一块土地 50 年的使用权，并于 2004 年 11 月在此地块上建成一座砖混结构的写字楼，当时造价为每平方米 2 000 元，经济耐用年限为 55 年，残值率为 2%，目前，该类建筑重置价格为每平方米 2 500 元。该建筑物占地面积 500 平方米，建筑物面积为 900 平方米。目前，该建筑物用于出租，每月平均实收租金为 3 万元。另据调查，当地同类写字楼出租租金一般为每月每平方米 50 元，空置率为 10%，每年需支付的管理费为年租金的 3.5%，维修费为重置价的 1.5%，土地使用税及房产税为每平方米 20 元，保险费为重置价的 0.2%，土地资本化率为 7%，建筑物资本化率为 8%。试根据以上资料评估该宗地 2006 年 11 月的土地使用权价格。

解：（1）选定评估方法。该宗不动产有经济收益，适宜采用收益法。

（2）计算总收益。总收益应该为客观收益而不是实际收益。

年总收益 = 50 × 12 × 900 ×（1 − 10%）= 486 000（元）

（3）计算总费用。

①年管理费 = 486 000 × 3.5% = 17 010（元）

②年维修费 = 2 500 × 900 × 1.5% = 33 750（元）

③年税金 = 20 × 900 = 18 000（元）

④年保险费 = 2 500 × 900 × 0.2% = 4 500（元）

年总费用 = 年管理费 + 年维修费 + 年税金 + 年保险费 = 17 010 + 33 750 + 18 000 + 4 500 = 73 260（元）

（4）计算不动产纯收益。

不动产纯收益 = 年总收益 − 年总费用 = 486 000 − 73 260 = 412 740（元）

（5）计算房屋纯收益。

①计算年贬值额。年贬值额本来应根据房屋的耐用年限确定，但是，在本例中，土地使用年限小于房屋耐用年限，根据《城市房地产管理法》规定，土地使用权出让年限届满，土地使用权由国家无偿收回。这样，房屋的重置价必须在可使用期限内全部收回。本例中，不动产使用者可使用的年限为 48（50 − 2）年，并且不计残值，视为土地使用权年期届满，一

并由政府无偿收回。（注：如计算残值，也可以。）

年贬值额＝建筑物重置价/使用年限＝2 500×900/48＝46 875（元）

②计算房屋现值。

房屋现值＝房屋重置价－年贬值额×已使用年数＝2 500×900－46 875×2＝2 156 250（元）

③计算房屋纯收益。

房屋纯收益＝房屋现值×房屋资本化率＝2 156 250×8%＝172 500（元）

（6）计算土地纯收益。

土地纯收益＝年不动产纯收益－房屋年纯收益＝412 740－172 500＝240 240（元）

（7）计算土地使用权价格。土地使用权在2006年11月的剩余使用年期为50－4＝46（年）。

$$V = \frac{240\ 240}{7\%} \times \left[1 - \frac{1}{(1+7\%)^{46}} \right] = 3\ 279\ 280.8 \text{（元）}$$

（8）评估结果。

本宗土地使用权在2006年11月的土地使用权价格为3 279 280.8元，单价为每平方米6 558.56元。

第四节　市场法在不动产评估中的应用

一、基本思路

市场法又称市场比较法、交易实例比较法或现行市价比较法等，是不动产评估中最常用的方法之一。市场法是指当求取一宗待评估不动产的价格时，依据替代原理，将待评估不动产与类似不动产的近期交易价格进行对照比较，通过对交易情况、交易日期、区域因素和个别因素等的修正，得出待评估不动产在评估基准日的价格。

二、适用范围

只要有类似不动产适合的交易实例都可应用市场法。因此，在不动产市场比较发达的情况下，市场法得到广泛应用。在同一地区或同一供求范围内的类似地区中，与待估不动产相类似的不动产交易越多，市场法应用越有效。但在下列情况中，市场法往往难以适用。

1. 没有发生过不动产交易或在不动产交易发生较少的地区。

2. 对某些类型很少见的不动产或交易实例很少见的不动产，如古建筑等。

3. 对那些很难成为交易对象的不动产，如教堂、寺庙等。

4. 风景名胜区土地。

5. 图书馆、体育馆、学校用地等。

三、计算公式

$P = P' \times A \times B \times C \times D \times$ 容积率修正系数 $\times$ 使用年限修正系数

式中：P——待评估不动产评估价格；　　P'——可比交易实例价格；

　　　　A——交易情况修正系数；　　　　B——交易日期修正系数；

　　　　C——区域因素修正系数；　　　　D——个别因素修正系数。

上述公式中，各个因素均为待估不动产的可比特征与参照物可比特征之比，即都是以评估对象为标准的。

A：正常交易定量值定为 100，通过参照物实际交易与正常交易比较确定参照物交易的定量值。

B：交易日期修正系数，是待评估不动产交易日物价指数与参照物交易日物价指数之比。

C：区域因素一般采用打分法进行评价。区域因素修正系数为待评估不动产区域因素评价值与参照物区域因素评价值之比。

D：个别因素一般包括容积率因素、土地使用年限因素与其他个别因素。

①一般情况下，地价指数与容积率相关，根据容积率与地价指数的对应关系，确定不同的容积率对应的地价指数，将容积率的对比转化为地价指数的比较；也可将容积率与修正系数直接联系进行比较。

②我国实行有限年期的土地使用权有偿使用制度，土地使用年期的长短直接影响土地收益的多少。土地的年收益确定以后，土地的使用期限越长，土地的总收益就越多，土地利用效益也越高，土地的价格也会因此提高。通过使用年期修正，可以消除由于使用期限不同而对不动产价格造成的影响。

土地使用的年期修正系数按下式计算：

$K = (P/A, r, m) / (P/A, r, n) = [1 - (1+r)^{-m}] / [1 - (1+r)^{-n}]$

式中：K——将可比实例年期修正到待评估对象使用年期的年期修正系数；

　　　　r——还原利率；

　　　　m——待评估对象的使用年期；

　　　　n——可比参照物的使用年期。

③其他个别因素一般采用打分法进行评价。其他个别因素修正系数为待评估不动产其他个别因素评价值与参照物其他个别因素评价值之比。

每个参照物与待评估不动产各个可比因素按上述方法比较均可得出一个评估值，有几个参照物就可得出几个评估值。最后，根据执业经验，分析取舍评估值，并采用适当的方法最终确定一个评估值。

四、操作步骤

（一）收集交易资料

评估人员运用市场法评估不动产时，必须以大量的交易资料为基础，如果资料太少，则评估结果难免失真，因此评估人员要经常性地搜集并积累尽可能多的交易资料，而不要等到需要采用市场法估价时才临时去做。所搜集的交易资料一般包括不动产的坐落位置、用途、交易价格、交易日期、交易双方的基本情况、建筑物结构、设备及装修情况、周围环境以及市场状况等。对于搜集到的每一个交易实例、每一个内容，都需要查证，做到准确无误。另外，所选取的交易案例资料不应该超过五年。

（二）确定可比交易案例

评估人员应对从各个渠道搜集的交易实例进行筛选，选择其中符合本次评估要求的交易对象作为供比较参照的交易实例。为确保估价精度，评估人员选取参照物交易实例时要注意以下几点：一是应在邻近地区或同一个供需圈内的类似地区中的交易实例；二是与待估不动产属于同一交易类型，且用途相同；三是参照物的交易应属于正常交易或可修正为正常交易；四是与待估不动产的估价日期接近；五是与待估不动产的区域特征、个别特征相近。

（三）因素修正

1. 交易情况修正

交易情况修正就是剔除交易行为中的一些特殊因素所造成的交易价格偏差，使所选择的参照物交易实例的交易价格成为正常价格。特殊因素对交易情况的影响主要表现在以下几个方面：（1）有特别利害关系人之间的交易，如亲友之间、有利害关系的单位之间的交易，通常价格偏低；（2）有特殊动机的交易，如急于脱手的，价格往往偏低，急于购买的，价格往往偏高；（3）有意为逃避交易税，签订的是虚假交易合同，造成交易价格偏低；（4）买方和卖方不了解市场行情，盲目购买或出售，使交易价格偏高或偏低。上述情况对交易价格的影响主要由评估人员靠经验加以判断和修正。

2. 交易日期修正

由于参照物交易实例与待估不动产的交易时间不同，价格会发生变化，因此必须进行适当的交易日期修正。交易日期修正一般是利用价格指数，将交易实例当时的交易价格，修正为评估基准日价格。利用价格指数进行交易日期修正的公式为：评估基准日的交易实例价格＝交易实例当时成交价格×评估基准日价格指数/交易日价格指数。值得注意的是，所选用的价格指数应该是本地区的不动产价格指数，当缺乏这样的资料时，可以通过调查本地区过去不同时间的数宗类似不动产的交易价格，并测算出这些不动产价格随时间变化的变动率，以此代替不动产价格指数。

3. 区域因素修正

区域因素修正的主要内容包括参照物交易实例所在区域与待估不动产所在区域在繁华程度、交通状况、环境质量、城市规划等方面的差异。评估人员进行因素修正时，主要有两种方法：一是直接比较法，即把待估不动产区域因素具体化、分值化。如把待估不动产区域因素具体细化为繁华程度、交通通达状况、基础设施完备程度、公共设施完备程度等，并给出分值，再以此为基准，将所选择的参照物的各因素与它逐项比较打分，求得各个参照物的区域因素修正比率。二是间接比较法，即假想一块标准不动产，以其具体区域因素状况及其分值为基准，参照物不动产与待估不动产的具体区域因素均与其逐项因素比较打分，求得参照物和待估不动产的区域因素值以及区域因素修正比率。

4. 个别因素修正

个别因素修正的主要内容包括参照物的交易实例与待估不动产在面积、形状、临街状态、位置、地势、土地使用年限、建筑物结构、朝向、装修、设备、已使用年限等方面的差异。个别因素修正的方法与区域因素修正的方法大致相同。

5. 容积率修正

容积率与地价指数相关，可以根据容积率与地价指数的对应关系，确定不同的容积率对应的地价指数，然后将容积率的对比转化为地价指数的比较；也可将容积率与修正系数直接联系进行比较。

6. 使用年限修正

土地使用年限修正系数的数学表达式为：

$$K = \left[1 - \frac{1}{(1+r)^m} \right] \div \left[1 - \frac{1}{(1+r)^n} \right]$$

式中：K——将可比实例年期修正到待评估对象使用年期的年期修正系数；

r——还原利率；

m——待评估对象的使用年期；

n——可比实例的使用年期。

（四）确定不动产价格

按照要求，采用市场法评估不动产至少应选择三个以上参照物交易实例，通过上述各种因素修正后，至少应得到三个以上初步评估结果，最后需要综合求出一个评估值，作为最终的评估结论。在具体操作中，可考虑采用以下几种方法。

（1）简单算术平均法。将多个参照物交易实例修正后的初步评估结果简单的算术平均后，作为待估土地的最终评估结果。

（2）加权算术平均法。判定各个初步评估结果与待估土地的接近程度，并根据接近程度赋予每个初步评估结果以相应的权重，然后将加权平均后的结果作为待估土地的评估价值。

（3）中位数法。以多个初步评估结果的中间价格作为评估土地的评估价值。

五、应用举例

【例6-4】有一待估宗地 G 需评估，现收集到与待估宗地条件类似的 6 宗地，具体情况详见表6-2。

表6-2　待估宗地及与之条件类似的 6 宗地的基本信息

金额单位：元/平方米

宗地	成交价	交易时间	交易情况	容积率	区域因素	个别因素
A	680	2004 年	+1%	1.3	0	+1%
B	610	2004 年	0	1.1	0	−1%
C	700	2003 年	+5%	1.4	0	−2%
D	680	2005 年	0	1.1	−1%	−1%

（续表）

宗地	成交价	交易时间	交易情况	容积率	区域因素	个别因素
E	750	2006 年	−1%	1.6	0	+2%
F	700	2007 年	0	1.3	+1%	0
G		2007 年	0	1.1	0	0

该城市地价指数表详见表6-3。

表6-3　该城市地价指数表

时间（年）	2001	2002	2003	2004	2005	2006	2007
指数	100	103	107	110	108	107	112

另根据调查，该市此类用地容积率与地价的关系为：当容积率在 1～1.5 时，容积率每增加0.1，宗地单位地价比容积率为1时的单位地价增加5%；超过1.5时，超出部分的容积率每增长0.1，单位地价比容积率为1.5时的单位地价增加3%。对交易情况、区域因素、个别因素的修正，都是案例宗地与待估宗地比较，表中负号表示案例条件比待估宗地差，正号表示案例宗地条件优于待估宗地，数值大小代表对宗地地价的修正幅度。

试根据以上条件，评估该宗土地 2007 年的价格。

解：（1）建立容积率地价指数表，具体详见表6-4。

表6-4　容积率地价指数表

容积率	1.0	1.1	1.2	1.3	1.4	1.5	1.6
地价指数	100	105	110	115	120	125	128

（2）案例修正计算。

A. $680 \times \frac{112}{110} \times \frac{100}{101} \times \frac{105}{115} \times \frac{100}{100} \times \frac{100}{101} = 620$（元/平方米）

B. $610 \times \frac{112}{110} \times \frac{100}{100} \times \frac{105}{105} \times \frac{100}{100} \times \frac{100}{99} = 627$（元/平方米）

C. $700 \times \frac{112}{107} \times \frac{100}{105} \times \frac{105}{120} \times \frac{100}{100} \times \frac{100}{98} = 623$（元/平方米）

D. $680 \times \frac{112}{108} \times \frac{100}{100} \times \frac{105}{100} \times \frac{100}{99} \times \frac{100}{99} = 755$（元/平方米）

E. $750 \times \frac{112}{107} \times \frac{100}{99} \times \frac{105}{128} \times \frac{100}{100} \times \frac{100}{102} = 638$（元/平方米）

F. $700 \times \frac{112}{112} \times \frac{100}{100} \times \frac{105}{115} \times \frac{100}{101} \times \frac{100}{100} = 633$（元/平方米）

（3）评估结果。

案例 D 的值为异常值，应予剔除。其他结果较为接近，取其平均值作为评估结果。因此，待估宗地 G 的评估结果为：（620 + 627 + 623 + 638 + 633）÷ 5 = 628（元/平方米）。

第五节　成本法在不动产评估中的应用

一、基本思路

成本法是不动产估价方法之一。重置一宗与待估不动产可以产生同等效用的不动产，以所需投入的各项费用之和为依据，再加上合理的利润和税金来确定不动产价格。不动产评估的成本法和一般意义上的成本法是不同的，评估结果不是不动产的成本价，而是从再取得不动产的角度评判其交换价值。成本法的评估对象可以具体划分为三类：一是新开发的土地；二是新建的不动产；三是旧的建筑物。

二、适用范围

成本法的适用范围很广泛，只要是新开发建造、计划建造或可以假设重新开发建造的不动产，都可以用成本法评估。但成本法尤其适用于那些既无收益又很少发生交易的不动产的评估，如政府办公楼、学校、图书馆、医院、军队、公园等公用、公益性不动产，以及化工厂、钢铁厂、发电厂、码头、机场等有独特设计或只针对个别用户的特殊需要而开发建造的不动产。对于单纯的建筑物评估通常也采用成本法。

三、土地评估中成本法操作步骤

土地评估中成本法的计算公式为：

土地使用权价格 = 土地取得费 + 土地开发成本 + 利息 + 利润 + 税费 + 土地增值收益

（一）土地取得费

土地取得费是为取得土地而向原土地使用者支付的费用，主要包括以下两种情况。

第一，国家征用集体土地而支付给农村集体经济组织的费用，包括土地补偿费、地上附着物和青苗补偿费及安置补助费等。

一般认为，土地补偿费中包含一定的级差地租。地上附着物和青苗补偿费是对被征地单位在被征土地上已投入而未回收的资金的补偿，类似地租中所包含的投资补偿部分。安置补助费是为保证被征地农业人口在失去其生产资料后的生活水平不致降低而设立的，因而可以看成是从被征土地未来产生的增值收益中提取的部分作为补偿。

按照《中华人民共和国土地管理法》有关规定：征用耕地的补偿费用包括土地补偿费、安置补助费以及地上附着物和青苗的补偿费。征用耕地的土地补偿费为该耕地被征用前 3 年平均产值的 6 ~ 10 倍；征用耕地的安置补助费按照需要安置的农业人口数计算，需要安置的农业人口数按照被征用的耕地数量除以征地前被征用单位平均每人占有耕地的数量计算。每一个需要安置的农业人口的安置补偿费标准为该耕地被征前 3 年平均年产值的 4~6 倍。但是，每公顷被征用耕地的安置补助费最高不得超过被征用前 3 年平均年产值的 15 倍。征用其他土地的土地补偿费和安置补助费标准由各省、自治区、直辖市参照征用耕地的土地补偿费和安置补助费的标准规定。被征用土地上的附着物和青苗的补偿标准由省、自治区、直辖市规定。征用城市郊区的菜地，用地单位应当按照国家有关规定缴纳新菜地开发建设基金。另外，按照以上规定支付土地补偿费和安置补助费，尚不能使需要安置的农民保持原有生活水平的，经省、自治区、直辖市人民政府批准，可以增加安置补助费。但是，土地补偿费和安置补助费标准的总和不得超过土地被征用前 3 年平均年产值的 30 倍。在特殊情况下，国务院根据社会经济发展水平，可以提高被征用耕地的土地补偿费和安置补助费标准。

第二，为取得已利用城市土地而向原土地使用者支付的拆迁费用，这是对原城市土地使用者在土地投资未收回部分的补偿，补偿标准各地均有具体规定。

（二）土地开发成本

一般来说，土地开发成本涉及到基础设施配套费、公共事业建设配套费和小区开发配套费。

第一，基础设施配套费。对于基础设施配套常常概括为"三通一平"和"七通一平"。"三通一平"是指通水、通路、通电和平整地面；"七通一平"是指通上水、通下水、通电、通信、通气、通热、通路和平整地面。

第二，公共事业建设配套费用，主要指邮电、图书馆、学校、公园、绿地等设施的费用。这与项目大小、用地规模有关，各地情况不一，视实际情况而定。

第三，小区开发配套费。同公共事业建设配套费类似，各地根据用地情况确定合理的项目标准。

（三）投资利息

投资利息就是资金的时间价值。当用成本法评估土地价格时，投资包括土地取得费和土地开发费两大部分。这两部分资金的投入时间和占用时间不同，因此要分别考虑其计息期。土地取得费在土地开发开工前即要全部付清，在开发完成销售后方能收回，因此，计息期应为整个开发期和销售期。土地开发费在开发过程中逐步投入，销售后收回，若土地开发费是均匀投入，则计息期为开发期的一半。

（四）投资利润

投资的目的是为了获取相应的利润。投资利润计算的关键是确定销售利润率或投资回报率。利润率计算的基数可以是土地取得费和土地开发费，也可以是开发后土地的地价。计算时，要注意所用利润率的内涵。

（五）税费

整个开发过程中涉及到的税金和费用，可以按照国家税收政策和法规来确定。

（六）土地增值收益

土地增值收益主要是由于土地的用途改变或土地功能变化而引起的。由于农地转变为建设用地，新用途的土地收益将远高于原用途土地，必然会带来土地增值收益。由于这种增值是土地所有者允许改变土地用途带来的，因此应归土地所有者所有，同时在土地价格中应该考虑土地增值收益。

根据计算公式，前四项（或五项）之和为成本价格，成本价格乘以土地增值收益率即为土地所有权收益。目前，土地增值收益率通常在10%～25%之间。

四、新建不动产评估中成本法操作步骤

新建不动产价格＝土地取得费用＋开发成本＋管理费用＋投资利息＋销售税费＋正常利润

（一）土地取得费用

土地取得的途径有征用、拆迁改造和购买等，根据取得土地的不同途径，分别测算取得土地的费用，包括有关土地取得的手续费及税金。

（二）开发成本

开发成本包括勘察设计和前期工程费、基础设施建设费、建筑安装工程费、公共配套设施费和其他税费及间接费用。

1. 勘察设计和前期工程费，包括临时用地、水、电、路、场地平整费；工程勘察测量及工程设计费；城市规划设计、咨询、可行性研究费、建设工程许可证执照费等。

2. 基础设施建设费，包括由开发商承担的红线内外的自来水、雨水、污水、煤气、热力、供电、电信、道路、绿化、环境卫生、照明等建设费用。

3. 建筑安装工程费，可设想为开发商取得土地后将建筑工程全部委托给建筑商施工，开发商应当付给建筑商的全部费用，包括建筑安装工程费、招投标费、预算审查费、质量监督费、竣工图费、三材差价、定额调整系数、建材发展基金等。

4. 公共配套设施费和其他税费，包括由开发商支付的非经营性用房，如居委会、派出所、托儿所、自行车棚、信报箱、公厕等；附属工程如锅炉房、热力点、变电室、开闭所、煤气调压站的费用和电贴费等；文教卫生，如中小学、文化站、门诊部、卫生所用房的建设费用。商业网点，如粮店、副食店、小百货店等经营性用房的建设费用应由经营者负担，按规定不计入商品房价格。

5. 开发过程中的税费及其他间接费用。

（三）开发利润

以土地取得费用和开发成本之和作为利润计算的基数。利润率应根据开发类似不动产的平均利润率来确定。

（四）管理费用

管理费用主要是指开办费和开发过程中管理人员的工资等。

（五）投资利息

以土地取得费用和开发成本之和作为计算利息的基数。计息期的确定同土地评估中的计息期。

（六）销售税费

销售税费主要包括销售费用、销售税金及附加和其他销售税费。

销售税费是销售开发完成后不动产所需的费用和应由开发商缴纳的税费，可根据税法和政府的有关收费标准来测算。一般包括以下几种费用。

1. 销售费用

销售费用包括广告宣传费用、展销费、销售人员的工资、办公费用、委托销售代理费及其他在销售过程中发生的费用。

2. 销售税金及附加

销售税金及附加包括应缴纳的营业税、城市维护建设税和教育费附加等。

3. 其他销售税费

其他销售税费包括应由开发商负担的印花税、土地增值税、交易手续费、空房看管费、保修期内的维修费等。

五、旧建筑物评估中成本法操作步骤

应用成本法评估旧建筑物，应该以旧建筑物的重新建造成本为基础，结合建筑物的贬值来确定，具体计算公式有以下两种：

旧建筑物价格 = 重置成本 − 年贬值额 × 已使用年数

旧建筑物价格 = 重置成本 × 成新率

（一）重置成本

建筑物的重置成本是假设旧建筑物所在的土地已取得，且为空地，除了旧建筑物不存在之外，其他状况均维持不变，然后在此空地上重新建造与旧建筑物完全相同或具有相同效用的新建筑物所需的一切合理、必要的费用、税金和正常利润的和。

建筑物的重置成本一般可采用成本法估算，也可在估算出房地合一的价格后，再扣除其中包含的土地价格后求得，还可采用市场比较法来估算。

（二）年贬值额

贬值额是指建筑物的价值减损。这里所指的贬值与会计上的折旧的内涵是不一样的。建筑物的价值减损一般由两方面因素引起：一方面是物理化学因素，即因建筑物使用而使建筑物磨损、建筑物自然老化、自然灾害引起的建筑物结构缺损和功能减弱，所有这些因素均导致建筑物价值减损，故这种减损又被称为有形损耗。另一方面是社会经济因素，即由于技术革新、建筑工艺改进或人们观念的变化，引起建筑设备陈旧落后、设计风格落后，由此引起建筑物陈旧、落后，致使其价值降低，这种减损称为无形损耗。从建筑物重置成本中扣除建筑物损耗，即为建筑物现值，因此确定建筑物贬值额就成为房产评估中的关键一环。

计算年贬值额的方法很多，常用的方法是直线法，又称定额法，即假设建筑物的价值损耗是均匀的，在耐用年限内每年的贬值额相等。其具体计算公式如下：

$$D = (C - S) \div N = C \times (1 - R) \div N$$

D——年贬值额；

C——建筑物的重新建造成本；

S——建筑物的净残值，即建筑物在达到耐用年限后的剩余价值扣除旧建筑物拆除、清理等处理费用后所剩余的价值；

N——建筑物的耐用年限；

R——建筑物的残值率，即建筑物的净残值与重新建造成本的比率。

根据《房地产估价规范》，各种结构的房屋的经济耐用年限的参考值一般如下：

钢结构：生产用房70年，非生产用房80年；

钢筋混凝土结构：生产用房50年，非生产用房60年；

砖混结构一等：生产用房40年，非生产用房50年；

砖混结构二等：生产用房40年，非生产用房50年；

砖木结构一等：生产用房30年，非生产用房40年；

砖木结构二等：生产用房30年，非生产用房40年；

砖木结构三等：生产用房30年，非生产用房40年；

简易结构：10年。

为了使耐用年限的计算更为准确，可利用如下公式：

耐用年限 = 建筑物已使用年限 + 建筑物尚可使用年限

（三）成新率

建筑物的成新率测算主要采用使用年限法和打分法两种方法。

1. 使用年限法

建筑物成新率 = 建筑物尚可使用年限 ÷（建筑物实际已使用年限 + 建筑物尚可使用年限）× 100%

2. 打分法

打分法是指评估人员借助于建筑物成新率的评分标准，包括建筑物整体成新率评分标准，以及按不同构成部分的评分标准进行对照打分，得出或汇总得出建筑物的成新率。具体操作时可按评分标准对建筑物的结构、装修、设备三个部分分别打分，然后再对三个部分的得分进行修正，最后得出建筑物的成新率，可参照下列公式进行：

成新率 =（*G* × 结构部分合计得分 + *S* × 装修部分合计得分 + *B* × 设备部分合计得分）÷ 100 × 100%

式中：*G*——结构部分的评分修正系数；

S——装修部分的评分修正系数；

B——设备部分的评分修正系数。

不同结构类型房屋成新率评分修正系数表详见表6-5。

表6-5 不同结构类型房屋成新率评分修正系数表

类型	钢筋混凝土结构			砖混结构			砖木结构			其他结构		
各部分评分修正系数	G	S	B	G	S	B	G	S	B	G	S	B
单层	0.85	0.05	0.1	0.7	0.2	0.1	0.8	0.15	0.05	0.87	0.1	0.03

（续表）

类型	钢筋混凝土结构			砖混结构			砖木结构			其他结构		
各部分评分修正系数	G	S	B	G	S	B	G	S	B	G	S	B
2~3层	0.8	0.1	0.1	0.6	0.2	0.2	0.7	0.2	0.1			
4~6层	0.75	0.12	0.13	0.55	0.15	0.3						
7层以上	0.8	0.1	0.1									

六、应用举例

【例6-5】某市经济技术开发区内有一块面积为 15 000 平方米的土地，该地块的土地征地费用（含安置、拆迁、青苗补偿费和耕地占用税）为每亩 10 万元，土地开发费为每平方公里 2 亿元，土地开发周期为两年，第一年投入资金占总开发费用的 35%，开发商要求的投资回报率为 10%，当地土地出让增值收益率为 15%，银行贷款年利率为 6%，试评估该土地的价值。

解：该土地的各项投入成本均已知，可采用成本法进行评估。

（1）计算土地取得费。

土地取得费 = 10 万元/亩 = 150 元/平方米

（2）计算土地开发费。

土地开发费 = 2 亿元/平方公里 = 200 元/平方米

（3）计算投资利息。

土地取得费的计息期为两年，土地开发费为分段均匀投入，则：

土地取得费利息 $= 150 \times [(1+6\%)^2 - 1] = 18.54$ （元/平方米）

土地开发费利息 $= 200 \times 35\% \times [(1+6\%)^{1.5} - 1] + 200 \times 65\% \times [(1+6\%)^{0.5} - 1]$
$= 6.39 + 3.84 = 10.23$ （元/平方米）

（4）计算开发利润。

开发利润 = （土地取得费 + 土地开发费）×10% = 35（元/平方米）

（5）计算土地增值收益。

土地增值收益 = （土地取得费 + 土地开发费 + 投资利息 + 开发利润）×15%
= 62.07（元/平方米）

（6）计算土地价值。

土地单价 = 土地取得费 + 土地开发费 + 投资利息 + 开发利润 + 土地增值收益
= 150 + 200 + 18.54 + 10.23 + 35 + 62.07 = 475.84（元/平方米）

土地总计 = 475.84 × 150 00 = 7 137 600（元）

该宗地单价为 475.84 元/平方米，总价为 7 137 600 元。

第六节　剩余法在不动产评估中的应用

一、基本思路

剩余法又称假设开发法、倒算法，是将待估不动产预期开发价值扣除正常投入费用、税金和利润后的剩余值来推算确定待评估不动产价格的评估方法。

二、适用范围

剩余法比较适用于成片待开发土地转让价格的确定。具体来说，主要适用于下列不动产的评估。

（1）待开发的土地的估价。

（2）将生地开发成熟地的土地估价。

（3）待拆迁改造的再开发地产的估价。注意这里的建筑费还应包括拆迁费用。

三、计算公式

剩余法的计算公式较多，各个国家或地区的具体形式不同，但基本的思路都可以用以下公式表示。

$$V = A - (B + C + D + E)$$

式中，V——土地购置价格；

A——开发完成后不动产价值；

B——开发成本；

C——投资利息；

D——合理利润；

E——正常税费。

目前，在具体的评估实务中，我国常用的计算公式为：

土地购置价格 = 预期楼价 − 建筑费 − 专业费用 − 销售费用 − 利息 − 税费 − 利润

四、操作步骤

（一）调查待估对象的基本情况

（1）调查土地的限制条件，如土地政策的限制，城市规划、土地利用规划的制约等。

（2）调查土地位置，掌握土地所在城市的性质及其在城市中的具体坐落位置，以及周围土地条件和利用现状。

（3）调查土地面积大小和土地形状、地质状况、地形地貌、基础设施状况和生活设施状况以及公用设施状况等。

（4）调查不动产利用要求，掌握城市规划对此宗地的规划用途、容积率、覆盖率、建筑物高度限制等。

（5）调查此地块的权利状况，包括权利性质、使用年限、能否续期、是否已设定抵押权等。这些权利状况与确定开发完成后的不动产价值、售价及租金水平有着非常密切的关系。

（二）确定最佳开发利用方式

根据调查的土地状况和不动产市场条件等，在城市规划及法律法规等所允许的范围内，确定地块的最佳利用方式，包括确定用途、建筑容积率、土地覆盖率、建筑高度、建筑装修档次等。

（三）预测楼价

对于出售的不动产，如居住用商品房、工业厂房等，可采用市场比较法确定开发完成后的不动产总价。对于出租的不动产，如写字楼和商业楼房等，应先采用市场法，确定所开发不动产出租的净收益，然后再采用收益还原法将出租净收益转化为不动产总价。

（四）估算各项成本费用

各项成本费用包括估算开发建筑成本费用；估算专业费用；确定开发建设工期，估算预付资本利息；估算税金；估算开发完成后的不动产租售费用。

1. 开发建筑成本费用，包括直接工程费、间接工程费、建筑承包商利润及由承包商负担的建筑附带费用等，可采用比较法来测算，即通过当地同类建筑物当前平均的或一般建造费用来测算，也可通过建筑工程概预算的方法来估算。

2. 专业费用。专业费用包括建筑设计费、工程概预算费用等，一般采用建造费用的一定比率估算。

3. 确定开发建设工期，估算预付资本利息。开发建设工期是指从取得土地所有权一直到不动产全部销售或出租完毕的这一段时期。根据等量资本要获取等量利润的原理，利息应为开发全部预付资本的融资成本，不仅包括建造工程费用的利息，还包括土地资本的利息。不动产开发的预付资本包括地价款、开发建造费、专业费和不可预见费等，即使这些费用是自有资金，也要计算利息。这些费用在不动产开发建设过程中投入的时间是不同的。在确定利息额时，必须根据地价款、开发费用、专业费用等的投入额、各自在开发过程中所占用的时间长短和当时的贷款利率高低进行计算。例如，预付地价款的利息额应以全部预付的价款按整个开发建设工期计算，开发费、专业费假设在建造期内均匀投入，则利息以全部开发费和专业费为基数，按建造期的一半计算。若有分年度投入数据，则可进一步细化。如建造期两年，第一年投入部分计息期为一年半，第二年投入部分计息期为半年等。开发费、专业费在建筑竣工后的空置及销售期内应按全额全期计息。

4. 税金。税金主要指建成后不动产销售的营业税、工商统一税、印花税、契税等，应根据当前政府的税收政策估算，一般以建成后不动产总价的一定比例计算。

5. 开发完成后的不动产租售费用。租售费用主要指用于建成后不动产销售或出租的中介代理费、市场营销广告费、买卖手续费等，一般以不动产总价或租金的一定比例计算。

（五）确定开发商合理利润

开发商的合理利润一般以不动产总价或预付总资本的一定比例计算。投资回报利润率的计算基数一般为地价、开发费和专业费三项，销售利润率的计算基数一般为不动产售价。

（六）估算不动产价格

五、应用举例

【例 6-6】有一宗"七通一平"的待开发建筑用地，面积为 2 000 平方米，建筑容积率为 2.5，拟开发建设写字楼，建设期为两年，建筑费为 3 000 元/平方米，专业费为建筑费的 10%，建筑费和专业费在建设期内均匀投入。该写字楼建成后即出售，预计售价为 9 000 元/平方米，销售费用为楼价的 2.5%，销售税费为楼价的 6.5%，当地银行年贷款利率为 6%，开发商要求的投资利润率为 10%。试估算该宗土地目前的单位地价。

解：（1）确定评估方法

现已知楼价的预测值和各项开发成本及费用，可用假设开发法评估。

地价 = 楼价 − 建筑费 − 专业费 − 利息 − 销售税费 − 利润

（2）计算楼价

楼价 = 2 000 × 2.5 × 9 000 = 45 000 000（元）

（3）计算建筑费和专业费

建筑费 = 3 000 × 2 000 × 2.5 = 15 000 000（元）

专业费 = 建筑费 × 10% = 15 000 000 × 10% = 1 500 000（元）

（4）计算销售费用和税费

销售费用 = 45 000 000 × 2.5% = 1 125 000（元）

销售税费 = 45 000 000 × 6.5% = 2 925 000（元）

（5）计算利润

利润 =（地价 + 建筑费 + 专业费）× 10%

    =（地价 + 16 500 000）× 10%

（6）计算利息

利息 = 地价 × $\left[\ (1+6\%)^2 - 1\right]$ +（15 000 000 + 1 500 000）× $\left[\ (1+6\%)^1 - 1\right]$

    = 0.1236 × 地价 + 990 000

（7）求取地价

宗地价 = 45 000 000 − 16 500 000 − 1 125 000 − 2 925 000 − 0.1 × 地价 − 1 650 000 −

    0.123 6 × 地价 − 990 000

    = 17 824 452（元）

单价地价 = 17 824 452/2 000 = 8 912（元/平方米）

以上方法是通过计算利息确定不动产价格的方法，此外，我们还可以通过折现的方法来确定不动产的价格，这种方法比较简单、适用。

【例 6-7】待估土地为一块已完成"七通一平"的待开发空地，土地使用权限为 50 年，土地面积为 2 000 平方米，拟建设商业居住混合楼，容积率为 10，建筑层数为 20 层，各层建筑面积为 1 000 平方米，地上 1 ~ 2 层为商业用房（建筑面积为 2 000 平方米），3 ~ 20 层为住宅（建筑面积为 18 000 平方米），建设周期为 3 年，假设各年建筑费的投入集中在年中。总建筑费预计为 2 000 万元，专业费为建筑费的 6%，成本利润率为 20%，贷款年利率为 6%，销售税费为楼价的 4%。在未来 3 年的建设周期中，开发费投入情况如下：第 1 年投入 50% 的建筑费和专业费，第 2 年投入 30%，第 3 年投入余下的 20%。该楼建设完成后，全部商业用房和 30% 的住宅部分可售出，住宅部分的 50% 在半年后售出，其余 20% 在年后售出，预计商业用房平均售价为 5 000 元/平方米，住宅的平均售价为 3 500 元/平方米，试计算该土地目前的单位价格（折现率为 10%）。

解：（1）确定评估方法

现已知楼价的预测值和各项开发成本及费用，可用假设开发法评估。

$$地价 = 楼价 - 建筑费 - 专业费 - 利息 - 销售税费 - 利润$$

（2）计算楼价

$$楼价 = \frac{5\,000 \times 2\,000}{(1+10\%)^3} + \frac{3\,500 \times 18\,000 \times 30\%}{(1+10\%)^3} + \frac{3\,500 \times 18\,000 \times 50\%}{(1+10\%)^{3.5}} + \frac{3\,500 \times 18\,000 \times 20\%}{(1+10\%)^4}$$

$$= 5\,285.79 （万元）$$

（3）计算建筑费和专业费

$$建筑费 = \frac{2\,000 \times 50\%}{(1+10\%)^{0.5}} + \frac{2\,000 \times 30\%}{(1+10\%)^{1.5}} + \frac{2\,000 \times 20\%}{(1+10\%)^{2.5}} = 1\,783.99 （万元）$$

$$专业费 = 1\,783.99 \times 6\% = 107.04 （万元）$$

（4）计算销售税费

$$销售税费 = 5\,285.79 \times 4\% = 211.43 （万元）$$

（5）计算利润

$$利润 = （地价 + 建筑费 + 专业费） \times 20\% = 地价 \times 20\% + 378.21$$

（6）求取地价

$$宗地价 = 5\,285.79 - 1\,783.99 - 107.04 - 211.43 - （地价 \times 20\%） - 378.21$$

$$= \frac{5\,285.79 - 1\,783.99 - 107.04 - 211.43 - 378.21}{1+20\%} = 2\,337.6 （万元）$$

$$单位地价 = 2\,337.6 \div 2\,000 = 1.169 （万元/平方米）$$

该方法在估算总建筑费用、专业费用以及宗地价时均考虑了货币的时间价值，都表现为现值，这其中已经包含了投资利息的因素，因此投资利息不再重复计算。

第七节　基准地价修正法在不动产评估中的应用

一、基准地价的含义

基准地价是按照城市土地级别或均质地域分别评估的商业、住宅、工业等各类用地和综合土地级别的土地使用权的平均价格。基准地价评估以城市为单位进行，由政府统一公布。

基准地价评估有两个环节：一是基准地价评估区域的确定；二是基准地价的确定。

二、基准地价的特点与作用

（一）基准地价的特点

（1）基准地价是区域性价格。这个区域可以是级别区域，也可以是区段，因而基准地价的表现形式通常为区片价和路段价，或两者结合起来共同反映某种用途的土地使用权价格。

（2）基准地价是土地使用权价格。

（3）因为基准地价是区域性价格，因而必定是平均价格。

（4）基准地价一般都要覆盖整个城市建成区。

（5）基准地价是单位土地面积的地价。

（6）基准地价具有现实性，是评估一定时期内的价格。

（二）基准地价的作用

（1）具有政府公告作用。

（2）宏观调控地价水平的依据。

（3）是进一步评估宗地地价的基础。

（4）是政府参与土地有偿使用收益分配的依据。

三、基准地价修正法简介

（一）基本思路

基准地价修正法是利用城镇基准地价和基准地价修正系数表中的评估成果，按照替代原则，将被估宗地的区域条件和个别条件等与其所处区域的平均条件相比较，并对照修正系数表选取相应的修正系数对基准地价进行修正，从而求取被估宗地在评估基准日的价格的方法。基准地价修正法的基本原理是替代原理，即在正常的市场条件下，具有相似土地条件和使用功能的土地，应当具有相似的价格。基准地价修正法的本质是市场法。

（二）适用范围

在我国许多城市，尤其是地产市场不太发达的城市，基准地价修正法是使用最广泛的方法。其主要适用于完成基准地价评估的城镇的土地评估，即该城市具备基准地价成果图和相应修正体系成果。

基准地价修正法可在短时间内进行大批量宗地地价评估，可快速方便进行大面积、数量众多的土地价格评估；但其精度取决于基准地价及其修正系数的精度，因此该方法一般在宗地地价评估中不作为主要的评估方法，而作为一种辅助方法。

（三）估价程序

1. 收集、整理估价成果资料

定级估价资料是采用基准地价修正法评估宗地地价必不可少的基础性资料。因此，在评估前必须收集当地定级评估的成果资料，主要包括土地级别图、基准地价图、样点地价分布图、基准地价表、基准地价修正系数表和相应的因素条件说明表等，并归纳、整理和分析，以作为宗地评估的基础资料。

2. 确定修正系数表

根据被估宗地的位置、用途、所处的土地级别、所对应的基准地价，编制相应的因素条件说明表和因素修正系数表，以确定地价修正的基础和需要调查的影响因素项目。

3. 调查影响宗地价格因素

按照与被估宗地所处级别和用途对应的基准地价修正系数表和因素条件说明表中所要求的因素条件，确定宗地条件的调查项目，且与修订系数表中的因素一致。

宗地因素指标的调查应充分利用已收集的资料和土地登记资料及有关图件，不能满足需要的，应进行实地调查采样，在调查基础上，整理归纳宗地地价因素指标数据。

4. 制定待估宗地因素修正系数

根据每个因素的指标值，核查相对应用途土地的基准地价影响因素指标说明表，确定因素指标对应的优劣状况；按优劣状况再查对基准地价修正系数表，得到该因素的修正系数。对所有影响宗地地价的因素都同样处理，即得到宗地的全部因素修正系数。

5. 确定待估宗地使用年限修正系数

基准地价对应的使用年期是各用途土地使用权的最高出让年期，而具体宗地的使用年期可能各不相同，因此必须进行年期修正。土地使用的年期修正系数可按下式计算：

$$K = (P/A, r, m) / (P/A, r, n) = [1 - (1+r)^{-m}] / [1 - (1+r)^{-n}]$$

式中：K——年期修正系数；

r ——还原利率；

m ——待估宗地的可使用年期；

n ——该类土地最高出让年期。

6. 确定待估宗地日期修正系数

基准地价对应的是基准地价评估基准日的地价水平，随时间前移，土地市场的地价水平会有所变化，因此必须进行期日修正，把基准地价对应的地价水平修正到宗地地价评估基准日时的地价水平。一般可根据地价指数变动幅度进行修正。

7. 确定待估宗地容积率修正系数

这是一个非常重要的修正系数。基准地价对应的是该用途土地在该级别或均质地域内的平均容积率，各宗地的容积率可能各不相同，同时容积率对地价的影响也非常大，并且即使在同一个级别区域，各宗地的容积率的差异甚至很大，因此一定要重视容积率的修正。也就是说，必须将区域平均容积率下的地价水平修正到宗地实际容积率水平下的地价。

8. 评估宗地地价

依据前面的分析和所计算得到的修正系数，按下式计算待估宗地的地价水平。

被估宗地地价 = 待估宗地所处地段的基准地价 × 年期修正系数 × 期日修正系数 × 容积
率修正系数 × 其他因素修正系数

第八节　路线价法在不动产评估中的应用

一、路线价法的含义和理论依据

（一）含义

路线价法是根据土地价值高低随距街道距离增加而递减的原理，在特定街道上设定单价，依此单价配合深度百分率表及其他修正率表来估算临近同一街道的其他宗地地价的估价方法。

所谓路线价是指面临特定街道而接近距离相等的市街土地，设定标准深度，求取该标准深度若干宗地的平均单价。

（二）理论依据

路线价法认为土地价值与其临街深度大小的关系很大，土地价值随临街深度而递减，一宗地越接近道路部分价值越高，离开街道愈远价值愈低。路线价法的本质也是一种市场法，理论基础也是替代原理。

二、计算公式

路线价法的计算公式有不同的表现形式，常用的公式是：

$$宗地总价 = 路线价 \times 深度百分率 \times 临街宽度$$

如果宗地条件特殊，如不规则地，还要在上述公式的基础上进行其他因素的修正。其计算公式为：

$$宗地总价 = 路线价 \times 深度百分率 \times 临街宽度 \times 修正率$$

三、适用范围

前边所讲的收益现值法、现行市价法一般只适用于单宗地的估价，路线价法则主要适用于同时对大片土地的评估，特别是土地课税、土地重划、征地拆迁等。当然这种方法仅适用于对城市土地特别是对商业用地的估价。

四、基本程序

（一）路线价区段划分

地价相等、地段相连的地段一般划分为同一路线价区段，路线价区段为带状地段。街道两侧接近性基本相等的地段长度称为路线段长度。路线价区段一般以路线价显著增减的地点为界。原则上街道不同的路段，路线价也不相同，如果街道一侧的繁华状况与对侧有显著差异，同一路段也可划分为两种不同的路线价。繁华街道有时需要附设不同的路线价，住宅区用地区位差异较小，所以住宅区的路线段较长，甚至几个街道路线段都相同。

（二）确定标准宗地

路线价是标准宗地的单位价格，设定路线价时必须先确定标准宗地面积。标准宗地是指从城市一定区域沿主要街道的宗地中选定的深度、宽度和形状标准的宗地。标准深度是指标准宗地的临街深度。临街深度是指宗地离开街道的垂直距离。目前标准宗地的形状为矩形，而标准宗地的深度、宽度各国不尽相同，以美国为例，是把临街宽度为 1 英尺（0.31 米）、深度为 100 英尺（130.48 米）的细长地块作为标准宗地，其路线价的含义就是该标准宗地的价格。在实际评估中的标准深度通常是以路线价区段内临街各宗土地深度的众数为准。

（三）确定路线价

评估人员在对路线价进行确定时，主要采取两种方法，第一种是由熟练的评估人员依买卖实例用市场法等基本评估方法确定。第二种是采用评分方式，将形成土地价格的各种因素分成几个项目加以评分，然后合计，并换算成附设于路线价上的点数。

（四）制作深度百分率表

深度百分率又称深度指数；深度百分率表又称深度指数表。深度百分率是地价随临街深度长短变化的比率。美国归纳出了许多地价与临街深度变化的规律（法则），如"四三二一法则"、"苏慕斯法则"、"霍夫曼法则"等。

（五）计算宗地价格

依据路线价和深度百分率及其他条件修正率表，运用路线价法计算公式，则可以计算得到宗地价值。

五、几个路线价法则介绍

（一）四三二一法则

四三二一法则（4-3-2-1Rule）是将标准深度 100 英尺（30.48 米）的普通临街地，与街道平行区分为四等分，即由临街面算起，第一个 25 英尺（7.62 米）的价值占路线价的40%，第二个 25 英尺（7.62 米）的价值占路线价的 30%，第三个 25 英尺（7.62 米）的价值占路线价的20%，第四个 25 英尺（7.62 米）的价值占路线价的10%。如果超过 100 英尺（30.48 米），则需九八七六法则来补充，即超过 100 英尺（30.48 米）的第一个 25 英尺（7.62 米）的价值占路线价的9%，第二个 25 英尺（7.62 米）的价值占路线价的8%，第三个 25 英尺（7.62 米）的价值占路线价的7%，第四个 25 英尺（7.62 米）的的价值占路线价的6%。应用四三二一法则评估，简明易记，但因深度划分过分粗略，可能出现评估不够精细的问题。相应更深的宗地还有九八七六法则，即第五个 25 英尺（7.62 米）的价值占路线价的9%，第六个 25 英尺（7.62 米）的价值占路线价的8%，第七个 25 英尺（7.62 米）的价值占路线价的7%，第八个 25 英尺（7.62 米）的价值占路线价的6%。

（二）苏慕斯法则

苏慕斯法则（Somers Rule）是由苏慕斯（Willam A. Somers）根据其多年实践经验并经对众多的买卖实例价格调查比较后创立的。苏慕斯经过调查证明，100 英尺（30.48 米）深的土地价值，前半临街 50 英尺（15.24 米）部分占全宗地总价的 72.5%，后半 50 英尺

（15.24 米）部分占全宗地总价的 27.5%，若再深 50 英尺（15.24 米），该则宗地所增的价值仅为 15%。其深度百分率即在这种价值分配原则下所拟定。由于苏慕斯法则在美国俄亥俄州克利夫兰市应用最广泛，因此一般将其称为克利夫兰法则（Cleveland Rule）。

（三）霍夫曼法则

霍夫曼法则（Hoffman Rule）是纽约市法官霍夫曼于 1866 年提出来的，是最先被承认对于各种深度的宗地评估的法则。霍夫曼法则认为：深度 100 英尺（30.48 米）的宗地，在最初 50 英尺（15.24 米）的价值应占全宗地价值的 2/3。在此基础上，则深度 100 英尺（30.48 米）的宗地，最初的 25 英尺（7.62 米）等于 37.5%，最初的一半，即 50 英尺（15.24 米）等于 67%，75 英尺（22.86 米）等于 87.7%，全体的 100 英尺（30.48 米）等于 100%。

（四）哈柏法则

哈柏法则（Harper Rule）创设于英国，该法则认为一宗土地的价值与其深度的平方根成正比，即深度百分率为其深度的平方根的 10 倍，深度百分率 $= 10 \times \sqrt{深度} \times 100\%$，例如，一宗 50 英尺（15.24 米）深土地价值，即相当于 100 英尺（30.48 米）深土地价值的 70%。因为深度百分率 $= 10 \times \sqrt{50} \times 100\%$，约等于 70%。但标准深度不一定为 100 英尺（30.48 米），所以经修订的哈柏法则中的深度百分率的计算公式如下。

$$深度百分率 = \sqrt{所给深度} / \sqrt{标准深度} \times 100\%$$

六、应用举例

【例6-8】现有临街宗地 A、B、C、D、E、F，具体如图 6-1 所示，深度分别为 25 英尺、50 英尺、75 英尺、100 英尺、125 英尺和 150 英尺，宽度分别为 10 英尺、10 英尺、20 英尺、20 英尺、30 英尺和 30 英尺。路线价为 2 000 元/英尺，设标准深度为 100 英尺，试运用"四三二一"法则计算各宗土地的价值。

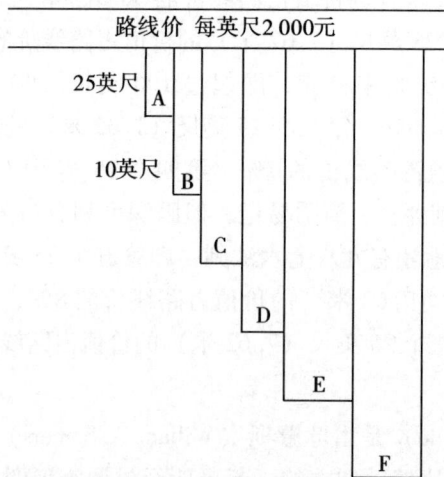

图 6-1 路线价法

解：A = 2 000 × 0.4 × 10 = 8 000（元）

B = 2 000 × 0.7 × 10 = 14 000（元）

C = 2 000 × 0.9 × 20 = 36 000（元）

D = 2 000 × 1.0 × 20 = 40 000（元）

E = 2 000 ×（1.0 + 0.09）× 30 = 65 400（元）

F = 2 000 ×（1.0 + 0.09 + 0.08）× 30 = 70 200（元）

即临街宗地 A、B、C、D、E、F 的价值分别为 8 000 元、14 000 元、36 000 元、4 000 元、65 400 元、70 200 元。

第九节　在建工程评估

一、在建工程的含义和特点

（一）含义

在建工程指评估人员进行评估时未完工或虽然已经完工，但尚未竣工验收、交付使用的建设项目，以及为建设项目备用的材料、设备等资产。

（二）特点

1. 在建工程情况复杂

在建工程的范围很广，情况复杂。以建筑工程为例，它不仅包括建设中的各种房屋建筑物，还包括各种设备安装，范围涉及各个行业，情况比较复杂，具有较强的专业技术和专业特点。

2. 在建工程之间可比性差

在建工程的工程进度差异很大，有的是刚刚投资兴建，有的已经完工但尚未交付使用。这些工程进度上的差异就会造成在建工程资产功能上的差异。因此，在建工程之间的可比性较差，评估时直接可比案例较少。

3. 在建工程的投资不能完全体现在建工程的形象进度

由于在建工程的投资方式和会计核算要求，其账面价值往往包括预付材料款和预付设备款，同时也记录在建工程中的应付材料款及应付设备款等，如出包工程的付款方式是由合同规定的，可能有时预付很多而工程进度未跟上，有时预付较少而进度超出。因此，在建工程的投资并不能完全体现在建工程的形象进度。

4. 在建工程的建设工期长短差别大

有些在建工程如厂区内的道路、设备基础等，一般工期较短；而有些在建工程如高速公路、港口码头等的建设工期就很长。

5. 在建工程的价格受后续工程影响较大

对于建设工期较长的在建工程，建造期间材料、工费价格、设计等都可能发生变化，使在建工程的成本以及建成后发挥的效益具有很多不确定性，因此在建工程的价格与后续工程的进度和质量有着非常密切的关系。

二、资料的收集与分析

通过收集与在建工程评估有关的资料，确定被估在建工程的合法性，分析在建工程有关技术和经济指标。

（1）收集与被估在建工程有关的政府批准文件和其他详细资料。政府批准文件如土地使用权出让合同、建设用地许可证、施工许可证、开工许可证、预售许可证等。其他资料如工程图纸、工程预算书、施工合同、有关账簿及原始记录等。从上述资料中明确项目名称、建筑面积、工程结构、工程预算、实际用款和完工程度，以及需要安装的设备名称、规格、型号、数量、合同金额、实际预付额、到货和工程安装情况等。

（2）评估人员到工程现场查勘工程进度和工程形象进度，明确工程竣工、达到交付使用的日期，以及评估基准日工程形象进度是否与总工程进度计划相符。

（3）了解开发商有关情况，检查工程质量。要了解开发商的资质、财务状况、工程监管等情况。同时检查在建工程质量和建筑材料质量，明确建筑工程各组成部分是否存在缺陷及待修理的因素，以及在建工程整体布局是否合理。

（4）收集有关法定参数。如有关部门规定或制定的当地建筑工程预算定额、建筑工程间接费用标准、地方建筑材料价差指数、建筑工程预备费用及其他费用标准（如在建工程贷款利率）等。

三、评估方法

（一）形象进度法

形象进度法是选择足够的可比销售资料，根据在建工程建造完成后的不动产市场价格，结合工程形象进度评估在建工程价值的方法，具体计算公式如下：

在建工程价格 = 建成后不动产单价 × 工程形象进度百分比 × （1 - 折扣率）

其中，在建工程建造完成后的不动产市场价值一般可采用市场法或收益法评估。

工程形象进度百分比 = （实际完成建筑工程量 + 实际完成安装工程量）/总工程量 × 100%

评估人员确定折扣率时应考虑营销支出、广告费和风险收益等因素。

（二）成本法

成本法评估在建工程是按在建工程客观投入的成本评估，即以开发或建造被估在建工程已经耗费的各项必要费用之和，加上正常的利润和应纳税金来确定被估在建工程价值的方法，具体计算公式如下：

在建工程价格 = 土地取得费 + 专业费用 + 建筑物建造费用 + 正常利税

其中，土地取得费是指为获得土地而发生的费用，包括相关手续费和税金。专业费用包括咨询、规划、设计等费用。建造建筑物费用是指在评估基准日在建工程已经耗费的各项必要建造费用之和。正常利税包括建造商的正常利润和营业税等。

（三）假设开发法

用假设开发法评估在建工程，是求取被估在建工程的价值时，将被估在建工程预期开发完成后的价值，扣除后续的正常的开发费用、销售费用、销售税金及开发利润，以确定被估在建工程价值的一种评估方法。应用假设开发法评估在建工程的公式如下：

在建工程价格 ＝ 预期楼价 － （后续工程成本 ＋ 后续工程费用 ＋ 正常利税）

四、方法的选择

根据在建工程的上述特点，在建工程评估一般根据工程形象进度，选用适用的方法进行评估。

（1）整个建设工程已经完成或将要完成，只是尚未交付使用的在建工程，可采用工程形象进度法进行评估，按在建工程建成后的不动产的市场价值结合工程形象进度作适当扣减作为其评估值。

（2）对于实际完成工程量较少的在建工程，可采用成本法或假设开发法进行评估。

（3）属于停建的在建工程，要查明停建的原因，确因工程的产、供、销及工程技术等原因而停建的，要考虑在建工程的功能性及经济性贬值，并进行风险系数调整。

练习题

一、单项选择题

1. 待估建筑物为砖混结构单层住宅，宅基地面积为 300 平方米，建筑面积为 200 平方米，月租金为 3 000 元，土地还原利率为 7%，建筑物还原利率为 8%，评估时，建筑物的剩余使用年限为 25 年，取得租金收入的总成本为 7 600 元，评估人员另用市场法求得土地使用权价格每平方米 1 000 元，运用建筑物残余估价法所得到建筑物的价值最有可能是（ ）元。

A. 61 667   B. 925 000   C. 789 950   D. 58 041

2. 残余估价法属于（ ）中的一种具体方法。

A. 收益法   B. 成本法   C. 市场法   D. 功能价值法

3. 若反映宗地地价水平，（ ）指标更具说服力。

A. 建筑总价格/土地总面积   B. 土地总价格/土地总面积

C. 房地总价格/土地总面积   D. 土地总价格/建筑总面积

4. 某评估机构采用市场法对一房地产进行评估，评估中共选择了三个参照物，并分别得到 127 万元、142 万元、151 万元三个评估结果，它们的权重依次为 25%、40%、35%，则被评估不动产的价值最接近（ ）万元。

A. 140   B. 157   C. 141   D. 148

5. 某一宗土地用于住宅开发时的价值为 300 万元，用于商业大楼开发时的价值为 500 万元，用于工业厂房开发时的价值为 280 万元。城市规划确认该土地可用于住宅或工业。该宗土地的价值应评估为300万元，这体现了不动产评估的（　　）。

A. 供求原则　　　B. 替代原则　　　C. 最佳使用原则　　D. 贡献原则

二、多项选择题

1. 影响地价的一般因素有（　　）。

A. 行政因素　　　B. 区域因素　　　C. 社会因素　　　D. 经济因素　　　E. 人口因素

2. 不动产评估遵循的原则有（　　）。

A. 最有效使用原则　　B. 合法原则　　C. 替代原则　　D. 供求原则　　E. 贡献原则

3. 我国不动产评估的标的物一般包括（　　）。

A. 土地使用权　　B. 土地所有权　　C. 建筑物及其权益

D. 建筑物中的水暖设施　　E. 建筑物中的办公设施

三、计算题

1. 某房地产开发企业于2011年1月以出让方式取得一块土地50年的使用权，土地面积为1 000平方米，并于2012年1月在此块土地上建成建筑面积为4 000平方米的钢筋混凝土框架结构的写字楼一座，其经济耐用年限为60年，残值率为0。评估基准日，该类建筑物重置价格成本为每平方米2 800元。现该写字楼用于出租，每年实收租金250万元，另据调查，当地同类写字楼出租租金为每平方米每天2元，空置率为10%，每年需支付的管理费为年租金的3%，维修费为重置价格的1.5%，房产税为租金收入的12%，营业税及附加为租金收入的5.5%，保险费为重置价格的0.2%，土地资本化率为6%，建筑物资本化率为8%。试根据以上资料评估该宗地于2013年1月的价格。

2. 有一宗"七通一平"待开发建设用地，面积为2 000平方米，使用期限为50年，容积率为4，拟开发建设写字楼，建设期为2年，建筑费用为每平方米4 500元，专业费用为建筑费用的8%，建筑费用和专业费用在整个建设期内均匀投入，写字楼建成后拟对外出租，租金预计为每天每平方米2.5元，出租率为90%，管理费用为年租金的3%，维修费用为建筑费用的1.5%，保险费用为建筑费用的0.2%，税金为年租金的17.5%，银行一年期贷款利率为5%，不动产资本化率为7%，开发商要求的利润率为地价和开发成本（建筑费用＋专业费用）之和的20%。试评估该宗地的价格。

3. 有一待估宗地，剩余使用年限为30年，土地资本化率为7%，现收集到A、B、C、D四个宗地交易实例，具体情况详见下表。

宗地	成交价格	交易时间	交易情况	容积率	区域因素	个别因素	剩余时间
评估对象		2013.1	0	3	0	0	30
A	2 860	2012.1	-1%	2.8	0	-1%	28
B	3 120	2012.1	0	3.2	+3%	0	30
C	2 990	2012.1	0	3	+1%	0	29
D	2 730	2012.1	-2%	2.8	0	-1%	28

上表中交易情况、区域因素和个别因素均是交易实例与评估对象相比较，以评估对象为基准确定的数值，该城市此类用地容积率与地价的关系为：当容积率在 2.5～3.5 时，容积率每增加 0.1，宗地地价比容积率为 2.5 时增加 2%。该城市从 2010 年到 2013 年，此类用地每年价格上涨 2%。试根据上述条件评估该宗地于 2013 年 1 月的价格。

4. 某宾馆的土地使用权年限为 40 年，自 2008 年 6 月开始，该宾馆共有床位 300 张，平均每张租金是 45 元/天，年空置率为 20%，与当地同档次宾馆的租金水平相似。营业费用平均每月 14 万元，正常营业费用平均为营业收入的 30%。该类不动产综合还原利率为 8%。估算该宾馆于 2013 年 6 月的收益价格。

5. 某砖混结构住宅占地面积达 200 平方米，建筑面积达 120 平方米，月租金为 2 400 元，空房损失按半月租金计，房产税按年租金的 12% 计，土地使用税按每年 2 元/平方米计，管理费按年租金的 3% 计，维修费按年租金的 4% 计，保险费 288 元，另知，用市场法和成本法求得的土地使用权价格为 500 元/平方米，土地还原率为 8%，建筑物还原利率为 10%，建筑物剩余使用年限为 25 年。试用收益法评估建筑物的价格。

6. 某块地的面积为 60 000 平方米，是通过城镇土地出让而取得的，出让金为 150 元/平方米，拆迁费为 100 元/平方米，开发费为 300 元/平方米，其他费用为 45 元/平方米，土地开发周期为 2 年，第一年投入资金占总开发费的 60%，目前，市场上地产开发的投资报酬率为 10%，银行贷款利率为 6%，土地的出让增值收益率为 15%。试评估该土地的价格。

7. 待估宗地为待开发建设的"七通一平"空地，面积为 2 000 平方米，允许用途为住宅建设，允许容积率为 6，土地使用权年限为 70 年，要求按假设开发法估测该宗地公平市场价值。有关数据如下：预计建设期为 2 年，第一年投入 60% 的总建设费，第二年投入 40% 的总建设费，总建设费预计为 1 000 万元，专业费用为总建设费用的 6%，利息率为 10%，利润率为 20%，售楼费用及税金等综合费率为售楼价的 5%，假设住宅楼建成后即可全部售出，楼价预计为 3 000 元/平方米，折现率为 10%。试根据上述条件评估该宗地的地价。

8. 有一待估宗地，现收集到 4 个可比较参照交易案例，资本化率为 7%，具体情况详见下表。

宗地	成交价格（元/平方米）	交易时间	交易情况	容积率	剩余使用年限	区域因素	个别因素
待估地		2012/01	0	1.2	45	0	0
1	800	2010/01	2%	1.3	50	1%	0
2	850	2011/01	1%	1.4	50	0	1%
3	760	2010/01	0	1.1	40	0	−2%
4	780	2010/01	0	1.0	45	−1%	1%

表中的交易情况、区域因素及个别因素值都是参照物宗地与待估宗地的比较，负号表示参照物宗地条件比待估宗地条件差，正号表示参照物宗地条件比待估宗地条件好，数值大小代表对宗地地价的修正幅度。容积率与低价的关系为：容积率在 1~1.5 时，容积率每增加0.1，宗地单位地价比容积率为 1 时增加3%。该城市地价指数详见下表。

年份	2007	2008	2009	2010	2011	2012
指数	100	105	108	110	111	115

试根据以上条件评估待估宗地于 2012 年 1 月 20 日的价格。

9. 有一宗已"七通一平"的待开发建设的空地，土地面积为 3 200 平方米，建筑容积率为 2.5，拟开发建设为公寓。土地使用权年期为 50 年。据市场调查和项目可行性分析，该项目建设开发周期为 3 年，取得土地使用权后即可动工，建成后即可对外出租，出租率估计为90%，每平方米的年租金预计为 300 元，年出租费用为年租金的 25%。预计建筑费每平方米为 1 000 元，专业费为建筑费的 10%，建筑费和专业费在建设期内均匀投入。假设当地银行贷款利率为 7%，不动产综合还原利率为 8%，开发商要求的总利润为所开发不动产总价的15%。试评估该宗土地的地价。

第七章　资源资产评估

学习目的与要求

通过本章的学习，使学生了解：资源资产的含义及分类；资源资产评估的概念与特点；森林资源资产的概念及其主要评估方法与适用范围；矿产资源资产的概念及其主要评估方法。重点要掌握森林资源资产和矿产资源资产的具体评估方法。

第一节　资源资产概述

一、自然资源的含义及其分类

（一）含义

自然资源是指自然界中人类可以直接获取的用于生产和生活的物质要素。未被发现或发现了但不知其用途的物质不是资源，因而也没有价值。自然资源是一个动态的概念，信息、技术和相对稀缺性的变化都能把过去没有价值的物质变成宝贵的资源。按照研究的角度和目的的不同，根据自然资源的自然属性、经济属性和生态属性，可以对自然资源进行多种分类。

（二）分类

1. 按自然资源是否再生分为非耗竭性资源和耗竭性资源

非耗竭性资源基本上是由环境要素构成的，在合理开发利用的限度内，人类可以永续利用。非耗竭性资源可分为以下三种。

（1）恒定的非耗竭性资源。不受或基本不受人为因素的影响，具有恒定的特性，如气候资源和海洋动力资源。

（2）可再生的非耗竭性资源。在人为因素的干预下发生增减变化，虽然数量减少，但可以恢复，如生物资源和森林资源。

（3）不可再生的非耗竭性资源。如土地资源，如果开发不合理，那么土地资源就不可以永续使用，从而造成土地沙化、盐渍化、沙漠化。

耗竭性资源是指经过漫长的地质过程形成的，随着人类的开发和利用，其绝对数量明显减少。它是不可再生资源，如矿产资源。

2. 按资源的性质可划分为环境资源、生物资源（含森林）、土地资源、矿产资源、景观资源等

（1）环境资源包括太阳光、地热、空气和天然水等。这类资源比较稳定，一般不会因为人类的开发和利用而明显减少，为非耗竭性资源。

（2）生物资源包括森林资源、牧草资源、动物资源和海洋生物资源等。生物资源吸收了

流动的太阳能和水资源，消耗了土壤的养分。在太阳能量一定，生物繁殖能力一定，以及人类合理利用和保护的条件下，生物资源是可以再生的。

（3）土地资源是由地形、土壤、植被、岩石、水文等因素组成的一个独立的自然综合体。土地一般是指陆地的表面部分，包括滩涂和内陆水域。土地可以划分为农用地、建设用地和未利用地。农用地主要包括耕地、林地、草地、农田水利用地、养殖水面等。

（4）矿产资源是指经过一定的地质过程形成的，赋存于地壳或地壳上的固态、液态或气态物质，包括各种能源和各种矿物等。矿产资源包括陆地矿产资源和海洋矿产资源；陆地矿产资源包括金属矿产资源、能源矿产资源和非金属矿产资源；海洋矿产资源包括滨海砂矿、陆架油气、深海沉积矿床等。

（5）景观资源主要是指自然景物、风景名胜等，能为人们提供游览、观光、知识、乐趣、度假、探险、考察研究等用途，一般以附着在其他资源之上的形式而存在。

二、资源资产的特性

资源资产是一部分自然资源资产化的表现形式。与自然资源相比，物质内涵是一致的，但是，除了具有自然资源的基本特性外，根据资产的含义，资源资产还具有经济属性和法律属性。

（一）自然属性

1. 天然性

自然资源是天然形成的，由自然物质组成，最初完全是由自然因素形成的，处于自然状态。随着人类对自然干预能力的加强，部分资源资产表现为人工投入与天然生长的共生性。

2. 有限性和稀缺性

资源资产的有限性和稀缺性主要表现在三个方面：一是资源资产的数量是有限的；二是自然资源和自然条件的贫化、退化和质变；三是自然资源的生态结构、生态平衡被破坏。如矿产资源随着开发和利用，逐渐被消耗完。

3. 生态性

各种自然资源不是孤立存在的，不同的资源间互相依存，具有一定的生态平衡规律，如果毫无顾忌地开采和获取资源，使消耗超过补偿的速度，就会导致这些资源的毁灭。为了人类的可持续发展，必须对资源进行资产化管理和资产评估。

4. 区域性

资源资产在地域上分布不均衡，存在显著的数量或质量上的地域差异。例如，在我国，金属矿产资源基本上分布在由西部高原到东部山地丘陵的过渡地带。

（二）经济属性

1. 资源资产具有使用价值，是经济发展的基础

自然资源是人类生活资料和生产资料的基础，要获得经济增长和经济发展必然要耗费一定的资源，其相对丰富程度影响着经济发展速度。

2. 资源资产能够以货币计量

这是资源资产可以进行评估的基础。资源资产除了能够用实物单位计量以外，还可以用

价值量表示。对于无法用货币计量的自然资源，如空气、阳光等，不能成为资产。

3. 资源资产具有获益性

只有具有经济价值的自然资源才能成为资产。没有经济价值或在当今知识与技术条件下尚不能确定其有经济利用价值的资源，不能成为资产。

（三）法律属性

1. 资源资产能够为特定的产权主体所拥有和控制

资源资产产权在法律上具有独立性，如空气、阳光等，一般不能被排他性地占有，所以不能成为资产。

2. 资源资产的使用权可以依法交易

这是市场经济条件下对资源资产进行评估的基本条件。我国实行资源资产的所有权和使用权相分离的制度，绝大多数资源归国家或集体所有。因此，法律不允许资源资产的所有权转让，但是使用权可以依法交易。

三、资源资产评估及其特点

资源资产评估是对资源资产价值的估算。资源资产评估不仅为国民经济资源价值核算服务，还可以在资源资产有关经济活动中，为有关权益各方包括国家和企业等提供专业服务。具体来说，资源资产评估的目的主要有两个：一是国家出让资源资产的使用权；二是拥有使用权的单位或个人转让使用权或以使用权为资本投资入股、抵押、出租等。资源资产评估的基本方法主要有三种，即收益法、成本法、市场法，但在具体运用以及参数确定上，不同类型的资源资产具有派生的适合各类资源资产评估的特定方法。资源资产由于具有独特的自然、经济和法律属性，因而与其他资产相比，资源资产的评估具有一定的特点。

（一）资源资产价格是使用权价格

由于我国自然资源大部分归国家所有，只有部分归集体所有，且法律不允许资源资产的所有权转让，因此资源资产评估的对象主要是资源资产的使用权，即对资源资产权益进行价值评估。

（二）资源资产价格受区位影响较大

由于资源资产的有限性、稀缺性和区域性，资源资产价格受自然资源所在区位影响很大。

（三）资源资产评估须遵循自然资源形成和变化的客观规律

资源资产类别多种多样，不同资产其资源条件、经营方式、市场供求等各不相同。如矿产资源是经过一定的地质过程形成的；森林资源是一种生物资源等，这些都具有自身的客观规律。因此，在资产评估中要充分了解资源资产实体和资产使用权的专业特点，以合理评估资源资产的价值。

第二节　森林资源资产评估

一、森林资源资产的概念

森林资源资产是可再生的资源资产，包括森林、林木、林地以及依托森林、林木、林地生存的野生动物、植物和微生物。现阶段，受到收益计量手段的限制，森林资源资产评估主要包括林木资产、林地资产和森林景观资产的评估。

林木资产是指林地内所有的林木所形成的资产。按林木的用途可分为用材林、经济林、薪炭林、防护林等。

林地资产是指依法确认的林业用地，它是森林生长的承载体。林地包括乔木林地、疏林地、未成林造林地、灌木林地等。

森林景观资产包括风景林、部分名胜古迹和纪念林等。

二、森林资源资产价格的主要构成要素

森林资源作为一种可再生的自然资源，包括天然林和人工林。天然林与人工林相比，除了更新方式不同外，国家每年都要投入大量资金进行森林的管理和维护。森林资源资产的价格受市场供求关系、所投入的必要的劳动量等因素影响。

（一）营林生产成本

营林生产成本是确定森林价格的基础。营林生产成本以营林生产项目为对象，分别核算各环节的成本和费用。

（二）资金的时间价值

森林资源的生产周期长，从栽植到采伐往往需要相当长的时间。在营林生产过程中，还需不断投入资金，对森林资源资产价格的评估应充分考虑资金的实践价值对林木价值的影响和资金占有的利息，营林的生产成本应以复利计算。同时，林木在不同的时间有不同的价值，同一树种在不同年龄时的林木价值不同，这就形成了森林的时序成本和时序价格。

（三）利润

森林资源资产的价格中应该包括营林利润。评估人员在对森林资源资产进行评估的过程中，需确定营林利润率，即可以以社会平均资本利润率为基础，同时考虑营林生产周期长、风险大，并应加上风险收益。

（四）税金

在森林资源资产经营过程中应缴纳各种税费。

（五）林木生产中的损失

在漫长的森林培育过程中，树木可能会遭受各种各样的自然灾害，如火、风、病虫害等；也有可能会因各种非自然因素，如社会的动荡、战争等，造成一定的经济损失。因此，评估人员在评估中必须以森林保险形式，考虑林木生产中的意外损失。

（六）地租

在我国，林地所有权和使用权相分离，森林资源资产的价格还应包括绝对地租和级差地租，地租量应根据不同林地、不同树种、不同经营水平等因素确定，如气候条件、地理位置、土壤肥沃程度等因素。

（七）差价

差价是森林资源资产价格的重要特征，这是因为林木是在一定的自然地理条件下，经过

人类劳动而生产出来的，因此林木的成本与价格受自然条件的制约和林木本身生态特性的影响，形成了林木的地区差价和树种差价两种。

三、森林资源资产评估资料收集和资产核查

（一）森林资源资产评估资料收集

森林资源资产评估必须收集掌握当地有关技术经济指标资料，主要有：

1. 营林生产技术标准、定额及有关费用资料；

2. 木材生产、销售等定额及有关成本费用资料；

3. 评估基准日各种规格的木材、林副产品市场价格及其销售过程中税、费征收标准；

4. 当地及附近地区的林地使用权出让、转让和出租的价格资料；

5. 当地及附近地区的林业生产投资收益率；

6. 各种树种的生产过程表、生长模型、收获预测等资料；

7. 使用的立木材积表、原木材积表、材种出材率表、立地指数表等资料；

8. 其他与评估有关的资料。

（二）森林资源资产核查

森林资源资产的实物量是价值量评估的基础，评估机构在对森林资源资产价值量评定估算前，应由林业专业技术人员对被评估的森林资源资产进行实地核查。根据评估目的、评估对象特点和委托方要求，可选择抽样控制法、小班抽查法和全面核查法进行核查。

森林资源资产核查项目主要包括林地和林木的权属、数量、质量和空间位置等内容。

四、森林资源资产评估的主要方法

森林资源资产评估的对象主要是林木资产、林地资产和森林景观资产。森林资产评估的基本方法主要是市场法、收益法和成本法。由于森林资源资产的特殊性，根据具体的评估对象和资料情况，选择相应的评估方法。其中林地资产评估主要是林地使用权评估，其评估方法与土地使用权评估的原理相同，本章不再赘述，重点讲述林木资产评估的主要方法。

目前，评估机构进行林木资产评估时，主要采用的评估方法有市场法、剩余法、收益法和成本法等。

（一）市场法

市场法是林木资产评估最常用的方法。该方法是以相同或类似林木资产的现行市价作为比较的基础，评估待估林木资产价值的方法，具体计算公式为：

$$P = K \times K_b \times G \times Q$$

式中：P——林木资产评估值；

Q——被估林木资产的蓄积量；

K——林分质量调整系数；

K_b——物价指数调整系数；

G——参照物单位蓄积量的交易价格。

所谓林分是指内部特征大体一致而与邻近地段又有明显区别的一片林子。一个林区的森林可以根据树种组成、森林起源、林相、林龄等其他因素的不同划分成不同的林分。林分质量调整系数是对同一林分不同地段林木的差别而设置的系数。

这种方法主要适用于各种有交易的森林资源资产的评估，但防护林不适用。

（二）剩余法

剩余法又称市场价倒算法，是用被评估林木采伐后所得的木材的市场销售总收入，扣除木材经营所消耗的成本（含有关税费）及合理利润后，将剩余部分作为林木资产的评估价值，具体计算公式为：

$$P = W - C - F + S$$

式中：P——林木资产评估值；

W——销售总收入；

C——木材经营成本（包括采运成本、销售费用、管理费用、财务费用及有关税费）；

F——木材经营合理利润；

S——林木资源的再生价值。

林木资源的再生价值是指林木被砍伐后重新生长所生产的价值。

这种方法主要适用于成熟林的评估，因为此时财务资料的取得较容易且准确性高。

（三）收益法

收益法又称收益净现值法，是将被评估林木资产在未来经营期内各年的净收益按一定的资本化率折现为现值，然后累计求和得出林木资产评估价值的方法，具体计算公式为：

$$P = \sum_{t=1}^{N} \frac{(A_t - C_t)}{(1 + r)^t}$$

式中：P——林木资产评估值；

A_t——第 t 年的年收入；

C_t——第 t 年的营林生产成本；

N——经营期；

r——资本化率。

这种方法主要适用于有经常性收益的林木资产的评估，如经济林、竹林、实验林等。

（四）成本法

成本法是按现时工价及生产水平，重新营造一片与被评估林木资产相类似的林分所需的成本费用，作为被评估林木资产的评估值的方法，具体计算公式为：

$$P = K \times \sum_{t=1}^{N} C_t \times (1 + r)^t$$

式中：P——林木资产评估值；

K——林分质量调整系数；

C_t——过去第 t 年以现时工价及生产水平为标准计算的生产成本，主要包括各年投入的工资、物质消耗、地租等；

r——折现率；

N——林分年龄。

这种方法主要适用于以资产重置和补偿为目的的林木资产的评估，如幼龄林就适用于这种评估方法。

第三节　矿产资源资产评估

一、矿产资源资产概述

（一）含义

矿产资源资产是指已发现的并具有开采价值的矿藏。根据人类对矿产储量的了解程度或者说勘探投入量的不同，矿产资源资产可以分为两类：一类是凝结较少量的人类劳动的矿产资源资产；另一类是已经勘探开发、经营者投入大量劳动而证实了的（包括储量、开采地质条件等）矿产储量资源资产。

（二）评估对象

矿产资源资产评估对象分为两类：一是国家向勘探开发经营者转让矿权时，对矿权转让费的评估；二是对拥有矿权的勘探开发经营者的矿产储量资源资产的评估。在评估工作中大多数是评估矿业权资产，具体分为探矿权和采矿权。

二、影响矿产资源资产价格的因素

影响矿产资源资产价格的因素主要包括矿产资源本身的稀缺程度和可替代程度、矿产品供求状况、矿床自然丰度和地理位置、科技进步、社会平均利润率和矿业的资本利润率等。

（一）矿产资源稀缺程度和可替代程度

不同的矿产品，稀缺程度差别很大。一般而言，资源的稀缺程度越高，其可替代程度往往越低，凡是可替代程度低的矿产资源，其资产价值也较高。

（二）矿产资源产品的供求状况

矿产资源产品的供求状况决定矿产品价值的实现程度，决定何种等级的矿产资源将被投入生产过程，进而决定矿产资源资产价格水平。当矿产品供不应求时，价格就会提高；当供过于求时，价格就会降低。

（三）矿产资源的自然丰度和地理位置

矿产资源的自然丰度通过矿体规模、品位、埋深、厚薄等一系列指标反映。在一定的技术经济条件下，自然丰度越高，开采所需投入的成本越低，企业超额利润就会越高，相应地矿产资源的资产价值会增加。矿产资源的地理位置会影响矿产资源资产的价格，有时甚至超过矿产资源的自然丰度。因为矿产资源距离加工消费地的远近和运输条件的优劣会影响生产成本，进而影响资产价值。

（四）科技进步

科技进步主要表现在：第一，科技进步会使一些未利用的或被认为无法利用的伴生元素或矿物得到开发和利用，从而增加市场供给；第二，科技进步可以发现已被使用的矿产资源新的或更有效的利用价值；第三，科技进步可以发现和创造更加有效或更先进的寻矿、采矿方法。

（五）社会的平均利润率和矿业的资本利润率

社会的平均利润率和矿业的资本利润率可以影响资金流向和矿山企业的经营利润，进而影响矿产资源资产的价值和矿业权价值。

三、矿产资源资产的评估方法

如前所述，矿产资源资产的评估对象主要不是矿产资源实物资产的价值，而是矿业权价值。根据不同的评估对象和评估目的，评估人员对矿业权的价值进行评估，具体评估方法有如下几种。

（一）采矿权评估

采矿权评估主要采用贴现现金流量法和可比销售法。

1. 贴现现金流量法

根据矿山企业现有的或设计的矿山设备、生产条件和方案等，预测矿山企业在预测收益期内各年开发和利用矿产资源所取得的现金流量，采取适当的折现率折算成现值，即为采矿权的价值，具体计算公式为：

$$P = \sum_{t=1}^{n} \left[(CI - CO)_t \cdot \frac{1}{(1+r)^t} \right]$$

式中：P——采矿权价值；

$\qquad CI$——现金流入量；

$\qquad CO$——现金流出量；

$\qquad r$——折现率。

2. 可比销售法

可比销售法是利用已知采矿权转让中的市场价，通过差异因素调整，来估算待估的采矿权价格的方法，具体计算公式如下：

$$P = P_x \times \mu \times \xi \times \varphi \times \theta$$

式中：P——采矿权价值；

$\qquad P_x$——参照采矿权成交价；

$\qquad \mu$——规模调整系数；

$\qquad \xi$——品位调整系数；

$\qquad \varphi$——价格调整系数；

$\qquad \theta$——差异调整系数。

其中，采矿权差异要素包括交通条件、自然条件、经济环境和地质采选条件等。

可比销售法要求参照的采矿权有可比性，即矿种相同、自然成因类型相同、工业类型大致相似，同时要取得足够的地质参数。该方法在矿业权市场发达的国家应用较为广泛，但由于我国矿业权交易尚不普遍，该方法的应用受到一定限制。

（二）探矿权评估

探矿权可在不同精度勘查阶段转让，评估师应针对不同精度勘探阶段合理选择评估方法。探矿权评估分为高精度勘查和低精度勘查两个阶段。

1. 高精度勘查阶段

高精度勘查阶段是指勘查阶段达到了详查和勘探阶段，在该阶段，探明或控制了一定的矿产储量，做过一定数量的实验室选矿实验。高精度勘查阶段的探矿权评估方法主要包括约当投资—贴现现金流量法、重置成本法和地勘加和法。

（1）约当投资—贴现现金流量法评估探矿权价值，是通过对新探矿权人未来开采投入的全部资产的未来预期收益现值进行估算，按原探矿权人和新探矿权人投资的比例对预期收益现值进行分割后，以原探矿权人分割所得的预期收益现值来确定探矿权的评估价值。具有一定勘查程度，并具有较详细的地堪投资财务资料是应用该方法的前提条件。采用该方法应履行如下步骤。

第一步：计算新探矿权人资产收益现值。

$$W = \sum_{t=1}^{n} \left[W_t \cdot \frac{1}{(1+r)^t} \right]$$

式中：W——资产收益现值；

W_t——第 t 年的收益额；

r——折现率。

其中，W_t = 年销售收入 − 年经营成本 − 资源税 − 年资源补偿费 − 其他税金

第二步：计算原探矿权人、新探矿权人投资现值。

计算原探矿权人投资现值可以采用重置成本法（略），计算新探矿权人投资现值可以采用折现法。新探矿权人投资现值的计算公式为：

$$T_x = \sum_{t=1}^{n} \left[T_t \cdot \frac{1}{(1+r)^t} \right]$$

式中：T_x——新探矿权人投资现值；

T_t——第 t 年的投资额；

n——投资年限。

第三步：计算探矿权评估价值。

$$P = \left[T_y / (T_y + T_x) \right] \times W$$

式中：P——探矿权评估价值；

T_x——新探矿权人投资现值；

T_y——原探矿权人投资现值。

（2）探矿权评估的重置成本法是在现行技术条件下，采用新的价格费用标准，获得与被评估的探矿权具有相同勘探效果的探矿权重置价值，扣除技术性贬值来评估探矿权净值的方法，具体计算公式为：

$$P = P_b \ (1 + f) \ \times \ (1 - \varepsilon)$$

式中：P——探矿权评估价值；

P_b——探矿权资产重置成本；

f——地勘风险系数；

ε——技术性贬值系数。

其中，探矿权资产重置成本 = $\sum$（各类地勘实物工作量 × 各类地勘实物工作量现行市价）×（1 + 四项费用分摊系数）

四项费用分摊系数是根据行业（部门）多年的资料初步统计出来的。在地堪工作中，这四项费用一般难以算出单个项目的具体数额，所以通常采用分摊处理的办法。

地堪风险系数是经过测算得出的。

技术性贬值是指由于地质勘查技术的原因，导致探矿权所依托的地堪成果质量出现问题，或者由于其他技术原因引起的已探明矿产储量的损失，从而影响探矿权持续使用，降低其获利能力。因此，评估时需要做技术性贬值处理。

（3）地勘加和法利用地堪投入的重置成本加上以地堪投入所分配的超额利润来确定探矿权价值，是重置成本法和贴现现金流量法相结合的一种评估方法。该方法既考虑了探矿权投入的成本，也考虑了探矿权未来的获利能力，具体计算公式为：

$$P = P_x + L_n$$

$$L_n = M \times T / \ (T + G)$$

式中：P——探矿权评估价值；

P_x——不含勘查风险的探矿权净价；

L_n——超额利润分配额；

M——超额利润总额；

T——地勘总投资；

G——矿山建设总投资；

$T + G$——矿山总投资。

2. 低精度勘查阶段

低精度勘查阶段是指处于普查及普查以前的地质勘查阶段。低精度勘查阶段的探矿权评估方法主要包括地质要素评序法、联合风险勘查协议法和粗估法。

（1）地质要素评序法是以基础购置成本为基数，通过对地堪成果综合评价，将定性的地质要素转化为定量的价值调整系数，对基础购置成本进行调整来确定探矿权价值的方法，具体计算公式为：

探矿权评估值 = 基础购置成本 × 地质要素调整系数

其中，基础购置成本主要包括探矿权使用费、地质基本支出和已形成的原始勘查费；地质要素主要包括成矿显示、异常显示、品位显示、成因显示、蕴藏规模显示和前景显示。

（2）联合风险勘查协议法是根据该勘查区已经签订的联合风险经营协议的条款，或类似的勘查区所签订的协议条款，按照合作公司所承诺的勘查投资及其所获得的相应股权评估探矿权价值的方法。

（3）粗估法是在低堪查精度阶段所采用的一种近似方法。它主要是根据上市公司公开的地质信息报告或定期批露的地质材料，以及矿业股票市场和资本市场走势的长期分析资料，如价格与收益比、价格与现金流量比等指标来估算探矿权价值的方法。国外常采用资源品级价值粗估法和以单位国土面积资源价值为基础的粗估法。

练习题

一、单项选择题

1. 下列资源中属于非耗竭性资源的是（　　）。

A. 金属矿产资源　　B. 非金属矿产资源　　C. 能源矿产资源　　D. 土地资源

2. 下列资源中属于可再生资源的是（　　）。

A. 森林资源　　B. 土地资源　　C. 非金属矿产资源　　D. 金属矿产资源

3. 剩余法特别适用于（　　）的评估。

A. 成熟龄林木资产　　B. 中龄林木资产　　C. 竹林资产　　D. 实验林资产

二、多项选择题

1. 自然资源评估的特点包括（　　）。

A. 自然资源价格是使用权价格　　　　B. 受区位影响较大

C. 应尊重经济规律　　　　　　　　　D. 应尊重自然规律

2. 森林资源价格的主要构成因素是（　　）。

A. 生产成本　　B. 评估费用　　C. 资金时间价格　　D. 地租

3. 收益法评估森林资源主要适用于（　　）。

A. 经济林资产　　B. 竹林资产　　C. 防护林资产　　D. 实验林资产

4. 采矿权差异要素主要包括（　　）。

A. 交通条件　　B. 自然条件　　C. 经济环境　　D. 矿产品位

第八章　无形资产评估

学习目的与要求

通过本章的学习，使学生了解：无形资产的概念、特点及分类；无形资产评估的目的和前提；无形资产价值影响因素；无形资产评估的收益法、成本法和市场法；商标及商标权评估；专利权和非专利技术及其价值评估；著作权和特许权及其价值评估；商誉及其评估。重点要掌握无形资产评估的收益法和商标权评估、专利权价值评估、商誉评估，本章是实务重点章。

第一节　无形资产评估概述

一、无形资产的含义

2009年7月1日起施行的《资产评估准则——无形资产》指出，无形资产是指特定主体所拥有或者控制的，不具有实物形态，能持续发挥作用且能带来经济利益的资源。正确理解无形资产的含义，应注意以下几个方面的内容。

（1）无形资产没有实物形态，又往往依托于一定的载体。无形资产与厂房、机器、设备等有形资产相比，其最显著的区别就是没有实物形态。但是无形资产往往依托于一定的载体（直接载体和间接载体）而存在，直接载体如专利证书、许可证、图纸、磁盘和商标标识等；间接载体如土地使用权依托于土地，商誉内含于企业的整体资产，生产新产品的专利、专有技术要通过工艺、配方、生产线等来实现。因此，评估人员对无形资产进行评估时，必须先考虑其所依托的载体。

（2）无形资产往往由特定主体排他地占有。凡不能排他或者不需要任何代价即能获得的，都不是无形资产。无形资产的这种排他性有的是通过企业自身保护取得，有的则是以适当公开其内容作为代价来取得广泛而普遍的法律保护，有的则是借助法律保护并以长期生产经营服务中的信誉取得社会的公认。

（3）无形资产必须能为企业的生产经营持续地产生效益。这就把无形资产同一些偶然对生产经营发挥作用，但不具有持续性的经济资源，以及虽能持续发挥作用，却没有效益的经济资源相区别，如普通技术、政府发布的经济信息就不是无形资产。

二、无形资产的范围和分类

（一）无形资产的范围

关于无形资产的范围，目前还没有统一界定，各国之间存在一定的差异。我国于2009

年 7 月 1 日实施的《资产评估准则——无形资产》采用列举的方式指出，我国无形资产的范围包括可辨认无形资产和不可辨认无形资产。可辨认无形资产包括专利权、商标权、著作权、专有技术、销售网络、客户关系、特许经营权、合同权益等；不可辨认无形资产是指商誉。涉及土地使用权、矿业权、水域使用权等的评估另行规范。

（1）专利权是指依法批准的发明人或其权利受让人对其发明成果在一定年限内享有的独占权或专用权。专利权是一种专有权，一旦超过法律规定的保护期限，就不再受法律保护。其他任何人如需要利用该项专利进行生产经营活动或出售使用该项专利制造的产品，须事先征得专利权所有者的许可，并付给报酬。

（2）专有技术又称非专利技术，是指未经公开也未申请专利，但在生产经营活动中已采用，不享有法律保护，却为发明人所垄断，具有实用价值的各种技术和经验，如设计图纸、资料、数据、技术规范、工艺流程、材料配方、管理制度和方法等。

（3）商标权是商品生产者或经营者依照法定程序向国家有关部门申请注册并取得对该商标的占有、使用、收益和处分的权利。注册商标受法律保护。

（4）著作权也称版权，是指公民、法人或者非法人单位按照法律规定对于自己的科学或文学、艺术等作品所享有的专有权利。

（5）特许权又称经营特许权，是指政府所授予的允许在一定地区经营或销售某种特定商品的权利，以及根据有关协议获得的使用其他特定主体所拥有的某些权利的特权。

（6）商誉是指企业在一定条件下，能获取高于正常投资报酬率的回报所形成的价值，这里的一定条件指企业所处地理位置的优越性、经营效率高、管理基础好、历史悠久、信誉高、人员素质高等。

（二）无形资产的分类

（1）根据取得方式的不同可以分为自创无形资产和外购无形资产。自创无形资产是企业自行研制开发的或者由于客观原因形成的，如自创专利、专有技术、商标权和商誉等。外购无形资产是企业付出一定代价从外界购入的，如外购专利权、商标权等。

（2）根据有无专门法律保护可以分为有专门法律保护的无形资产和无法律保护的无形资产。专利权和商标权是有专门法律保护的无形资产，分别受《中华人民共和国专利法》（简称《专利法》）和《中华人民共和国商标法》（简称《商标法》）的保护，而非专利技术就属于没有法律保护的无形资产。

（3）根据是否独立存在分为可确指无形资产和不可确指无形资产。可确指无形资产指可以单独取得、转让或出售的，有专门名称，可个别取得或作为组成资产的一部分取得的无形资产；不可确指无形资产指那些不可辨认，不能单独取得，离开企业就不复存在的无形资产。除商誉外，其余的都是可确指的无形资产。

（4）根据性质和内容构成不同可以分为知识型无形资产、权利型无形资产、关系型无形资产和组合型无形资产。知识型无形资产是指主要依靠投入的知识、智力、技术创造的知识密集型无形资产，如专利权、专有技术、著作权等。权利型无形资产是通过法律行为创设的非知识型无形资产，如特许经营权、商标权等。关系型无形资产是指可以获得盈利条件的特殊关系，如客户关系、销售网络等。组合型无形资产是指由多种因素综合形成的无形资产，如商誉。

（5）根据技术含量不同可以分为技术型无形资产和非技术型无形资产。技术型无形资产是指依赖于一定的技术载体展现的，直接反映科技成果的无形资产，如专利技术、专有技术等。非技术型无形资产是指依靠特许或取得特定盈利条件而形成的，不直接反映科技成果的无形资产，如商标权、商誉、特许经营权等。

此外，在国际评估准则委员会颁布的《无形资产评估指南》中，将无形资产分为权利型无形资产（如租赁权）、关系型无形资产（如顾客关系、客户名单等）、组合型无形资产（如商誉）和知识产权（包括专利权、专有技术、商标权和版权）。

三、无形资产的功能特性

无形资产发挥作用的方式明显区别于有形资产，因而评估人员对此类资产进行评估时需牢牢把握其固有的特性。

（一）附着性

有形资产是无形资产的载体，无形资产渗透面越大，对有形资产的附着性也越强。例如，专利和专有技术正是通过特定的机器、生产线和工艺技术、厂房等有形资产得以体现，并使这些有形资产的营运更有效益。这些专利、专有技术一旦离开实体性设施，便只能抽象存在，且不能发挥实际作用。因此，评估中确定无形资产的收益时，一方面要考虑与无形资产共同发挥作用的有形资产的范围，另一方面还要辨识、区别有形资产和无形资产带来的收益。

（二）共益性

无形资产区别于有形资产的一个重要特点是，它可以作为共同财富，由不同的主体同时共享。通过合法的程序，一项无形资产可以为不同的权利主体共同享用，也可以在其所有者继续使用的前提下，多次转让其使用权。例如，一项先进技术可以使一系列企业提高产品质量、降低产品成本；一项技术专利在一个企业使用的同时，并不影响转让给其他企业使用。但是，无形资产的共益性也要受到市场有限性和竞争性的制约，如由于追求自身利益的需要，各主体对无形资产的使用还必须受相关合约的限制。因而，评估人员评估无形资产时，必须考虑无形资产的保密程度和作用环境。即使在转让方继续使用该项无形资产的情形下，也要考虑由于无形资产的转让形成竞争对手，从而增加竞争压力的机会成本。因此，考虑无形资产的共益性，就是要求评估人员进行资产评估时考虑机会成本的补偿问题。

（三）积累性

无形资产的积累性体现在两个方面：一是无形资产的形成基于其他无形资产的发展；二是无形资产自身的发展也是一个不断积累和演进的过程。因此，无形资产总是在生产经营的一定范围内发挥特定的作用，同时无形资产的成熟程度、影响范围和获利能力也处在变化之中。

（四）替代性

在承认无形资产具有积累性的同时，还要考虑到它的替代性。例如，一种技术取代另一种技术，一种工艺替代另一种工艺等，其特性不是共存或积累，而是替代、更新。一种无形资产总会被更新的无形资产取代，因而必须在无形资产评估中考虑它的作用期间，尤其是尚可使用年限。

四、影响无形资产评估值的因素

从上述无形资产的功能特性可以看出，与有形资产相比，无形资产评估的难度更大。要想准确评估无形资产的价值，先要明确影响无形资产评估价值的因素。一般来说，影响无形资产评估价值的因素主要有以下几个方面的内容。

（一）取得成本

无形资产与有形资产一样，其取得也有成本。相对有形资产而言，无形资产成本的确定不是十分明晰且不易于计量。对于某个企业的无形资产来说，外购无形资产较易确定成本，自创无形资产的成本计量较为困难。同时，无形资产的创造与其投入、失败等密切相关，但这部分成本的确定非常困难。一般来说，这些成本项目包括创造发明成本、法律保护成本、发行推广成本等。

（二）机会成本

无形资产的机会成本是指将无形资产用于某一确定用途所带来的收益与将无形资产用于其他用途所获的收益的差额。

（三）效益因素

成本是从对无形资产补偿角度考虑的，但无形资产更重要的特征是其创造收益的能力。一项无形资产，在环境、制度允许的条件下，获利能力越强，其评估值就越高；获利能力越弱，其评估值就越低。有的无形资产，尽管其创造成本很高，但不符合市场需求，或收益能力低微，其评估值就很低。

（四）使用期限

每一项无形资产，一般都有一定的使用期限。对于无形资产的使用期限，除了应考虑法律保护期限外，更主要是考虑其具有实际超额收益的期限。例如，某项发明专利保护期为20年，但由于无形损耗较大，拥有该项专利实际能获超额收益期限为10年，则这10年即为评估该项专利时所应考虑的期限。

（五）技术成熟程度

一般科技成果都要经历发展→成熟→衰退的过程，这是竞争规律作用的结果。科技成果的成熟程度如何，直接影响到评估值的高低。其开发程度越高，技术越成熟，运用该技术成果的风险性越小，评估值就会越高。如果某项技术处于发展阶段，评估时就需要充分估计其在运用过程中的风险，并相应对评估值做一些调整。

（六）转让内容

从转让内容看，无形资产转让有完全产权转让和部分产权转让。在转让过程中有关条款的规定会直接关系到转让方和受让方的权利与利益，从而影响无形资产的评估值。一般来说，受让方获得的权益越大，无形资产的评估值就越高。在技术贸易中，同是使用权转让，由于许可程度和范围不同，评估值也应不同。

（七）国内外该种无形资产的发展趋势、更新换代情况和速度

无形资产的更新换代越快，无形损耗越大，其评估值就越低。无形资产价值的损耗和贬值不取决于自身的使用损耗，而取决于除本身以外同类或替代无形资产变化的情况。

（八）市场供需状况

无形资产的市场供需状况一般反映在两个方面：一是无形资产市场需求情况；二是无形资产的适用程度。对于可出售、转让的无形资产，其评估值随市场需求的变动而变动。市场需求大，评估值就高；市场需求小，且有同类无形资产替代，则其评估值就低。同样，无形资产的适用范围越广，适用程度越高，市场需求量越大，评估值就越高；反之，其适用程度越低，市场需求量就越小，评估值就较低。

（九）同行业同类无形资产的价格水平

某些无形资产是依照其产品的信誉等级、企业知名度、销售范围、经营历史等，与国内外同行业进行比较分析，确定其价值的。因此，评估人员需要充分了解同行业同类无形资产的计价标准和依据。

（十）价格支付方式

无形资产转让时如果价格的支付方式是一次性支付，则使用过程中的风险一般由买方完全承担，此种情况下，价格就应定得低一些；如果价格的支付方式采用多次支付，并且风险是由买卖双方共同承担，则价格就应相应定得高一些。

总之，评估人员对无形资产进行评估时，应综合考虑以上因素。

五、无形资产评估的内容和前提

（一）无形资产评估的内容

无形资产评估内容是指与无形资产有关的资产业务，通常表现为两种情况：一是无形资产的拥有者或控制者将无形资产的所有权或使用权转让或对外投资，表现为单项资产评估；二是企业整体或部分产权变动时，如企业股份制改造、合资、兼并等，对企业资产中所包含的无形资产进行评估。

（二）无形资产评估的前提

无形资产之所以可以成为转让、投资的主体，是因为它可以为其控制主体带来额外收益。因此，以无形资产产权变动为目的的评估前提应该是无形资产能够带来追加收益。

只有当某些无形资产能够给买方带来追加的收益时，才会对购买方具有吸引力，也才有必要根据带来的追加收益确定无形资产的价格。在这里，不采用"超额利润"而采用"追加收益"，是因为在现实经济中，被评估的无形资产能够带来超额利润只是一种理论抽象，即假设无形资产的控制主体保持社会平均经营水平。一旦假设条件不存在，如亏损或微利企业若拥有某项无形资产，该项无形资产只能使其控制主体不亏损或达到行业平均利润水平，即表现为特定条件下的追加利润，而难以表现为高于社会平均水平的收益，故应根据无形资产对利润增长的影响来评估无形资产的价格。

另外，倘若企业拥有的无形资产可以帮助其在市场中形成垄断，并通过垄断价格获得垄断利润，这时就可以通过利润的测算来评估无形资产的价值。

六、无形资产评估的程序

无形资产评估程序是评估无形资产的操作规程。评估程序既是评估工作规律的体现，也是提高评估工作效率、确保评估结果科学有效的保证。无形资产评估一般按下列程序进行。

（一）明确评估目的

无形资产因其评估目的不同，所以评估的价值类型和选择的方法也不一样，当然评估结果也会不同。根据《资产评估准则——无形资产》第二十条，无形资产评估目的一般包括转让、许可使用、出资、拍卖、质押、诉讼、损失赔偿、财务报告、纳税等。另外，在明确评估目的的同时，还须了解被评估无形资产的转让内容及转让过程中的有关条款，这样评估人员才能正确确定无形资产的评估范围、基础数据及参数的选取。

（二）鉴定无形资产

鉴定无形资产是进行无形资产评估的基础工作，直接影响到评估范围和评估价值的科学性。通过无形资产的鉴定可以解决三个问题：一是确定无形资产的存在；二是鉴别无形资产的种类；三是确定无形资产的有效期。

1. 确定无形资产存在

（1）查询被评估无形资产的内容、国家有关规定、专业人员评价情况、法律文书，核实有关材料的真实性、可靠性和权威性。

（2）分析无形资产使用所要求的与之相适应的特定技术条件和经济条件，鉴定其应用能力。

（3）分析其归属是否为委托者拥有，要考虑其存在的条件和要求，对于剽窃、仿造的无形资产要加以鉴别，对于部分特殊的无形资产要分析其历史渊源，看其是否符合国家的有关规定。

2. 鉴别无形资产种类

鉴别无形资产主要是确定无形资产的种类、具体名称、存在形式。有些无形资产是由若干项无形资产构成，这时应加以确认和分离，避免重复评估和漏评估。

3. 确定无形资产的有效期

无形资产有效期限是其存在的前提。某项专利权如超过法律保护期限，就不能作为专利权评估。有效期限对无形资产评估值具有很大影响，如有的商标，历史越悠久，价值越高；有的商标历史并不悠久，但也可能具有较高价值。

（三）搜集相关资料

搜集相关资料就是要搜集影响无形资产评估值因素的资料。与有形资产相比，影响无形资产评估值的因素更为复杂，在交易过程中信息不对称的问题也更严重。因此，要想更为准确地评估无形资产的价值，就需要尽可能地搜集到完整、真实的信息资料。

根据《资产评估准则——无形资产》第二十一条，注册资产评估师执行无形资产评估业务时，一般应当关注以下事项：

（1）无形资产权利的法律文件、权属有效性文件或者其他证明资料。

（2）无形资产是否能带来显著、持续的可辨识经济利益。

（3）无形资产的性质和特点，目前状况和历史发展状况。

（4）无形资产的剩余经济寿命和法定寿命，无形资产的保护措施。

（5）无形资产实施的地域范围、领域范围、获利能力与获利方式。

（6）无形资产以往的评估及交易情况。

（7）无形资产实施过程中所受到国家法律、法规或者其他资产的限制。

（8）无形资产转让、出资、质押等的可行性。

（9）类似无形资产的市场价格信息。

（10）宏观经济环境。

（11）行业状况及发展前景。

（12）企业状况及发展前景。

（13）其他相关信息。

注册资产评估师执行无形资产评估业务时，应当关注宏观经济政策、行业政策、经营条件、生产能力、市场状况、产品生命周期等各项因素对无形资产效能发挥的制约，关注其对无形资产价值产生的影响。

（四）确定评估方法

注册资产评估师执行无形资产评估业务时，应当根据评估目的、评估对象、价值类型、资料收集情况等相关条件，分析收益法、市场法和成本法三种资产评估基本方法的适用性，恰当选择一种或者多种资产评估方法。《资产评估准则——无形资产》有如下规定：

1. 注册资产评估师使用收益法时

（1）在获取的无形资产相关信息基础上，根据被评估无形产或者类似无形资产的历史实施情况及未来应用前景，结合无形资产实施或者拟实施企业经营状况，重点分析无形资产经济收益的可预测性，恰当考虑收益法的适用性。

（2）合理估算无形资产带来的预期收益，合理区分无形资产与其他资产所获得的收益，分析与之有关的预期变动、收益期限、与收益有关的成本费用、配套资产、现金流量、风险因素。

（3）保持预期收益口径与折现率口径一致。

（4）根据无形资产实施过程中的风险因素及货币时间价值等因素合理估算折现率，无形资产折现率应当区别于企业或者其他资产折现率。

（5）综合分析无形资产的剩余经济寿命、法定寿命及其他相关因素，合理确定收益期限。

2. 注册资产评估师使用市场法时

（1）考虑被评估无形资产或者类似无形资产是否存在活跃的市场，恰当考虑市场法的适用性。

（2）收集类似无形资产交易案例的市场交易价格、交易时间及交易条件等交易信息。

（3）选择具有合理比较基础的可比无形资产交易案例，考虑历史交易情况，并重点分析被评估无形资产与已交易案例在资产特性、获利能力、竞争能力、技术水平、成熟程度、风险状况等方面是否具有可比性。

（4）收集评估对象以往的交易信息。

（5）根据宏观经济发展、交易条件、交易时间、行业和市场因素、无形资产实施情况的变化，对可比交易案例和被评估无形资产以往交易信息进行必要调整。

3. 注册资产评估师使用成本法时

（1）根据被评估无形资产形成的全部投入，充分考虑无形资产价值与成本的相关程度，恰当考虑成本法的适用性。

（2）合理确定无形资产的重置成本。无形资产的重置成本包括合理的成本、利润和相关税费。

（3）合理确定无形资产贬值。

基于无形资产的特征，评估无形资产价值的首选方法应该是收益法，其次是成本法，在条件允许的情况下也可以采用市场法。

（五）撰写报告，得出评估结论

注册资产评估师执行无形资产评估业务时，应当在履行必要的评估程序后，根据《资产评估准则——评估报告》编制评估报告，并恰当披露必要信息，使评估报告使用者能够合理理解评估结论。

根据《资产评估准则——无形资产》第三十一条，注册资产评估师应当在评估报告中明确说明下列内容。

（1）无形资产的性质、权利状况及限制条件。

（2）无形资产实施的地域限制、领域限制及法律法规限制条件。

（3）宏观经济和行业的前景。

（4）无形资产的历史、现实状况与发展前景。

（5）无形资产的获利期限。

（6）评估依据的信息来源。

（7）其他必要信息。

根据《资产评估准则——无形资产》第三十三条，注册资产评估师应当在评估报告中明确说明有关评估方法的下列内容。

（1）评估方法的选择及其理由。

（2）各重要参数的来源、分析、比较与测算过程。

（3）对初步评估结论进行分析，形成最终评估结论的过程。

（4）评估结论成立的假设前提和限制条件。

第二节 收益法在无形资产评估中的应用

一、收益法的应用模式

无形资产收益的具体分析方法有超额收益分析法和利润或销售收入分成法两种。超额收益分析法是将使用和不使用无形资产两种情况下的预期收入、预期成本进行比较分析，将前者相对于后者的收入增加额或成本节约额归功于无形资产所创造的经济价值。分成法是从销售利润、销售收入或超额收益中分割一定的比例，作为对无形资产所创造的经济价值衡量。超额收益分析法在收益额确定中介绍，这里主要介绍分成法。

根据无形资产转让计价方式的不同，收益法在应用时可以用下列两种形式来表示。

（1）收益模式

$$无形资产评估值 = \sum_{t=1}^{n} \frac{K \cdot R_t \,(1-T)}{(1+r)^t} \qquad\qquad （公式一）$$

（2）成本—收益模式

$$无形资产评估值 = Y + \sum_{t=1}^{n} \frac{K \cdot R_t \,(1-T)}{(1+r)^t} \qquad\qquad （公式二）$$

式中：K——无形资产分成率；

R_t——第 t 年的分成基数（销售收入、销售利润或超额收益）；

t——收益期；

r——折现率；

Y——最低收费额；

T——所得税率（这里假定转让方所得部分的所得税由受让方代交，转让方不再交所得税）。

上述两个公式的不同处在于公式二比公式一多一项最低收费额。公式二计算无形资产的分成率时，是按扣除最低收费额后测算的，本质上与公式一是一致的。最低收费额是指在无形资产转让中，视购买方实际生产和销售情况收取转让费的场合所确定的"旱涝保收"收入，并在确定比例收费时预先扣除，有时称之为"入门费"。在某些无形资产转让中，转让方按固定额收费时把最低收费规定为转让最低价，也可作为无形资产竞卖的底价。

二、最低收费额的确定

由于无形资产具有垄断性，当该项无形资产是购买方必不可少的生产经营条件，或者购买方运用无形资产所增加的效益具有足够的支付能力时，无形资产转让的最低收费额由以下因素决定。

1. 重置成本净值

购买方使用无形资产，就应由购买方补偿成本费用。当购买方与转让方共同使用某项无形资产时，则由双方按运用规模、受益范围等来分摊。无形资产重置成本净值的确定见无形资产评估的成本法。

2. 机会成本

由于无形资产的转让可能会因停业而使由该无形资产支撑的营业收益减少，也可能会因为产生了竞争对手而减少了利润或是增加了开发支出。这些构成无形资产转让的机会成本应由无形资产购买方来补偿。

综合考虑以上两大因素，无形资产最低收费额的计算公式为：

$$\text{无形资产最低收费额} = \text{重置成本净值} \times \text{转让成本分摊率} + \text{无形资产转让的机会成本}$$

式中：$\dfrac{\text{转让成本}}{\text{分摊率}} = \dfrac{\text{购买方运用无形资产的设计能力}}{\text{运用无形资产的总设计能力}} \times 100\%$

$\dfrac{\text{无形资产转让}}{\text{的机会成本}} = \dfrac{\text{无形资产转让}}{\text{的净减收益}} + \dfrac{\text{无形资产再开}}{\text{发净增费用}}$

公式中"购买方运用无形资产的设计能力"可根据设计产量或按设计产量计算的销售收入确定；"运用无形资产的总设计能力"指运用无形资产的各方汇总的设计能力，由于是分摊无形资产的重置成本净值，因而不是按照实际运用无形资产的规模，而是按照设计规模来确定权重。当购买方独家使用该无形资产时，转让成本分摊率为1。公式中"无形资产转出的净减收益"和"再开发净增费用"是运用边际分析的方法测算的。"无形资产转出的净减收益"一般指在无形资产尚能发挥作用期间减少的净现金流量。"再开发净增费用"包括保护和维持该无形资产追加的科研费用与其他费用、员工再培训费用等。这些项目经过分析与测算是可以确定的。

【例8-1】某企业转让浮法玻璃生产全套技术，经搜集和初步测算已知如下资料：

（1）该企业与购买企业共同享用浮法玻璃生产技术，双方设计能力分别为600万和400万标箱；

（2）浮法玻璃生产全套技术是从国外引进的，账面价值为200万元，已使用两年，尚可使用8年，两年通货膨胀率累计为10%；

（3）该项技术转出对该企业生产经营有较大影响。由于市场竞争加剧，产品价格下降，在以后8年减少的销售收入按折现值计算，预计为80万元；增加开发费用以提高质量、保住市场的追加成本按现值计算为20万元。试评估该项无形资产转让的最低收费额。

解：（1）两年来通货膨胀率为10%，对外购无形资产的重置成本可按物价指数法调整，并根据成新率确定净值，可得浮法玻璃生产全套技术的重置成本净值为：

$$200 \times (1 + 10\%) \times \frac{8}{2 + 8} = 176 \text{（万元）}$$

（2）因转让双方共同使用该无形资产，设计能力分别为600万和400万标箱，则：

$$\text{评估重置成本净值分摊率} = \frac{400}{600 + 400} \times 100\% = 40\%$$

（3）由于无形资产转让后加剧了市场竞争，在该无形资产的使用期间，销售收入减少和费用增加的折现值是转让无形资产的机会成本，则机会成本为：

$80 + 20 = 100$（万元）

故该无形资产转让的最低收费额为：

$176 \times 40\% + 100 = 170.4$（万元）

三、收益法中各项技术指标的确定

（一）收益额的确定

收益额的测算是采用收益法评估无形资产的关键步骤。无形资产是附着于有形资产发挥作用并产生共同收益的，因此如何从这些收益中分离出无形资产带来的收益额是收益额测算的关键问题，常用的方法有以下四种。

1. 直接估算法

直接估算法是直接对比分析未使用无形资产与使用无形资产的前后收益情况，确定无形资产带来的收益额。从无形资产带来的经济利益看，可将无形资产分为收入增长型无形资产和费用节约型无形资产。

（1）收入增长型无形资产形成的超额收益。

①销售收入增大的原因：一是生产的产品能够以高出同类产品的价格销售；二是生产的产品采用与同类产品相同价格的情况下，销售数量大幅度增加，市场占有率扩大，从而获得超额收益。

②计算公式。

第一种原因形成的超额收益可以用下面的公式计算：

$$R = (P_2 - P_1) Q (1 - T)$$

式中：R——超额收益；

P_2——使用后单位产品价格；

P_1——使用前单位产品价格；

Q——产品销售数量（假定不变）；

T——所得税税率。

第二种原因形成的超额收益可以用下面的公式计算：

$$R = (Q_2 - Q_1) (P - C) (1 - T)$$

式中：R——超额收益；

Q_2——使用后产品销售数量；

Q_1——使用前产品销售数量；

P——单位产品价格（假定不变）；

C——产品单位成本；

T——所得税税率。

（2）费用节约型无形资产形成的超额收益。

费用节约型无形资产是指在无形资产的应用过程中，生产产品中的成本费用降低，从而形成超额收益，具体计算公式如下：

$$R = (C_1 - C_2) Q (1 - T)$$

式中：R——超额收益；

C_2——使用后产品单位成本；

C_1——使用前产品单位成本；

Q——产品销售数量（假定不变）；

T——所得税税率。

收入增长型无形资产和费用节约型无形资产的划分依据是人为地假定其他资产因素不变，而现实中，其他资产因素会发生变化。也就是说，无形资产的超额收益是各个因素共同作用的结果，评估时应根据情况进行具体测算。

2. 差额法

差额法是指当无法将使用无形资产和没有使用无形资产形成的收益情况进行对比时，可将无形资产和其他类型资产在经济活动中的综合收益与行业平均水平进行比较得到无形资产的获利能力。采用这种方法需要履行以下四个步骤。

第一，收集有关使用无形资产产品生产经营活动的财务资料，并进行盈利分析，得到经营利润和销售利润率等基本数据。

第二，对上述生产经营活动中的资金占用情况（固定资产、流动资产和已有账面价值的其他无形资产）进行统计。

第三，收集行业平均资金利润率等指标。

第四，计算无形资产带来的超额收益。

超额收益 = 净利润 - 净资产总额 × 行业平均收益率

或　超额收益 = 销售收入 × 销售收入利润率 - 销售收入 × 销售收入平均占用资金 × 行业平均资金利润率

当使用这种方法时，应注意这样计算出来的超额收益，有时并不完全是由被评估无形资产带来的（除非能够认定只有这一种无形资产存在），而往往是好几种无形资产组合带来的超额收益，所以还须进行分解处理。

3. 分成率法

分成率是指无形资产的收益是通过分成来获得的，它是目前国际和国内技术交易中最为常用也是最为实用的一种方法，具体计算公式如下：

$$\begin{matrix} 无形资产 \\ 收益额 \end{matrix} = \begin{matrix} 销售收入 \\ （利润） \end{matrix} \times \begin{matrix} 销售收入 \\ （利润）分成率 \end{matrix} \times （1 - 所得税税率）$$

确定利润分成率就可确定收入分成率。因为，

收益额 = 销售收入 × 销售收入分成率 × （1 - 所得税税率）

　　　　 = 销售利润 × 销售利润分成率 × （1 - 所得税税率）

所以，销售收入分成率 = 销售利润分成率 × 销售利润率

销售利润分成率 = 销售收入分成率 ÷ 销售利润率

分成的基础一般分为三种，即销售额、利润和产品数量。在无形资产转让实务中，一般是确定一定的销售收入分成率，俗称"抽头"。因为销售额的客观性较强，也易于转让方查询、掌握。例如，在国际市场上一般技术转让费不超过销售收入的3%~5%。以新增利润为基础分成，从理论上讲比较合理，但在实际实施中比较困难。因为利润是一种计算结果，具有一定的主观性，并且企业很少公开其有关利润方面的财务数据，从而转让方很难准确掌握受让方的利润额，故实践中一般较少用利润作为分成基础。以产品数量为基础的分成，在国内外技术转让中也具有普遍性。尽管三种分成基础不同，但根据上述计算公式三者是可以转换的。如果按社会平均销售利润率10%推算，则技术转让费为销售收入3%的利润分成率为30%。下面主要介绍利润分成率的确定。

利润分成率是以无形资产带来的追加利润在利润总额中的比重为基础的。但是，在某些情况下无形资产带来的追加利润无法直接计算，需采用间接方法获得。因此，确定无形资产转让的利润分成率的主要方法有以下几种。

（1）边际分析法。

边际分析法是选择两种不同的生产经营方式进行比较：一种是运用普通生产技术或企业原有技术进行经营；一种是运用转让的无形资产进行经营，后者的利润大于前者利润的差额就是投资于无形资产所带来的追加利润；然后测算各年度追加利润占总利润的比重，并按各年度利润现值的权重，求出无形资产经济寿命期间追加利润占总利润的比重，即评估的利润分成率。这种方法的关键是科学分析追加无形资产投入可以带来的净追加利润，这也是购买无形资产所必须进行决策分析的内容。采用边际分析法需履行如下几个步骤。

第一，对无形资产边际贡献因素进行分析：①新市场的开辟，垄断加价的因素；②消耗量的降低，成本费用降低；③产品结构优化，质量改进，功能费用降低，成本销售收入率提高。

第二，测算无形资产寿命期间的利润总额及追加利润总额，并进行折现处理。

第三，按利润总额现值和追加利润总额现值计算利润分成率，具体计算公式如下：

$$利润分成率 = \sum 追加利润现值 \div \sum 利润总额现值$$

【例8-2】某企业转让彩电显像管新技术，购买方用于改造年产 10 万只彩电显像管的生产线。经对无形资产边际贡献因素的分析，测算在其寿命期间各年度分别可带来追加利润 100 万元、120 万元、90 万元和 70 万元，分别占当年利润总额的 40%、30%、20% 和 15%，试评估无形资产的利润分成率（折现率为 10%）。

解：各年度利润总额现值之和为：

$$\frac{100 \div 40\%}{1+10\%} + \frac{120 \div 30\%}{(1+10\%)^2} + \frac{90 \div 20\%}{(1+10\%)^3} + \frac{70 \div 15\%}{(1+10\%)^4}$$

$$= 250 \times 0.909\,1 + 400 \times 0.826\,4 + 450 \times 0.751\,3 + 467 \times 0.683\,0$$

$$= 227.275 + 330.56 + 338.085 + 318.961$$

$$= 1\,214.881 \ (万元)$$

追加利润现值之和为：

$$\frac{100}{1+10\%} + \frac{120}{(1+10\%)^2} + \frac{90}{(1+10\%)^3} + \frac{70}{(1+10\%)^4}$$

$$= 100 \times 0.909\,1 + 120 \times 0.826\,4 + 90 \times 0.751\,3 + 70 \times 0.683\,0$$

$$= 90.91 + 99.168 + 67.617 + 47.81$$

$$= 305.505 \ (万元)$$

$$无形资产利润分成率 = \frac{305.505}{1\,214.881} \times 100\% = 25\%$$

（2）约当投资分成法。

边际分析法是根据各种生产要素对提高生产率的贡献来计算的，道理明了，易于被人接受。但是由于无形资产与有形资产的作用往往互为条件，在许多场合下较难确定购置的无形资产贡献率。因而，还需寻求其他途径。由于利润往往是无形资产与其他资产共同作用的结果，而无形资产通常具有较高的成本利润率，可以考虑采取在成本的基础上附加相应的成本利润率，折合成约当投资的办法，按无形资产的折合约当投资与购买方投入的资产约当投资的比例确定利润分成率。其计算公式为：

$$\text{无形资产利润分成率} = \frac{\text{无形资产约当投资量}}{\text{无形资产约当投资量} + \text{购买方约当投资量}} \times 100\%$$

其中，

$$\text{无形资产约当投资量} = \text{无形资产重置成本} \times (1 + \text{适用成本利润率})$$

$$\text{购买方约当投资量} = \text{购买方投入的总资产的重置成本} \times (1 + \text{适用成本利润率})$$

确定无形资产约当投资量时，适用成本利润率按转让方无形资产带来的利润与其成本之比计算。没有企业的实际数时，按社会平均水平确定。确定购买方约当投资量时，适用的成本利润率按购买方的现有水平测算。

【例8-3】甲企业以制造四轮驱动汽车的技术向乙企业投资，该技术的重置成本为100万元，乙企业拟投入合营的资产重置成本为8 000万元，甲企业无形资产成本利润率为500%，乙企业拟合作的资产原利润率为12.5%。试评估无形资产投资的利润分成率。

解：（1）无形资产的约当投资量为：100×（1+500%）=600（万元）

（2）企业约当投资量为：8 000×（1+12.5%）=9 000（万元）

（3）甲企业投资无形资产的利润的分成率为：600/（9 000+600）=6.25%

另外，如果评估的不是全新的无形资产，还需要考虑无形资产重置成本的净值。

【例8-4】甲企业将一项专利使用权转让给乙企业，拟采用对利润分成的方法。该专利是3年前从外部购入的，账面成本为80万元，3年间物价累计上升25%。该专利的法律保护期为10年，已过4年，尚可保护6年。经专业人员测算，该专利成本利润率为400%。乙企业资产的重置成本为4 000万元，成本利润率为12.5%。试评估该无形资产投资的利润分成率。

解：（1）无形资产的约当投资量为：80×（1+25%）×6/10×（1+400%）=300（万元）

（2）企业约当投资量为：4 000×（1+12.5%）=5 000（万元）

（3）甲企业投资无形资产的利润的分成率为：300/（5 000+300）=5.66%

值得注意的是，分成率不是一个固定的值，它会随着受让与使用无形资产生产的产品产量的增加而递减。评估人员在利用分成率法确定无形资产收益额时要根据实际情况具体分析，以合理确定分成收益。我国对某技术转让规定的提成递减率详见表8-1。

表8-1 我国对某技术转让规定的提成递减率

年产量（万套）	占规定提成率（%）
1～10	100
10～20	75
20～50	25

4. 要素贡献法

我国理论界采取"三分法"，即考虑生产经营活动的三要素：资金、技术、管理，但三要素在不同行业的贡献是不一样的。一般来说，资金密集型行业三要素的比例分别是：

50%、30%、20%；技术密集型行业三要素的比例分别是：40%、40%、20%；一般行业三要素的比例分别是：30%、40%、30%；高科技行业三要素的比例分别是：30%、50%、20%。当然，确定无形资产收益额时这些数据仅供参考。

（二）折现率的确定

与有形资产相同，无形资产的风险报酬率也是由无风险报酬率与风险报酬率两部分组成的。一般来讲，与有形资产相比，投资无形资产的收益较高，风险率也较大。因此，适用于无形资产的风险报酬率往往高于有形资产。评估的时候需要根据影响无形资产获利能力的各种因素分析判断被评估无形资产获得某种程度收入的概率，科学地测算其风险报酬率，进而确定恰当的折现率。此外，需要注意折现率的口径应与收益额的口径一致。

（三）收益期限的确定

无形资产收益期限或称有效期限，是指无形资产发挥作用，并具有超额获利能力的时间。无形资产在发挥作用的过程中，其损耗是客观存在的。无形资产价值降低是由于无形损耗形成的，即由于科学技术进步而引起价值减小。具体来说，主要有下列三种情况。

（1）新的、更为先进、更经济的无形资产出现，这种新的无形资产可以替代旧的无形资产，使采用原无形资产无利可图时，原有无形资产价值就丧失了。

（2）因为无形资产传播范围扩大，其他企业普遍掌握这种无形资产，获得这项无形资产已不需要任何成本，使拥有这种无形资产的企业不再具有获取超额收益的能力时，它的价值也就大幅度降低或丧失。

（3）企业拥有的某项无形资产所决定的产品销售量骤减，需求大幅度下降时，这种无形资产价值就会减小，以致完全丧失。

以上说明的是确定无形资产的有效期限的理论依据。在具体评估实践中，确定收益期限的方法主要有以下三种。

1. 法定年限法

法律、合同分别规定有效期限和受益年限的，按熟短原则确定；法律未规定有效期限，但企业合同规定受益年限的，按受益年限确定。

2. 更新周期法

根据无形资产的更新周期评估其剩余经济年限，对部分专利权、版权和专有技术来说，是比较适用的方法。无形资产的更新周期有两大参照系：一是产品更新周期；二是技术更新周期。采用更新周期法通常是根据同类无形资产的历史经验数据，运用统计模型来分析，而不是对无形资产逐一进行更新周期的分析。

3. 剩余寿命预测法

剩余寿命预测法是直接评估无形资产的尚可使用经济年限的方法。这种方法是根据产品的市场竞争状况、可替代技术进步和更新的趋势作出的综合性预测。

第三节 成本法和市场法在无形资产评估中的应用

一、成本法

（一）成本特性

采用成本法评估无形资产价值，首要的问题是要了解无形资产在成本上所具有的特殊属性。由于我国现行有关制度的规定以及无形资产的形成特点，造成无形资产成本具有不同于有形资产成本的特性。

1. 不完整性

无形资产的成本理应包括无形资产研制或取得、持有期间的全部物化劳动和活劳动的费用支出。与购创无形资产相对应的各项费用是否计入无形资产的成本，是以费用支出资本化为条件的。在企业生产经营过程中，科研费用一般都是比较均衡发生的，并且比较稳定地为生产经营服务，因而我国财务制度一般把科研费用从当期生产经营费用中列支，而不是先对科研成果进行费用资本化处理，再按无形资产折旧或摊销的办法从生产经营费用中补偿。这种办法简便易行，大体上符合实际，且不影响无形资产的再生产。但这样一来，企业账簿上反映的无形资产成本就是不完整的，大量账外无形资产的存在是不可忽视的客观事实。同时，即使是按国家规定进行费用支出资本化的无形资产的成本核算一般也并不完整。因为无形资产的创立具有特殊性，有大量的前期费用，如培训、基础开发或相关试验等往往不计入该无形资产的成本，而是通过其他途径进行补偿。虽然说无论是列作期间费用处理，还是进行资产化处理，都不影响无形资产的再生产，但这种无形资产账面成本与实际发生成本不符的现象是客观存在的、不容忽视的。

2. 弱对应性

无形资产的创建经历基础研究、应用研究和工艺生产开发等漫长过程，成果的出现带有较大的随机性和偶然性，其价值并不与其开发费用和时间产生某种既定的关系。如果在一系列的研究失败之后偶尔出现一些成果，由这些成果承担所有的研究费用显然不够合理。在大量的先行研究（无论是成功，还是失败）成果的积累之上，往往可能产生一系列的无形资产，然而，继起的这些研究成果是否应该以及如何承担先行研究的费用也很难确定。

3. 虚拟性

既然无形资产的成本具有不完整性和弱对应性的特点，因而无形资产的成本往往是相对的。特别是一些无形资产的内涵已经远远超出了它的外在形式的含义，这种无形资产的成本只具有象征意义。例如，商标，其成本核算的是商标设计费、登记注册费、广告费等，而商标的内涵是标示商品内在质量信誉。这种无形资产实际上包括了该商品使用的特种技术、配方和多年的经验积累，而商标本身的成本只具有象征性（或称虚拟性）。

（二）成本法的应用

采用成本法评估无形资产，具体计算公式为：

无形资产评估值＝无形资产重置成本×成新率

无形资产重置成本是指在现时市场条件下重新创造或购置一项全新无形资产所耗费的全部货币总额。根据企业取得无形资产的来源情况，无形资产可以划分为自创无形资产和外购无形资产。自创无形资产和外购无形资产的重置成本构成与评估方式不同，需要分别进行估算。

1. 自创无形资产重置成本的估算

自创无形资产的成本是由创制该资产所消耗的物化劳动和活劳动费用构成的。如果自创无形资产已有账面价格，由于它在全部资产中的比重一般不大，可以按照定基物价指数作相应调整，即可得到重置成本。但实际上，自创无形资产往往无账面价格，需要进行评估。其方法主要有以下两种。

（1）核算法。

无形资产的重置成本 = 直接成本 + 间接成本 + 资金成本 + 合理利润

其中，直接成本 = $\sum$（物质资料实耗量×现价）+ $\sum$（实耗工时×现价）

这里，评估无形资产直接成本不是按现行消耗量而是按实际消耗量来计算。这主要由于：一是无形资产作为一种创造性的成果，一般不能原样复制，从而不能模拟在现有生产条件下再生产的消耗量；二是无形资产的生产过程是创造性智力劳动过程，技术进步速度较快，如果按模拟现有条件下的复制消耗量来估价重置成本，将影响到无形资产的价值形态补偿，从而影响到知识财产的创制。

计算自创无形资产重置成本时一般需要考虑合理利润。合理利润来源于自创无形资产的直接成本、间接成本和资金成本之和与外购同样的无形资产的平均市场价格之间的差额。基于一些特定的评估目的之上的无形资产重置成本计算，如不是评估无形资产的公允市价，可以不考虑合理利润。

（2）倍加系数法。

对于投入科研劳动较多的技术型无形资产，考虑到科研劳动的复杂性和风险性，可以采用下述公式计算自创无形资产的重置成本。

$$无形资产重置成本 = \frac{C + \beta_1 V}{1 - \beta_2} \times （1 + L）$$

式中：C——无形资产研制开发中的物化劳动消耗；

$\quad\quad V$——无形资产研制开发中活劳动消耗；

$\quad\quad \beta_1$——科研人员创造性劳动倍加系数；

$\quad\quad \beta_2$——科研的平均风险系数；

$\quad\quad L$——无形资的产投资报酬率。

2. 外购无形资产重置成本的估算

外购无形资产一般有购置成本记录，或者有可供参考的市场价格，评估起来相对较为容易。外购无形资产重置成本一般包括购买价和购置费用，具体计算方法有以下两种。

（1）市价类比法。

它是先在无形资产交易市场中选择参照物，再根据其功能、技术先进性和适用性进行调整，以确定其现在购买价。购置费用根据现行标准或实际情况来确定。

（2）物价指数法。

它是以无形资产的账面历史成本为依据，再根据物价指数进行调整，进而估算其重置成本的方法。其计算公式如下：

无形资产的重置成本＝无形资产账面成本×评估时物价指数/购置时物价指数

从无形资产价值构成来看，无形资产主要包括两类费用：一类是物质消耗费用；一类是人工消耗费用。前者与生产资料物价指数相关度较高，后者与生活资料物价指数相关度较高。不同的无形资产两类费用的比重可能有较大差别，可按两类费用的大致比例按结构分别适用生产资料物价指数与生活资料物价指数估算；当两种价格指数比较接近，且两类费用的比重有较大倾斜时，可按比重较大费用类适用的物价指数来估算。

3. 成新率的估算

无形资产不存在有形损耗，只存在功能性损耗与经济性损耗。其成新率的确定可以采用类似于有形资产的方法来确定，一般采用专家鉴定法和剩余经济寿命预测法。

（1）专家鉴定法是指从邀请的有关技术领域的专家对被评估无形资产先进性和适用性做出的判断中确定其成新率的方法。

（2）剩余经济寿命预测法是评估人员通过对无形资产剩余经济寿命的预测和判断来确定其成新率的方法，具体计算公式如下：

成新率＝剩余使用年限/（已使用年限＋剩余使用年限）×100%

成新率是运用成本法评估有形资产时使用的一个重要概念，无形资产不存在有形损耗，成本法评估无形资产时只是为了操作上的方便借用这一概念，因此它的运用也受到较大程度的限制，在评估实践中，一般选择综合考虑了被评估无形资产的各种无形损耗（功能和经济方面的）后的折算比率。

此外，评估人员确定适用的成新率时，应注意无形资产使用效用与时间的关系，这种关系通常是非线性的，但不一定是递减的。有的无形资产其效用是非线性递减的（如技术型无形资产），而有的无形资产其效用在一定时间内是非线性递增的（如商标、商誉等）。评估人员应对这种变化趋势进行分析并予以说明。

二、市场法

虽然无形资产具有的非标准性和唯一性特征限制了市场法在无形资产评估中的使用，但这不排除在评估实践中仍有应用市场法的必要性和可能性。国外学者认为，市场法强调的是具有合理竞争能力的财产的可比性特征。如果有充分的源于市场的交易案例，可以从中取得作为比较分析的参照物，并能对评估对象与可比参照物之间的差异做出合适的调整，就可应用市场法。

如果需要使用市场法评估无形资产，评估人员应注意以下事项。

1. 具有合理比较基础的类似无形资产

所谓具有合理比较基础的类似无形资产是指至少与参加物的形式相似、功能相似、载体相似以及交易条件相似。

（1）形式相似。参照物与被评估资产按照无形资产分类原则可以归并为同类。

（2）功能相似。参照物与被评估资产的功能和效用相似。

（3）载体相似。无形资产所依附的产品或服务同质，所依附的企业同规模。

（4）交易条件相似。参照物的成交条件与被评估资产模拟的成交条件在宏观、微观层面接近。

2. 收集类似无形资产交易的市场信息进行横向比较，收集被评估无形资产以往的交易信息进行纵向比较

关于横向比较，参照物与被评估无形资产在形式、功能和载体方面满足可比性的基础上，评估人员应尽量收集致使交易达成的市场信息，即要涉及供求关系、产业政策、市场结构、企业行为和市场绩效的内容。其中对市场结构的分析尤为重要，即需要分析卖方之间、买方之间、买卖双方、市场内已有的买方和卖方与正在进入或可能进入市场的买方和卖方之间的关系。评估人员应熟悉经济学市场结构做出的完全竞争、完全垄断、垄断竞争和寡头垄断的分类。对于纵向比较，评估人员既要看到无形资产具有依法实施多元和多次授权经营的特征，使得过去交易的案例成为未来交易的参照依据，同时也应看到，时间、地点、交易主体和条件的变化也会影响被评估无形资产的未来交易价格。

3. 收集到的价格信息应相关、合理、可靠、有效

（1）相关指收集到的价格信息与需要做出判断的被评估无形资产的价值关联性较强。

（2）合理指收集到的价格信息能反映被评估无形资产载体结构和市场结构特征，但不能简单套用。

（3）可靠指收集到的价格信息具有较高的置信度。

（4）有效指收集到的价格信息能有效地反映评估基准日的被评估资产在模拟条件下可能的价格。

4. 对无形资产和参照物的差异进行合理调整

无论是横向比较，还是纵向比较，参照物与被评估无形资产之间会因时间的推移、空间、条件和环境的变化而产生差异，评估人员应对此作出合理的调整。

第四节　知识型无形资产的评估

知识型无形资产是指主要依靠投入的知识、智力、技术所创造的知识密集型无形资产。知识型无形资产的范围较宽，本节主要介绍专利权、非专利权技术和著作权的评估。专利权、非专利权技术和著作权虽然各有特点，但同是知识产权型无形资产的重要组成部分，并在评估目的、评估方法方面具有相似性。

一、专利权的评估

（一）专利权的含义、特点

1. 专利权的含义

专利权是国家专利机关依法批准发明人或其权利受让人对其发明成果在一定时期内享有的独占权或专有权，任何人如果要利用该项专利进行生产经营活动或出售使用该项专利制造

的产品，需事先征得专利权所有者的许可，并付给报酬。根据2009年7月1日实施的《专利资产评估指导意见》，专利资产是指权利人所拥有的，能持续发挥作用且能带来经济利益的专利权益。专利权一般可分为发明专利、实用新型专利和外观设计专利。

2. 专利权的特点

（1）独占性又称排他性。专利所有者在专利权有效期内拥有排他性运用专利的特权。其他任何单位和个人未经专利所有者允许，即未与专利所有者签订书面合同、支付专利使用费，都不得实施其专利。

（2）地域性。任何一项专利只在其授权国和所参加的国际专利联盟的成员国范围内才有法律效力，在其他地域范围内不具有法律效力。

（3）时间性。专利权在法定期限内有效，且受法律保护。期满后，专利权人的权利自行终止。我国发明专利权保护期限为20年，实用新型专利和外观设计专利保护期限为10年。

（4）可转让性。专利权可以转让，由当事人订立合同，并经原专利登记机关或相应机构登记和公告后生效，专利权一经转让，原发明者就不再拥有专利权，而由购入者继承专利权。

（二）专利权的转让方式

专利权转让一般有两种情形：一种是刚刚研究开发的新专利技术，专利权人尚未投入使用就直接转让给接受方；另一种情形是转让的专利已经过长期的或一段时间的生产，是行之有效的成熟技术，而且转让方仍在继续使用。专利资产评估业务的评估对象是指专利资产权益，包括专利所有权和专利使用权。专利使用权的具体形式包括专利权独占许可、独家许可、普通许可和其他许可形式。使用权转让往往通过技术许可贸易形式进行，这种使用权的权限、时间期限、地域范围和处理纠纷的仲裁程序都是在许可合同中加以确认的。

1. 使用权限

按技术使用权限的大小，使用权限可分为以下四类。

（1）独家使用权（独占许可）。独家使用权是指在许可合同所规定的时间和地域范围内卖方只把技术转让给某一特定买主，不得卖给第二家买主。同时卖主自己也不得在合同规定的范围内使用该技术和销售该技术生产的产品。

（2）排他使用权（独家许可）。排他使用权是指卖方在合同规定的时间和地域范围内只把技术授予买方使用，而使用权和产品销售权自己保留，且不再将该技术转让给第三者。

（3）普通使用权（普通许可）。普通使用权是指卖方在合同规定的时间和地域范围内可以向多家买主转让技术，同时卖方自己也保留技术使用权和产品销售权。

（4）回馈转让权（其他许可）。回馈转让权是指卖方要求买方在使用过程中对转让技术的改进和发展反馈给自己的权利。

2. 地域范围

专利许可大多数都规定明确的地域范围，如某个国家或地区，买方的使用权不得超过这个地域范围。

3. 时间期限

专利许可合同一般都规定有效期限，时间的长短因技术而异。一项专利技术的许可期限一般要和该专利的法律保护期限相适应。

4. 法律和仲裁

专利许可合同是法律文件，是依照参与双方所在国的法律来制定的，因此受法律保护。当一方违约时另一方可按法律程序追回损失的权益。

（三）专利权的评估程序

资产评估机构接受委托者的委托后，一般按下列程序进行评估。

1. 鉴定专利权的存在

评估人员进行专利权的评估时，先要搜集资料以证明其存在。根据《专利资产评估指导意见》第十三条，注册资产评估师执行专利资产评估业务时，应当要求委托方明确专利资产的基本状况。专利资产的基本状况通常包括以下几个方面的内容。

（1）专利名称。

（2）专利类别。

（3）专利申请的国别或者地区。

（4）专利申请号或者专利号。

（5）专利的法律状态。

（6）专利申请日。

（7）专利授权日。

（8）专利权利要求书所记载的权利要求。

（9）专利使用权利。

注册资产评估师执行专利资产评估业务时，应当关注专利的法律状态，通常包括专利申请人或者专利权人及其变更情况，专利所处的专利审批阶段、年费缴纳情况、专利权的终止、专利权的恢复、专利权的质押，以及是否涉及法律诉讼或者处于复审、宣告无效状态。一般来说，还应由有关专家确认该项专利的有效性、保护范围和专利权人。

（1）有效性。专利资产凭借法定的垄断权，为特定权利主体带来经济利益。对专利资产有效性的分析，是对专利权的核实，也就是判断该技术是否享有法定的垄断权。对专利技术有效性的判断包括两个层次：一是核实该专利是否为有效专利，著录项目是否属实。对专利权的核实不能仅凭专利证书确知该专利的有效性。专利证书虽是依法授予专利权的凭证，但在授权以后，专利权随时可能因各种原因而失败，如未交年费或是经过无效程序都可能导致丧失专利权。根据我国专利管理制度，失效后的专利证书，国家并未收回，而是在《专利公报》上予以公告作废，但是作废的专利证书仍保留在原专利权人手中。因此，不能仅以专利证书证明专利权的有效性，还必须要求委托方提供专利局或省、直辖市、自治区、国务院有关部委专利管理机关出具的确权证明，或通过检索，确认该专利权的法律状态是否有效。二是核实该专利是否具有专利性。由于我国对实用新型专利实行"初步审查"制度，很多已授权的实用新型专利是不符合专利法的实质性要求的。因此，即使是有效的实用新型专利，仍有可能因不具备"三性"，经过无效程序，丧失专利权。在无效程序中，关键是对技术专利性的判断。实用新型专利的稳定性是不足的。评估人员在评估之前，必须对委估对象的权利稳定性进行分析。由于专利技术的专业性较强，在必要的情况下，应咨询有关该技术领域的专家，对专利技术进行分析。只有在确定专利权有效的前提下，才能够开展对技术的评估。

对于丧失专利权的技术，实质上也就丧失了作为资产的条件，不再具有评估意义上的价值。对于评估人员而言，在对专利资产进行评估的过程中，应先判断委估对象权利的有效性。

（2）保护范围。根据我国《专利法》的规定，专利权垄断的法定边界是专利权利要求书记载的范围，即专利资产的范围是由权利要求书确定的。由于有形资产具有确定的形态，其资产范围是直观的，一般不需要通过额外的法律文件进行确认。对于专利资产而言，其资产范围是依法获得的保护范围，因此需要通过对专利文件——权利要求书进行分析，以确定其资产范围。如果没有对权利要求书进行全面分析，将导致评估对象与实际情况相差甚远。造成这种差异的原因主要表现在以下三个方面：第一，由于专利文件的撰写质量问题，导致专利权人希望获得的权利范围与实际获得的保护存在明显的差异；第二，根据《专利法》的规定，对于一些不属于技术方案的描述，《专利法》是不提供保护的；第三，委估对象的权利要求中，存在侵害了他人在先权利的要求，不被《专利法》保护。由于目前普遍存在对专利的认识不足，仅从专利证书即权利人的介绍确定专利的保护范围，而没有认真分析真正专利的权利要求书，这种做法严重破坏了专利资产评估的科学性及准确性。评估人员进行价值评估时，只能按照委估技术实际获得的保护范围进行。

（3）专利权人。专利证书中的专利权人是最初获得该专利权的权利人，而该专利权在日后是否已转让给他人，在专利证书中并没有记载，往往需要通过查询登记簿来获得该专利权最新的专利权人情况。同时还应注意该专利权是否已转让，但未在国家知识产权局进行备案的情况。

2. 搜集资料

注册资产评估师执行专利资产评估业务，应当对专利及其实施情况进行调查，包括必要的现场调查、市场调查，并收集相关信息、资料，通常包括以下几个方面的内容。

（1）专利资产的权利人及实施企业基本情况。

（2）专利证书、最近一期的专利缴费凭证。

（3）专利权利要求书、专利说明书及其附图。

（4）专利技术的研发过程、技术实验报告，专利资产所属技术领域的发展状况、技术水平、技术成熟度、同类技术竞争状况、技术更新速度等有关信息、资料；如果技术效果需检测，还应当收集相关产品检测报告。

（5）与分析专利产品的适用范围、市场需求、市场前景及市场寿命、相关行业政策发展状况、宏观经济、同类产品的竞争状况、专利产品的获利能力等相关的信息、资料。

（6）以往的评估和交易情况，包括专利权转让合同、实施许可合同及其他交易情况。

注册资产评估师执行专利资产评估业务时，应当尽可能获取与专利资产相关的财务数据及专利实施企业经审计的财务报表，并对专利资产的相关财务数据进行必要的分析。

注册资产评估师应分析下列事项及其对专利资产价值的影响。

（1）专利权利要求书、专利说明书及其附图的内容。

（2）专利权利要求书所记载的专利技术产品与其实施企业所生产产品的对应性。

3. 确定评估方法

注册资产评估师执行专利资产评估业务时，应当根据评估对象、价值类型、资料收集情况等相关条件，分析收益法、市场法和成本法三种资产评估基本方法的适用性，恰当选择一种或者多种资产评估方法。

（1）注册资产评估师运用收益法进行专利资产评估时，应当收集专利产品的相关收入、成本、费用数据；应当对委托方或者相关当事方提供的专利未来实施情况和收益状况的预测进行必要的分析、判断和调整，确保相关预测的合理性；应当根据专利资产的具体情况选择恰当的收益口径；应当根据专利资产的技术寿命、技术成熟度、专利法定寿命、专利技术产品寿命及与专利资产相关的合同约定期限，合理确定专利资产收益期限；应当综合考虑评估基准日的利率、投资回报率、资本成本，以及专利实施过程中的技术、经营、市场、资金等因素，合理确定折现率，且折现率应当与预期收益的口径保持一致。

（2）注册资产评估师运用市场法进行专利资产评估时，应当收集足够的可比交易案例；考虑交易资产的特点、交易时间、限制条件、交易双方的关系、购买方现有条件，专利资产的获利能力、竞争能力、技术水平、成熟程度、剩余法定保护年限及剩余经济寿命、风险程度、转让或者使用情况，实施专利资产是否涉及其他专利资产等因素。

（3）注册资产评估师运用成本法进行专利资产评估时，应当合理确定专利资产的重置成本，重置成本包括合理的成本、利润和相关税费等；合理确定形成专利资产所需的研发人员、管理人员、设备及房屋建筑物等成本以及其他相关成本费用。

（4）注册资产评估师对同一专利资产采用多种评估方法评估时，应当对取得的各种初步价值结论进行比较分析，以得出合理的评估结论。

4. 撰写评估报告并加以详尽说明

评估报告是专利权评估结果的最终反映，但该结果是建立在各种分析、假设基础之上的，为了说明评估结果的有效性和适用性，注册资产评估师应当在专利资产评估报告中反映专利资产的特点，通常包括以下内容。

（1）说明评估对象的详细情况，通常包括专利资产的权利属性、使用权具体形式、法律状态、专利申请号及专利权利要求等。

（2）描述专利资产的技术状况和实施状况。

（3）说明对影响专利资产价值的法律因素、技术因素、经济因素的分析过程。

（4）说明专利的实施经营条件。

（5）说明使用的评估假设及限定条件。

（6）说明专利权许可、转让、诉讼、无效请求及质押情况。

（7）说明有关评估方法的主要内容，包括评估方法的选取及其理由，评估方法中的运算和逻辑推理方式，各重要参数的来源、分析、比较与测算过程，对初步价值结论进行分析并形成最终评估结论的过程。

（四）专利权的评估方法

评估人员对专利权的评估主要采用收益法，特殊情况下也可以采用成本法。

1. 收益法

采用收益法评估专利权关键需要确定专利权的收益额、折现率和获利期限。专利权的收益额是指直接由专利权带来的预期收益。对于收益额的测算，通常可以通过直接测算超额收益和通过利润分成率测算获得。由于专利权收益的来源不同，我们可以将专利权划分为收入增长型专利和费用节约型专利来测算，也可以用分成率方法测算。

采用利润分成率测算专利技术收益额，即以专利技术投资产生的收益为基础，按一定比例（利润分成率）分成确定专利技术的收益。利润分成率反映专利技术对整个利润额的贡献程度。利润分成率确定为多少合适，我国理论工作者和评估人员通常认为利润分成率在25%~33%较合适。这些基本分析在实际评估业务过程中具有参考价值，但更重要的是对被评估专利技术进行切合实际的分析，以确定准确的利润分成率。

至于折现率和收益期限的确定，在本章中已有说明，这里不再详述。下面通过案例说明专利权评估过程。

【例8-5】北京某科技发展公司五年前自行开发了一项大功率电热转换体及其处理技术，并获得发明专利证书，专利保护期为20年。现在，该公司准备将该专利技术出售给郊区某乡镇企业，现需要对该项专利技术进行评估。

评估分析和计算过程如下：

（1）评估对象和评估目的。由于北京某科技发展公司欲出售专利，因此，转让的是专利技术的所有权。

（2）专利技术鉴定。该项技术已申请专利，该技术所具备的基本功能可以从专利说明书以及有关专家鉴定书中得到。此外，该项技术已在北京某科技发展公司使用了5年，产品已进入市场，并深受消费者欢迎，市场潜力较大。因此，该项专利技术的有效功能较好。

（3）评估方法选择。该项专利技术具有较强的获利能力，而且同类型技术在市场上被授权使用的情况较多，分成率容易获得，从而为测算收益额提供了保证。因此，评估人员决定采用收益法进行评估。

（4）判断确定评估参数。根据对该类专利技术的更新周期以及市场上产品更新周期的分析，确定该专利技术的剩余使用期限为4年。根据对该类技术的交易实例的分析，以及该技术对产品生产的贡献性分析，采用的销售收入分成率为3%。

根据过去经营绩效及对未来市场需求的分析，评估人员对未来4年的销售收入进行预测，具体结果详见表8-2。

表8-2 预期销售收入预测结果

年份	销售收入（万元）
2009	600
2010	750
2011	900
2012	900

根据当期的市场投资收益率，确定该专利技术评估中采用的折现率为15%。

（5）计算评估值，具体结果详见表8-3。

表 8-3　评估值计算表

单位：万元

年份	销售收入	分成额 （销售收入×3%）	税后净额 ［分成额×（1-25%）］	收益总额 （r＝15%）
2009	600	18	13.5	11.74
2010	750	22.5	16.875	12.76
2011	900	27	20.25	13.32
2012	900	27	20.25	11.58
合计	-	-	-	49.4

因此，该专利技术的评估值为 49.4 万元。

2. 成本法

采用成本法评估专利权关键需要确定专利权的重置成本和折现率。专利分为自制和外购两种，外购的重置成本易确定，自创专利技术的成本一般由下列因素组成。

（1）研制成本。

研制成本包括直接成本和间接成本两大类。直接成本是指研制过程中直接投入发生的费用；间接成本是指与研制开发有关的费用。

①直接成本。直接成本一般包括：材料费用，即为完成技术研制所耗费的各种材料费用；工资费用，即参与研制技术的科研人员和相关人员的费用；专用设备费，即为研制开发技术所购置或专用设备的摊销；资料费，即研制开发技术所需的图书、资料、文献、印刷等费用；咨询鉴定费，即为完成该项目发生的技术咨询、技术鉴定费用；协作费，即项目研制开发过程中某些零部件的外加工费以及使用外单位资源的费用；培训费，即为完成本项目，委派有关人员接受技术培训的各种费用；差旅费，即为完成本项目所发生的差旅费；其他费用。

②间接成本。间接成本主要包括：管理费，即为管理、组织本项目开发所负担的管理费用；非专用设备折旧费，即采用通用设备、其他设备所负担的折旧费；应分摊的公共费用及能源费用。

（2）交易成本。

交易成本是指发生在交易过程中的费用支出，主要包括：技术服务费，即卖方为买方提供专家指导、技术培训、设备仪器安装调试及市场开拓费；交易过程中的差旅费及管理费，即谈判人员和管理人员参加技术洽谈会及在交易过程中发生的食宿及交通费等；手续费，即有关的公证费、审查注册费、法律咨询费等；税金，即无形资产交易、转让过程中应缴纳的营业税。

当然，由于评估目的不同，其成本构成的内涵也不一样，评估时评估人员应视不同情形考虑以上成本的全部或一部分。

【例 8-6】某实业股份有限公司由于经营管理不善，企业经济效益不佳，亏损严重，将要被同行业的利达股份有限公司兼并，需要对该实业股份有限公司的全部资产进行评估。该公司有一项实用新型专利技术，是两年前自行研制开发的，并获得专利证书。现需要对该专利技术进行评估。

评估分析和计算过程如下：

（1）确定评估对象。该项专利技术是某实业股份有限公司自行研制开发并申请的专利权，该公司对其拥有所有权。被兼并企业资产中包括该项专利技术，因此，确定的评估对象是专利技术的完全产权。

（2）技术功能鉴定。该专利技术的专利权证书、技术检验报告书均齐全。根据专家鉴定和现场勘察，表明该项专利技术应用中对于提高产品质量，降低产品成本均有很大作用，效果良好，与同行业同类技术相比较，处于领先水平。经分析，企业经济效益不佳、产品滞销是由于企业管理人员素质较低、管理混乱所造成的。

（3）评估方法选择。由于该公司经济效益欠佳，很难确切地预计该项专利技术的超额收益；同类技术在市场上尚未发现有交易案例，因此，决定选用成本法。

（4）各项评估参数的估算。首先，分析测算其重置完全成本。该项专利技术是自创形成的，其开发形成过程中的成本资料可从企业中获得，具体如下：

材料费用	45 000 元
工资费用	10 000 元
专用设备费	6 000 元
资料费	1 000 元
咨询鉴定费	5 000 元
专利申请费	3 600 元
培训费	2 500 元
差旅费	3 100 元
管理费分摊	2 000 元
非专用设备折旧费分摊	9 600 元
合计	87 800 元

因为专利技术难以复制，各类消耗仍按过去实际发生定额计算，对其价格可按现行价格计算。根据考察、分析和测算，近两年生产资料价格上涨指数分别为5%和8%。因生活资料物价指数资料难以获得，该专利技术开发中工资费用所占份额很少，所以可以将全部成本按生产资料价格指数调整，即可估算出重置完全成本。

重置完全成本 = 87 800 × （1 + 5%） × （1 + 8%） = 99 565（元）

其次，确定该项专利技术的成新率。该项实用新型的专利技术，法律保护期限为10年，尽管还有8年保护期限，但根据专家鉴定分析和预测，该项专利技术的剩余使用期限仅为6年，由此可以计算成新率为：

成新率 = 6/（2 + 6） × 100% = 75%

（5）计算评估值，得出结论。

评估值 = 99 565 × 75% = 74 673.75（元）

即该项专利技术的评估值为 74 673.75 元。

二、非专利技术的评估

（一）非专利技术的含义和特点

非专利技术又称专有技术，是指未公开或未申请专利但能为拥有者带来超额经济利益或竞争优势的知识和技术，包括设计资料、工艺流程、材料配方、经营诀窍、特殊的产品保存方法、质量控制管理经验、工程图纸和数据等技术资料。非专利技术与专利权不同，从法律角度讲，它不是一种法定的权利，而仅仅是一种自然的权利，是一项收益性无形资产。从这一角度来说，进行非专利技术的评估，应先鉴定非专利技术，分析、判断其存在的客观性。显然，这一判断要比专利权的判断略显复杂些。非专利技术有如下特点。

1. 实用性

非专利技术的价值取决于其是否能够在生产实践过程中操作，不能应用的技术不能称为非专利技术。

2. 新颖性

非专利技术所要求的新颖性与专利技术的新颖性不同，非专利技术并非要具备独一无二的特性，但它并非是任何人都可以随意得到的东西。

3. 获利性

非专利技术必须有价值，表现在它能为企业带来的超额利润。价值是非专利技术能够转让的基础。

4. 保密性

非专利技术最主要的特性就是保密性。非专利技术不是一种法定的权利，其自我保护是通过保密性进行的。

（二）非专利技术与专利技术的区别

（1）非专利技术具有保密性，而专利技术则是在专利法规定范围内公开的。一项技术一经公开，获取它所耗费的时间与投资远远小于研制它所耗费的时间和投资，同时必须要有法律手段保护发明者的所有权。没有专利权又不公开的技术，所有者只有通过保密手段进行自我保护。

（2）非专利技术的内容范围很广，包括设计资料、技术规范、工艺流程、材料配方、经营诀窍和图纸等，而专利技术通常包括三种，即发明、外观设计和实用新型。

（3）专利技术有明确的法律保护期限，非专利技术没有法律保护期限。

（4）对专利技术的保护通常按《专利法》条文进行，对非专利技术保护的法律主要有《中华人民共和国合同法》、《中华人民共和国反不正当竞争法》等相关法律。

（三）影响非专利技术评估值的因素

在非专利技术评估中，评估人员应注意研究影响非专利技术评估值的各项因素。

1. 非专利技术的使用期限

非专利技术依靠保密手段进行自我保护，没有法定保护期限。但是，非专利技术作为一种知识和技巧，会因技术进步、市场变化等原因被先进技术所替代。非专利技术一旦成为一项公认的使用技术，它就不存在价值了。因此，非专利技术的使用期限应由评估者根据本领域的技术发展情况、市场需求情况及技术保密情况进行估算，也可以根据双方合同的规定期限、协议情况估算。

2. 非专利技术的预期获利能力

非专利技术具有使用价值和价值，使用价值是非专利技术本身应具有的，而非专利技术的价值则在于非专利技术的使用所能产生的超额获利能力。因此，评估时应充分研究和分析非专利技术的直接与间接获利能力，这是确定非专利技术评估值的关键，也是评估过程中的困难所在。

3. 非专利技术的市场情况

技术商品的价格也取决于市场供求情况，市场需求越大，其价格越高，反之价格则低。从非专利技术本身来说，一项非专利技术的价值高低取决于其技术水平在同类技术中的领先程度。在科学技术高速发展的情况下，技术的更新换代的速度加快，无形损耗加大，一项非专利技术很难持久处于领先水平。另外，非专利技术的成熟程度和可靠程度对其价值量也有很大的影响。技术越成熟、可靠，其获利能力越强，风险越小，价值越高。

4. 非专利技术的开发成本

非专利技术取得的成本也是影响非专利技术价值的因素。评估人员进行非专利技术的评估时，应根据不同技术特点，研究开发成本和其获利能力的关系。

（四）非专利技术的评估方法

非专利技术的评估方法与专利权评估方法基本相同，这里不再赘述。下面介绍非专利技术评估中成本法和收益法的应用。

1. 成本法

【例 8-7】某企业现有不同类型的设计工艺图纸 8 万张，需进行评估，以确定该设计工艺图纸的价值。估算过程如下：

第一步，分析鉴定图纸的使用状况。评估人员根据这些图纸的尺寸和所给产品的种类、产品的周期进行分析与整理。通过分析，将这些图纸分成以下四种类型（这也是一般用于确定图纸类型的标准）。

（1）活跃/当前型：6.2 万张。活跃/当前型是指目前正在生产，可随时订货的产品零件、部件、组合件的工程图纸及其他工艺文件。

（2）半活跃/当前型：0.9 万张。半活跃/当前型是指目前已不再成批生产但仍可订货的产品零部件、组合件的工程图纸及其他工艺文件。

（3）活跃/陈旧型：0.7 万张。活跃/陈旧型是指计划停止生产但目前仍可供销售的产品的零部件、组合件的工程图纸及其他工艺文件。

（4）停止生产而且不再销售的产品的零部件、组合件的工程图纸及其他工艺文件，计0.2 万张。

根据分析确定，继续有效使用的图纸计 7.1 万张。

第二步，估算图纸的重置完全成本。根据图纸设计、制作耗费及其现行价格分析确定这批图纸每张的重置成本为 120 元。由此可以计算出这批图纸的重置完全成本。

图纸的重置完全成本 = 71 000 × 120 = 8 520 000（元）

第三步，估算图纸的贬值。对重置完全成本总额还需按其产品的剩余使用年限与总使用年限的比较百分比（也称条件百分比）进行调整。即条件百分比 =（剩余使用年限/总使用年限）×100%。

假如由活跃/当前型图纸控制产品的剩余使用年限为 5 年，总使用年限为 10 年，则其条件百分比为：

条件百分比 = 5/10 × 100% = 50%

根据这种做法，可以分别计算每种类型图纸的条件百分比。为了简化估算，假定估算出综合条件百分比为 40%。

第四步，估算这些图纸的价值。

8 520 000 × 40% = 3 408 000（元）

2. 收益法

【例 8-8】某评估公司对中佳股份有限公司准备投入中外合资企业的一项非专利技术进行评估。根据双方协议，确定该非专利技术收益期限为 5 年，试据有关资料确定该非专利技术评估值。

（1）预测、计算未来 5 年的收益，（假定评估基准日为____年 12 月 31 日）预测结果详见表 8-4。

表 8-4　未来 5 年非专利技术收益预测表

项目	第 1 年	第 2 年	第 3 年	第 4 年	第 5 年
销售量（件）	35	45	45	45	45
销售单价（万元）	2.2	2.2	2.2	2.2	2.2
销售收入（万元）	77	99	99	99	99
减：成本、费用（万元）	21.84	27.935	27.935	27.935	27.935
利润总额（万元）	55.16	71.065	71.065	71.065	71.065
减：所得税（万元）	13.79	17.77	17.77	17.77	17.77
税后利润（万元）	41.37	53.30	53.30	53.30	53.30
非专利技术分成率（%）	40	40	40	40	40
非专利技术收益（万元）	16.55	21.3	21.3	21.3	21.3

（2）确定折现率。根据银行利率确定安全利率为 6%，根据技术所属行业及市场状况确定风险率为 14%，由此可确定折现率为 20%。

（3）计算确定评估值。

$$非专利技术评估值 = \sum_{t=1}^{5} 各年非专利技术收益 / (1+r)^t$$
$$= 16.55 \times 0.833\ 3 + 21.3 \times 0.694\ 4 + 21.3 \times 0.578\ 7 + 21.3 \times 0.482 +$$
$$21.3 \times 0.401\ 9$$
$$= 59.7（万元）$$

三、著作权的评估

（一）著作权的含义和特点

著作权也称版权，是指作者及其他著作权所有人对文学、艺术和科学作品所享有的各项专有权利。我国《著作权法》具体规定了受版权保护的作品，主要包括文字作品；口述作品；音乐、戏剧、曲艺、舞蹈、杂技艺术作品；美术、建筑作品；摄影作品；电影作品及类似作品；工程设计图、产品设计图、地图、示意图等图形作品和模型作品；计算机软件；法律、行政法规规定的其他作品。著作权作为知识产权的一部分，具有知识产权的一般特性，即具有专有性、地域性、时间性。

1. 专有性

专有性是指法律赋予著作权所有人对其作品享有排他性权利。《著作权法》规定了12项经济权利，主要包括复制权、发行权、出租权、展览权、表演权、放映权、播放权、信息网络传播权、摄制权、改编权、翻译权和汇编权。

2. 地域性

地域性是指著作权只在授权国境内享受该国著作权法的保护。除非存在有关协议和公约，否则著作权在未授权国不能获得保护。《著作权法》虽然属于国内法，但我国参加了《尼泊尔公约》和《世界版权公约》，并成为世贸组织的成员，这样版权受到保护的区域就超过了一个国家的范围。这一点与专利、商标等需要申请的权利不同，因为版权采用"自动获得"原则。

3. 时间性

时间性是指著作权的保护具有一定期限。版权中的作者署名权、修改权、保护作品完整权的保护期不受限制，永远归作者所有。

公民作品的发表权、使用权和获得报酬权的保护期为作者终生至死亡后50年，若为合作作品，应为最后死亡的作者死亡后50年。单位作品的发表权、使用权和获得报酬权的保护期为首次发表后50年。电影、电视、录像和摄影作品的发表权、使用权和获得报酬权的保护期为首次发表后的50年。

计算机软件的保护期限在新修改的《计算机软件保护条例》中做了修改。根据新的《计算机软件保护条例》，软件版权自软件开发完成之日起产生。自然人的软件版权保护期为自然人终生及其死亡后50年，即截止自然人死亡后第50年的12月31日；软件是合作开发的，截止于最后死亡的自然人死亡第50年的12月31日。法人或者是其他组织的软件版权，保护期为50年，截止于软件首次发表后第50年的12月31日，但软件自开发完之日起50年内未发表的，本条例不予以保护。

（二）著作权与专利权和商标权的区别

首先，著作权的专有性只针对作品本身的复制商品，这种专有性与专利权的专有性相比只是相对的。同样内容的作品，只要是各自独立创作而不是相互抄袭，其所有人都可以获得著作权保护，即相同内容的作品，其著作权可同时为多人所有；而相同内容的发明创造，其专利权只能授予一个。其次，著作权并不限制他人应用作品的内容于实践领域；但他人在使用专利内容前必须先取得专利权人的许可。

另外，著作权与商标权也有不同之处，商标权离不开使用该商标的特定商品，只要与在先注册的同类商品上的商标相同或近似就不能取得商标权，而相同作品依上所述，则可以同时取得著作权。

根据 2011 年 7 月 1 日实施的《著作权资产评估指导意见》，著作权资产是指权利人所拥有或者控制的，能够持续发挥作用并且预期能带来经济利益的著作权的财产权益和与著作权有关权利的财产权益。

（三）著作权的评估

著作权的评估指的是对其转让价值进行评定估算，一般可以用收益现值法来进行评估。著作权作为知识产权的一种，它的评估与对专利权、商标权的评估一样，在评估对象的确定及评估参数选取方面，具有与有形资产评估不同的特征，评估人员进行评估时，必须给予充分的重视。然而，著作权与专利权及商标权在权利的获得方面不同，著作权的获得不需要向特定的行政部门提出申请，采用"自动保护原则"。这也使著作权的权属确定及权力范围的划定更加复杂。

注册资产评估师执行著作权资产评估业务时，应当根据评估对象、评估目的、价值类型、资料收集情况等相关条件，分析收益法、市场法和成本法三种资产评估基本方法的适用性，恰当选择一种或者多种评估方法。

注册资产评估师运用收益法进行著作权资产评估时，应当根据著作权资产对应作品的运营模式合理估计评估对象的预期收益，并关注运营模式法律上的合规性、技术上的可能性、经济上的可行性；合理确定资产的剩余经济寿命；综合考虑评估基准日的利率、资本成本，以及著作权实施过程中的技术、经营、市场、生命周期等方面的风险因素，合理确定折现率。

注册资产评估师运用市场法进行著作权资产评估时，应当对收集的交易案例与评估对象进行比较，分析在交易时间、权利种类或者形式以及限制条件、交易方的关系、获利能力、竞争能力、剩余经济寿命、风险程度等方面的差异。

注册资产评估师运用成本法进行著作权资产评估时，应当合理确定作品的重置成本；了解著作权资产的贬值在其经济寿命期内可能不是均匀分布的；采用适当方法确定评估对象的贬值。

注册资产评估师对同一著作权资产采用多种评估方法评估时，应当对各种方法取得的初步结果进行比较和分析，以形成合理的最终评估结论。

【例 8-9】某著名文学家准备出售其刚刚完成的一部长篇小说的版权，据专家预测，该部长篇小说在未来 5 年内的收益为每年 100 万元，无风险利率为 15%，行业风险报酬率为 10%，收益分成率为 100%。求转让该部小说版权的评估价值。

解：评估值 = 收益现值 × 收益分成率

= 年收益额 × 折现系数 × 收益分成率

$= 100 \times (P/A, 25\%, 5) \times 100\%$

$$= 268.93 \text{（万元）}$$

即转让该部小说版权的评估价值为 268.93 万元。

第五节　权利型无形资产的评估

权利型无形资产是通过法律行为创设的非知识型无形资产，本节主要介绍商标权和特许权的评估。

一、商标权的评估

（一）商标的含义和分类

商标是商品的标记，是商品生产者或经营者为了把自己的商品区别于他人的同类商品，在商品上使用的一种特殊标记。这种标记一般是由文字、图案、颜色或几种要素组合而成的。商标的种类有很多，依照不同的标准可以有不同的分类。

（1）按是否有法律保护划分，可以分为注册商标和非注册商标。《商标法》规定："经商标局核准注册的商标为注册商标，包括商品商标、服务商标、集体商标和证明商标；注册人享有商标专有权，受法律保护。"我们所说的商标权的评估是指注册商标专有权的评估。

（2）按商标的构成划分，可以分为文字商标、图案商标、符号商标、色彩商标和文字图案组合商标等。

（3）按商标的作用划分，可以分为商品商标、服务商标、集体商标、证明商标等。在这里，集体商标是指以团体、协会或者其他组织名义注册，供该组织成员在商事活动中使用，以表明使用者在该组织中的成员资格的标志。证明商标是指由对某种商品或者服务具有监督能力的组织所控制，由该组织以外的单位或个人使用于其商品或者服务，用以证明该商品或服务的原产地、原料、制造方法、质量或者其他特定品质的标志。

（二）商标权的含义和特点

商标权是商标注册后，商标所有者依法享有的权益。它受法律的保护，未注册商标不受法律保护。商标权一般包括排他专用权（又称独占权）、转让权、许可使用权和继承权等。

排他专用权是指注册商标的所有者享有禁止他人未经其许可而在同一种商品劳务或类似商品劳务上使用其商标的权利。转让权是商标所有者作为商标权人，享有将其拥有的商标转让给他人的权利。我国《商标法》规定："转让注册商标的，转让人和受让人应当签订转让协议，并共同向商标局提出申请。受让人应当保证使用该注册商标的商品质量。转让注册商标经核准后，应予以公告。"许可使用权是指商标权人依法通过商标使用许可合同允许他人使用其注册商标。商标权人通过使用许可合同，转让的是注册商标的使用权。继承权是指商标权人将自己的注册商标交给指定的继承人继承的权利，但这种继承必须依法办理有关手续。根据 2012 年 7 月 1 日实施的《商标资产评估指导意见》，商标资产是指权利人所拥有或者控制的，能够持续发挥作用并且能带来经济利益的注册商标权益。

商标权和专利权一样，都需要经过申请、审批、核准、公告等法定程序才能获得。但商标权与专利权相比，有如下特点。

（1）《专利法》规定取得专利权的技术要求是新颖性、创造性和实用性；而商标权取得的条件是具有显著性、不重复性和不违反禁用条款。

（2）专利权有法定的有效保护期限，一般不准续展；而商标权尽管注册时需要规定有效期，如我国商标法规定 10 年，其他国家规定最长为 20 年，最短为 5 年，但是到期时需要继续使用的还可以按照每一期 10 年续展，得到商标局批准续展注册，商标权依然存在。

（三）影响商标权价值的因素

商标权作为一种无形资产，其经济价值并非简单地由设计、制作、申请、保护等方面所耗费用而形成。广告宣传有利于扩大商标的知名度，并需要花费高额费用，但这些费用对商标资产价值起影响作用，而不是决定作用。商标资产的经济价值体现为它能获得超额收益，若不能带来超额收益，商标权也就不具有经济价值。商标带来超额收益的原因是它所代表的企业的商品质量、性能、服务等效应因素的综合性、重复性的显示，甚至是一定的效用价格比的标志。它实际上是对企业生产经营的状况，尤其是技术状况、管理状况、营销技能的综合反映。另外，商标资产的评估值还与评估基准日的社会、经济状况以及评估目的等密切相关。因此，评估人员对商标资产价值的评估应重点考虑如下几个方面的内容。

1. 商标的法律状态

（1）商标注册情况。我国实行的是"不注册使用与注册使用并存，仅注册才能产生专用权"的商标专用权制度。按照这种制度，只有获得了注册的商标，使用人才享有专有权，才有权排斥他人在同类商品上使用相同或相似的商标，也才有权对侵权活动起诉。因而只有注册了的商标才具有经济价值。未注册的商标即便能带来经济效益，其经济价值也得不到确认。

（2）商标权的失效。在我国，注册商标的有效期是 10 年，10 年届满如果没有申请续展，则商标的注册将被注销，商标权失效。另外，还有几种情况可能导致商标权的失效，如自行改变注册商标的；自行改变注册商标的注册人名义、地址或者其他注册事项的；自行转让注册商标的；连续三年停止使用的。商标权一旦失效，原商标所有人就不再享有商标专用权，同时也失去了评估对象，并不再具有经济价值。

（3）商标权的续展。商标注册人提出续展申请，并经商标局核准，商标权可以无限续展。在合法续展的情况下，商标权可成为永久性收益的无形资产，驰名老牌商标权的价值一般与其寿命成正比，即寿命越长，价值越高。如果没有商标续展的规定，一个驰名商标在临近保护期前一年进行评估，其评估值可能不如一个刚刚注册、有效期还有 10 年的非驰名商标。但实际上，由于有续展期的规定，没有人愿意出高价购买非驰名商标，原因是驰名商标通过续展可以长期为购买者带来比较高的超额收益。

（4）商标权的地域范围。商标权的地域范围对商标权的价值有很大影响。商标权具有严格的地域性，商标权只有在法律认可的一定地域范围内受到保护。由于不同国家存在着不同的商标保护原则，商标权并不是在任何地方都受到保护。商标所有者所享有的商标权只能在授予该项权利的国家领域内受到保护，在其他国家则不发生法律效力。如果需要得到其他国家的法律保护，必须按照该国的法律规定，在该国申请注册，或向世界知识产权组织国际局申请商标国际注册。例如，"可口可乐"商标权价值为 434.27 亿美元，这个评估值就没有说明该商标权是在美国转让还是在世界各国转让，而这二者之间可能相差 100 倍。因此，商标注册的地域范围也是影响商标权价值的因素。

（5）商标权在特定的商品范围内有效。商标注册的商品种类及范围影响商标资产的价值。商标注册申请采用"一类商品、一个商标、一份申请"的原则。评估人员评估商标资产价值时，要注意商标注册的商品种类及范围，要考虑商品使用范围是否与注册范围相符合。商标权只有在核定的商品上使用时才受法律保护，对超出注册范围部分所带来的收益不应计入商标资产的预期收益中。

2. 商标的知名度

商标的知名度即商标的驰名度。商标的知名度越大，其价值就越高。很多国家对驰名商标的保护力度远大于非驰名商标，对驰名商标的认定一般也有着苛刻的条件和复杂的手续。因而一般情况下，同一行业驰名商标的价值高于非驰名商标的价值，所以取得驰名商标认定的商标，其价值高于普通商标的价值。

不同的商标可为商标权人带来不同的收益，同样的商品给企业带来的收益会相差甚远。驰名商标依照《保护工业产权巴黎公约》、世界贸易组织的《知识产权协议》及多数国家的商标法，都享有受特殊保护的权利。驰名商标的法律地位也会增加它的价值。

3. 商标所依托的商品

商标权是商标所有者享有禁止他人未经许可在同一种商品劳务或类似商品劳务上使用其商标的权利。商标权本身不能直接产生收益，其价值大都是依托有形资产来实现的。商标资产的经济价值是由商标所带来的效益决定的，带来的效益越大，商标资产价值就越高。商标所带来的效益是依托相应的商品来体现的，主要与以下因素有关。

（1）商品所处的行业及前景。一种商品离不开其所在的行业，行业的状况直接影响到商品的生产规模、价格、利润率等经济指标，进而影响到商标的价值。商标所依托的商品所在的行业发展情况，对商标资产的价值能产生重大影响。商标资产的价值在于其获得超额利润的能力，在销量相同的情况下，新兴行业往往是产品附加值最高的行业，其商标资产价值也高。

（2）商品的生命周期。商标资产的价值与所依托的商品所处的生命周期有关。商品的生命周期一般经历四个发展阶段，即研制阶段、发展阶段、成熟阶段、衰落阶段。若商品处于发展或成熟阶段，获得超额利润能力强，其相应的商标资产价值就高；若处于衰退阶段，获得超额利润的能力弱，其商标资产价值相对较低；若处于研制阶段，要考虑商品是否有市场、单位产品可获得的利润等因素，以确定商标资产的价值。

（3）商品的市场占有率、竞争状况。商品的市场占有率反映了商标资产的价值范围，商标资产的价值体现在获得超额利润的能力方面。两种商品以同样单价出售，其市场占有率越大，商品销量越大，利润及超额利润也越大，商标资产价值也越大。竞争状况同样影响商标资产价值，竞争越激烈、其他知名商标越多，商标资产价值就越小。

（4）商品的利润情况。商标资产的价值最终体现在能给拥有者带来的超额收益上。商品所带来的利润越多，才越有可能获得更多的超额利润，商标资产才有可能有价值。因此，商品的利润率大小是影响商标资产价值的重要因素。

（5）商品经营企业的素质。一个商标在有些企业中可能是价值连城的无形资产，而在另一些企业中，也可能变得一文不值。良好的企业经营素质可为企业带来优秀的管理、良好的商品质量和优良的企业信誉等。企业的经营素质同样影响到商标资产的价值。

（6）经营业绩。使用商标的商品，历史上经营业绩的好坏可能影响到未来收益的预测情况。好的经营业绩，预测的未来收益大，超额利润才可能更多，商标资产价值也会更高；反之，商标资产价值低。历史上的经营业绩是采用收益法评估商标资产价值的基础依据。

4. 宏观经济状况

商标资产的价值与宏观经济形式密切相关，当评估基准日宏观经济高涨时，评估值相对较高，低迷时评估值相对较低。另外，宏观经济政策对商标价值评估也有一定影响，财政政策、货币政策是紧是松，尤其是所评估商标的行业相关的政策走向，也是商标评估必须考虑的因素。

5. 评估目的

商标资产评估目的即商标资产发生的经济行为，评估目的会直接影响到评估方法的选择。同样的资产，因为评估目的不同，其评估方法的选择可能会不同，同一评估方法中各项评估参数的选取也会不同，因而评估值也往往不同。一般来说，商标所有权转让的评估值高于商标权许可使用的评估值。

6. 类似商标的交易情况

市场上类似商标的交易情况也影响商标资产的价值。当使用市场法进行商标价值评估时，可比实例及其交易情况对商标价值评估起着决定作用。可比实例及其交易情况包括可比实例的交易价格、交易情况、本身情况、交易日期等。

7. 商标设计、广告宣传

商标的优劣关系到企业的胜败兴衰。要设计一个好商标，必须具有美观、内涵丰富并能展示企业风格的特点，而商标设计的基础在于商标名称的创意和设计。

商标的广告宣传是扩大商标知名度和影响力的重要因素。通过广告使大众熟悉该种产品或服务，刺激和维持消费需求，从而扩大产品销量，为企业带来更多利润。另外，商标的广告宣传费用也是商标成本的重要组成部分。因而商标的广告宣传对其价值产生重大影响。

8. 其他因素

除上述影响商标价值评估的因素外，还有其他一些情况对商标价值造成影响，如商标的注册、使用、购买成本，商标注册时间、有无许可使用等都是影响商标资产价值的重要因素。

（四）商标权评估的程序

1. 明确评估目的

商标权评估目的即商标权发生的经济行为。从商标权转让方式来划分，可以分为商标权转让和商标权许可使用。商标权转让是指转让方放弃商标权，转归受让方所有，实际上是商标所有权出售。商标权许可使用则是拥有商标权的商标权人在不放弃商标所有权的前提下，特许他人按照许可合同规定的条款使用商标。商标权转让方式不同，评估价值也不一样。一般来说，商标所有权转让的评估值高于商标权许可使用的评估值。从股份制企业商标权评估情况来说，一般包括以商标权投资入股、商标权许可使用、商标权转让等。当股份制改造或股份公司上市时，出于股本结构、出资要求等原因，往往将商标权许可使用，这样既可以保证股份制企业正常生产经营，又不影响其股权结构和出资规定。在这种情况下，评估人员不仅要对商标权进行评估，还应评估出年许可使用费标准，作为签订许可使用合同的依据。

2. 搜集相关资料

（1）商标注册人的基本情况。

（2）商标和有关权利事项登记情况。

（3）商标权利限制情况，包括在时间、地域方面的限制以及质押、法律诉讼等。

（4）公众对商标的知晓程度。

（5）商标使用的持续时间。

（6）商标宣传工作的持续时间、程度和地理范围。

（7）与使用该商标的商品或者服务相关的著作权、专利、专有技术等其他无形资产权利的情况。

（8）宏观经济发展和相关行业政策与商标商品或者服务市场发展状况。

（9）商标商品或者服务的使用范围、市场需求、经济寿命、同类商品或者服务的竞争状况。

（10）商标使用、收益的可能性和方式。

（11）类似商标近期的市场交易情况。

（12）商标以往的评估及交易情况。

（13）商标权利维护方面的情况，包括权利维护方式、效果、成本费用等。

3. 确定评估方法

注册资产评估师运用收益法评估商标资产时，可以按照销售收入、利润或者现金流等口径，合理估算商标资产预期产生的收益；根据商标商品或者服务所属行业的发展趋势，合理确定收益期限；综合考虑评估基准日的利率、资本成本，以及商标商品生产、销售实施过程中的技术、经营、市场等方面的风险因素，合理确定折现率。

注册资产评估师运用市场法进行商标资产评估时，应当对收集的可比交易案例与评估对象进行比较，分析在交易时间、权利种类或形式、交易方的关系、获利能力、竞争能力、预计收益期限、商标维护费用、风险程度等方面的差异。

注册资产评估师运用成本法进行商标资产评估时，应当考虑商标资产价值与成本的相关程度，恰当考虑成本法的适用性；关注评估对象的贬值。

注册资产评估师对同一商标资产采用多种评估方法评估时，应当对各种方法形成的初步评估结论进行比较分析，形成合理的最终评估结论。

4. 计算分析，得出评估结论，撰写评估报告。

（五）商标权评估的方法——收益法

1. 商标权转让价值的评估

【例8-10】某企业将一种已经使用50年的注册商标转让。根据历史资料，该企业近5年使用这一商标的产品比同类每件产品的价格高0.7元，且每年生产100万件该产品。该商标目前在市场上呈现良好发展趋势，产品基本上供不应求。根据预测估计，如果在生产能力足够的情况下，这种商标产品每年生产150万件，每件可获超额利润0.5元，预计该商标能够继续获取超额利润的时间是10年。前5年保持目前超额利润水平，后5年每年可获取的超额利润为32万元。试评估这项商标权的价值（折现率10%）。

解：（1）计算其预测期内前5年中每年的超额利润：$150 \times 0.5 = 75$（万元）

（2）确定该项商标权价值：

$$75 \times (P/A, 10\%, 5) + 32 \times (P/A, 10\%, 5) \times 1/(1+10\%)^5$$

$$= 75 \times 3.7908 + 32 \times 3.7908 \times 0.6209$$

$$= 284.3 + 75.3167$$

$$= 359.6167 \text{（万元）}$$

由此确定商标权转让评估值为359.6167万元。

2. 商标许可价值的评估

【例8-11】甲自行车厂将红鸟牌自行车的注册商标使用权通过许可使用合同给乙厂使用，使用时间为5年。双方约定由乙厂每年按使用该商标新增利润的27%支付给甲厂，作为商标使用费。试评估该商标使用权价值。

解：首先，预测使用期限内新增利润总额取决于每辆车的新增利润和预计产量。对于产量，应根据许可合同的有关规定及市场情况进行预测。如果许可合同中规定有地域界限，在预测时必须予以考虑，否则就可能导致预测量过多，引致评估值失实。根据评估人员预测，每辆车可新增净利润5元，第一年至第五年生产的自行车分别是40万辆、45万辆、55万辆、60万辆、65万辆。

由此确定每年新增净利润为：

第一年：$40 \times 5 = 200$（万元）；

第二年：$45 \times 5 = 225$（万元）；

第三年：$55 \times 5 = 275$（万元）；

第四年：$60 \times 5 = 300$（万元）；

第五年：$65 \times 5 = 325$（万元）。

其次，确定分成率。按许可合同中确定的27%作为分成率。

再次，确定折现率。假设折现率为14%。

由此，可以计算出每年新增净利润的折现值，具体详见表8-5。

表 8-5　每年新增净利润的折现值

年份	新增净利润额（万元）	折现系数	折现值（万元）
2008	200	0.877 2	175.44
2009	225	0.769 5	173.14
2010	275	0.675 0	185.63
2011	300	0.592 1	177.63
2012	325	0.519 4	168.81
合计	–	–	880.65

最后，按 27%的分成率计算确定商标使用权的评估值为：

$880.65 \times 27\% \times (1-25\%) \approx 178.33$（万元）

二、特许权的评估

（一）特许权的含义和种类

特许权又称特许经营权或专营权，是指获准在一定区域、一定时间内经营或销售某种特定商品的专有权利。特许权一般分为两种：一种是政府特许的专营权，根据特许经营的内容，一般可分为特种行业经营权、垄断经营权、实施许可证制度行业的经营权、资源性资产开采特许权等；另一种是某企业特许另一企业使用其商标或在特定地区经营销售某产品，如"肯德基"等现代商业连锁店等。

由于特许权的获得往往以一定的对权利提供方的收益补偿为代价，同时，获得者或使用者也能从这些权利的直接应用中得到收益。因此，判定其价值时，应根据其获得者或使用者付出的代价或从应用特许权时获得的收益予以确认。

（二）特许权的评估

特许权的评估依据是被许可方使用特许权后在生产经营中取得的超额收益。特许权的评估方法可以以卖方市场为中心，以买方可能出的最高价，即拍卖价格作为其评估值；也可以用一般的资产评估方法来确定，具体来说就是，对于以转让、招商、入股或联营为目的的特许权评估，一般采用收益现值法；对于将特许权作价及入股或作为开办费入账的情况，通常采用重置成本法。另外，如果能在近期的特许权交易中找到合适的参照物，特许权的评估也可以采用市场比较法，即对参照物特许权的交易价格进行合适的调整后便可得到被评估特许权的价格。

【例 8-12】某烟草公司开业 5 年来，产量与利润持续递增。为取得更好的效益，2007 年年底该公司拟组建合资公司，要求对其烟草专卖许可证的价值进行评估。根据该公司提供的资料，评估人员预计该公司 2008 至 2012 年的利润分别为 2 175 万元、2 738 万元、3 006 万元、3 456 万元和 3 880 万元。另外，烟草行业的基准收益率为 12%，设折现率为 14%，特许权提成率为 48%。该公司将 2012 年的收益设为永续年金收益，本金化利率为 17.5%。求烟草专卖权的价值。

解：评估价值＝近期收益现值＋永续年收益/本金化利率

$$= (2\ 175 \times 0.877\ 2 + 2\ 738 \times 0.769\ 5 + 3\ 006 \times 0.675\ 0 + 3\ 456 \times 0.592\ 1 +$$
$$3\ 880 \times 0.519\ 4) \times 48\% + 3\ 880 \times 48\% \times 0.519\ 4/17.5\%$$
$$= 6\ 915.21\ (万元)$$

即烟草专卖权的价值为 6 915.21 万元。

【例8-13】甲厂为了生产、销售方便，允许另一地区的乙厂利用其专营商标，生产其专营的特种公安器材，时间为 5 年。双方约定由乙厂每年按其销售利润的 20% 向甲厂缴纳特许使用费。经预测，使用专营权期间，乙厂在第一年可获取销售利润 200 万元，第二年至第五年平均每年获取销售利润 300 万元，设折现率为 12%，求该专营权的价值。

该专营权的价值 ＝ （200 × 0.892 9 + 300 × 3.307 3 × 0.892 9） × 20%
$$= 212.90\ (万元)$$

即该专营权的价值为 212.9 万元。

第六节　商誉的评估

一、商誉的含义和特点

（一）商誉的含义

商誉通常是指企业在一定条件下，能获取高于正常投资报酬率的收益所形成的价值。这是企业由于所处地理位置的优势，或由于经营效率高，管理基础好，生产历史悠久，人员素质高等多种原因，与同行业企业相比较，可获得超额利润。

（二）商誉的特点

（1）商誉不能离开企业而单独存在。

（2）商誉是多项因素作用形成的结果，但形成商誉的个别因素不能单独计价。

（3）商誉本身不是一项单独的、能产生收益的无形资产，其价值是企业整体价值减去各单项资产之和。

（4）商誉是企业长期积累的价值。

二、商誉评估的目的

由于商誉依附于企业整体资产，不能单独转让，只能和企业同时转让，因此，人们一直认为商誉评估所服务的特定目的是企业产权转让，以及与企业产权转让有关的其他经济活动。但是，随着无形资产尤其是不可确指的无形资产，如企业文化、管理模式、客户关系、销售渠道等正日益成为企业价值构成的主体，以管理咨询为目的商誉评估需求逐渐增多。在企业价值管理中，企业的股东、债权人也希望了解这一资产信息，以便作为投资决策和评价管理者业绩的基础。企业内部经营管理者也只有清楚了解企业的商誉价值，才能对其进行有效的资本化运作，实现规模扩张。此外，当企业利益受到损害时，商誉也是要求赔偿的内容之一。同时，商誉价值的评估也是分析企业偿债能力的重要因素。

三、商誉评估的方法

商誉评估值高低与其投入的费用不直接相关，不会因为企业为形成商誉投资越多，其评估值就越高。因而，评估人员对商誉的评估并不能采用费用累加的方法。另外，商誉是由众多因素共同作用的结果，但形成商誉的个别因素具有不能够单独计量的特征，致使各项因素的定量差异调整难以运作，所以对商誉的评估也不能采用市场类比的方法。实际上，评估人员对商誉的评估通常采用割差法和超额收益法。

（一）割差法

割差法的思路就是将企业总体收益的评估价值与构成企业各单项资产的评估值之和进行比较，其差额就是商誉的价值，具体计算公式如下：

$$\text{商誉的评估值} = \text{企业整体资产评估值} - \text{企业的各单项资产评估值之和（含可确指无形资产）}$$

企业整体资产评估值可以通过预测企业未来预期收益并进行折现或资本化获取；对于上市公司，也可以按股票市价总额确定。采取上述评估方法的理论依据是，企业价值与企业可确指的各单项资产价值之和是两个不同的概念。如果有两个企业，企业可确指的各单项资产价值之和大体相当，但由于经营业绩悬殊，预期收益悬殊，其企业价值自然相差甚远。企业中的各项资产，包括有形资产和可确指的无形资产，由于其可以独立存在和转让，评估价值在不同企业中趋同。但它们由于不同的组合、不同的使用情况和管理，其运行效果也不同，导致其组合的企业价值不同，使各类资产组合后产生的超过各项单项资产价值之和的价值。

【例8-14】某企业进行股份制改组，根据企业过去经营情况和未来市场形势，预测其未来5年的净利润分别是13万元、14万元、11万元、12万元和15万元，并假定从6年开始，以后各年净利润均为15万元。根据银行利率及企业经营风险情况确定的折现率和本金化率均为10%。评估人员采用单项资产评估方法，评估确定该企业各单项资产评估之和（包括有形资产和可确指的无形资产）为90万元。试确定该企业商誉评估值。

解：首先，采用收益法确定该企业整体评估值。

$$\text{企业整体评估值} = 13 \times 0.909\,1 + 14 \times 0.826\,4 + 11 \times 0.751\,3 + 12 \times 0.683\,0 + 15 \times 0.620\,9 + 15 \div 10\% \times 0.620\,9$$

$$= 49.161\,7 + 93.135$$

$$= 142.296\,7 \text{（万元）}$$

因为该企业各单项资产评估值之和为90万元，由此可以确定商誉评估值，

商誉评估值 $= 142.296\,7 - 90 = 52.296\,7$（万元）

即该企业商誉评估值为52.296 7万元。

（二）超额收益法

商誉评估值指的是企业超额收益的本金化价格。把企业超额收益作为评估对象进行商誉评估的方法称为超额收益法。超额收益法视被评估企业的不同又可分为超额收益本金化价格

法和超额收益折现法。

1. 超额收益本金化价格法

超额收益本金化价格法是把被评估企业的超额收益进行本金化还原来确定该企业商誉价值的一种方法。超额收益本金化价格法主要适用于经营状况一直较好、超额收益比较稳定的企业，具体计算公式如下：

商誉价值＝（企业预期年收益额－行业平均收益率×该企业的单项资产评估值之和）÷适用本金化率

或　商誉价值＝被评估企业单项资产评估值之和×（被评估企业预期收益率－行业平均收益率）÷适用本金化率

式中：被评估企业预期收益率＝企业预期年收益额÷企业单项资产评估价值之和×100%

【例8-15】某企业的预期年收益额为20万元，该企业的各单项资产的评估价值之和为80万元，企业所在行业的平均收益率为20%，并以此作为适用资产收益率。试确定该企业的商誉价值。

解：商誉价值＝（200 000－800 000×20%）÷20%

＝40 000÷20%

＝200 000（元）

或：商誉价值＝800 000×（200 000/800 000－20%）÷20%

＝800 000×（25%－20%）÷20%

＝200 000（元）

即该企业的商誉价值为200 000元。

2. 超额收益折现法

超额收益折现法是把企业可预测的若干年预期超额收益进行折现，把其折现值确定为企业商誉价值的一种方法。超额收益折现法适用于评估超额收益只能维持有限期的企业，具体计算公式如下：

$$商誉价值 = \sum_{t=1}^{n} R_t (1+r)^{-t}$$

式中：R_t——第t年企业预期超额收益；

r——折现率；

n——收益年限。

【例8-16】某企业预计将在今后5年内保持其具有超额收益的经营态势，估计预期年超额收益额保持在22 500元的水平上，该企业所在行业的平均收益率为12%。试确定该企业的商誉价值。

解：商誉价值＝22 500×0.892 9＋22 500×0.797 2＋22 500×0.711 8＋22 500×0.635 5＋22 500×0.567 4

＝81 108（元）

或　商誉价值＝22 500×3.604 8＝81 108（元）

商誉的评估值可能是正值，也可能是负值，当商誉价值为负值时，有两种可能：一种是亏损企业；另一种是收益水平低于行业或社会平均收益水平的企业。商誉价值是负值时，商誉的评估无意义。所以，通常评估的商誉是正商誉。

四、商誉评估应注意的问题

目前，对商誉评估的理论和操作方法有很大争议，还没有定论，但以下问题是已经明确的，在评估时需要引起注意。

（1）对商誉进行评估主要发生在产权或经营主体发生变动时，持续经营时一般不需要评估。

（2）不是所有企业都有商誉，商誉（指正商誉值）只存在于长期具有超额收益的少数企业。一个企业在同类型企业中超额收益越高，商誉评估值越大。因此，在商誉评估过程中，如果不能对被评估企业所属行业收益水平有全面的了解和掌握，也就无法评估出该企业商誉的价值。

（3）商誉评估须坚持预期原则，即企业是否拥有超额收益，这是判断企业有无商誉和商誉大小的标志。这里所说的超额收益指的是企业未来的预期超额收益，并不是企业过去或现在的超额收益。

（4）商誉与企业负债与否、负债规模大小没有直接关系。有人认为，企业负债累累就一定没有商誉，这显然是不妥的。在市场经济条件下，负债经营是企业融资策略之一。从财务学原理分析，企业负债不影响资产收益率，而影响投资者收益率，即资本金收益率。资本金收益率与资产收益率的关系可以用下面的公式表示：

$$资本金收益率 = \frac{资产收益率}{1 - 资产负债率}$$

在资产收益率一定且超过负债资金成本的条件下，增加负债比率，可以增加资本金收益率，但并不直接影响资产收益率。资产收益率高低受制于投资方向、规模以及投资过程中的组织管理措施。商誉评估值取决于预期资产收益率，而非资本金收益率。当然，资产负债率应保持一定的限度，负债比例增大会增大企业风险，最终会对资产收益率产生影响。这在商誉评估时应有所考虑，但不能因此得出负债企业就没有商誉的结论。

五、商誉与商标的区别

商誉与商标是有区别的，反映两个不同的价值内涵。企业中拥有某项评估值很高的知名商标，但并不意味着该企业一定就有商誉，为了科学地确定商誉的评估值，注意商誉与商标的区别是必要的。

（1）商标是产品的标志，而商誉则是企业整体声誉的体现。商标与其产品相结合，它所代表的产品质量越好，市场需求越大，商标的信誉越高，据此带来的超额收益越大，其评估值也就越大；而商誉则是与企业密切相关的，企业经营机制完善并且运转效率高，企业的经济效益就高，信誉就好，其商誉评估值也就越大。可见，商标价值来自于产品所具有的超额获利能力，商誉价值则来自于企业所具有的超额获利能力。

（2）商标作为企业可辨认（确指）的无形资产，有自己特定的内容和名称，它可以单独取得和单独存在，可以在原组织继续存在的同时，转让给另一个组织；而商誉没有专门的内容，也没有法单独存在，也没有自己的名称，是不可辨认（确指）的无形资产，它与企业及其超额获利能力结合在一起，不能够脱离企业而单独存在。

（3）商标可转让所有权，也可转让使用权；商誉没有这种区分，商誉只有随企业行为的发生实现其转移或转让。

尽管商誉与商标有许多区别，但商誉与商标在许多方面是密切关联的，二者之间有时存在相互包含的因素。两者同时为企业超额收益的形成发挥作用，商誉是商标等因素作用的结果，良好的商誉也有助于商标价值的提高。

练习题

一、单项选择题

1. 某企业的预期年收益额为 320 万元，该企业的各单项资产评估价值之和为 1 200 万元，其中专利价值为 400 万元，该企业所属行业的平均收益率为 10%，适用本金化率为 10%，其商誉的评估值为（　）万元。

A. 800　　　　B. 400　　　　C. 2 000　　　　D. 2 400

2. 下列公式能够成立的是（　）。

A. 销售收入分成率＝销售利润分成率/销售利润率

B. 销售利润分成率＝销售收入分成率/销售利润率

C. 销售利润分成率＝销售收入分成率×销售利润率

D. 销售收入分成率＝1－销售利润分成率

3. 某企业 5 年前获得一项专利，法定寿命为 10 年，现对其进行价值评估，经过专家估算，截至到评估基准日，其重置成本为 120 万元，尚可使用 3 年，则该项专利的评估价值为（　）万元。

A. 45　　　　B. 50　　　　C. 60　　　　D. 72

4. 对于同一专利权来讲，其价值最高许可使用形式为（　）。

A. 普通使用许可　B. 排他使用许可　C. 交互使用许可　D. 独占使用许可

二、多项选择题

1. 无形资产的最低收费额包括（　）。

A. 卖方研究开发成本应由买方摊还的部分

B. 卖方的机会成本

C. 卖方的转让成本

D. 卖方分配到的经济租金

E. 买方分配到的经济租金

2. 在《评估准则——无形资产》中，无形资产包括（　）。

A. 商誉　B. 土地使用权　C. 专利技术　D. 著作权　E. 非专利技术

三、计算题

1. 某企业转让轴承生产新技术。经初步测算已知如下资料：（1）该企业与受让方共同使用该技术，双方的生产能力分别为40万只和60万只；（2）该技术三年前研发完成，研发成本为500万元，三年间物价上涨12%，经测算该技术已用三年，尚可使用四年；（3）转让后未来四年企业减少的收入分别为10万元、15万元、18万元和12万元，假设折现率为10%；（4）追加技术开发投入折现值为50万元。试确定转让技术的最低收费额。

2. 某企业为了整体资产转让需要进行评估。经过预测，该企业未来5年的净利润分别为100万元、110万元、120万元、150万元、160万元，预计从第6年起每年收益处于稳定状态，即每年平均为160万元。该企业一直没有负债，其有形资产只有货币资金和固定资产，且其评估值分别为100万元和500万元。该企业有一尚可使用5年的非专利技术，该技术产品每件可获得超额利润10元，目前该企业每年生产产品8万件，经过综合生产能力和市场分析预测，在未来5年每年可生产10万件，折现率为6%。试评估该企业的商誉价值。

3. 甲企业将一项专利使用权转让给乙公司使用5年，拟采用利润分成的方式收取转让费。该专利的开发研制成本为100万元，专利成本利润率为500%，乙公司的资产重置成本为3 000万元，成本利润率为15%。乙公司的实际年生产能力为20万件，每件生产成本为50元，预计未来5年的市场出售价格分别为90元、90元、85元、75元、75元，折现率为10%，所得税税率为25%。试确定该专利的使用权转让费。

4. 甲企业将一项专利使用权转让给乙企业，拟采用对利润分成的方法。该专利系3年前从外部购入，账面成本为80万元，3年间物价累计上升25%。该专利的法律保护期为10年，已过4年，尚可保护6年。经专业人员测算，该专利成本利润率为400%。乙企业资产的重置成本为4 000万元，成本利润率为12.5%。通过对该专利的技术论证和发展趋势分析，技术人员认为该专利的剩余使用寿命为5年。另外，通过对市场供求状况及有关会计资料的分析得知，乙企业的实际生产能力为年产某型号产品20万台，每台的成本费用约为400元，未来5年间产量与成本费用变动不大。该产品由于采用了专利技术，性能有较大幅度的提高，未来第一年、第二年每台售价可达500元；在竞争的作用下，为了维护市场占有率，第三年、第四年售价将降为每台450元，第五年降为每台430元，折现率为10%。根据上述资料，试确定该专利的评估值（不考虑税的因素）。

第九章　流动资产评估

学习目的与要求

通过本章的学习，使学生了解：流动资产的内容、特点；流动资产评估的特点；流动资产评估范围、程序；库存材料、低值易耗品、在产品、产成品、库存商品等实物类流动资产评估；应收账款、应收票据、预付账款等债权类流动资产评估；现金、银行存款、短期投资等货币类流动资产评估和其他流动资产评估。重点要掌握实物类流动资产评估和债权类流动资产评估。

第一节　流动资产评估概述

一、流动资产的内容及特点

（一）流动资产的内容

流动资产是指企业在生产经营活动中，在一年或超过一年的一个经营周期内变现或者耗用的资产，包括库存现金、各种银行存款及其他货币资金、短期投资、应收及预付款、存货及其他流动资产等。

（1）库存现金是指企业内部各部门用于周转使用的备用金。

（2）各种银行存款是指企业的各种不同类型的银行存款。

（3）其他货币资金是指除库存现金和银行存款以外的其他资金，包括外埠存款、银行本票存款、银行汇票存款、存出投资款、信用卡存款、信用证保证金存款等。

（4）应收及预付款项包括应收账款、应收票据、其他应收款和预付账款。应收账款是指企业因销售商品、提供劳务等应向购货单位或受益单位收取的款项，是购货单位所欠的短期债务。预付账款是指企业按照购货合同规定预付给供货单位的购货定金或部分货款。

（5）短期投资是指各种能够随时变现且持有时间不超过一年的有价证券及不超过一年的其他投资，包括股票、债券和基金等。

（6）存货是指企业在生产经营过程中为销售或耗用而储备的具有实物形态的资产，包括企业的库存材料、燃料、包装物、低值易耗品、在产品、半成品、产成品和库存商品等。

（7）其他流动资产是指除以上资产之外的流动资产。

在实际评估工作中，我们一般将上述流动资产归为四类：①实物类流动资产，即上述存货的内容，是流动资产中的重要内容；②货币类流动资产，包括库存现金、银行存款、其他货币资金和短期内准备变现的短期投资；③债权类流动资产，包括各种应收及预付款项和待摊费用等；④其他流动资产，指除以上资产之外的流动资产。

（二）流动资产的特点

与固定资产相比，流动资产的特点主要表现在以下几个方面。

1. 周转速度快

流动资产在使用中要经过一个生产周期，即经过购买、生产、销售三个阶段，改变其实物形态，并将其全部价值转移到所形成的商品中，构成产品成本的重要组成部分，然后从营业收入中得到补偿。周转速度快是流动资产最主要的特征。因此，判断一项资产是否是流动资产，不仅仅要看资产的表面形态，还要视其周转状况而定。

2. 变现能力强

流动资产的周转速度快在一定程度上决定了其变现能力强，变现能力强是企业的流动资产区别于其他资产的重要标志。但是，各种形态的流动资产，其变现速度又有所区别。按其变现能力的强弱排序，首先是货币资金，其次是短期投资，再次是较易变现的债权类流动资产和可在短期内出售的存货，最后是在产品和准备耗用的其他物资。变现能力反映一个企业的对外支付能力和偿还债务的能力。因此，一个企业拥有的流动资产相对越多，企业对外支付和偿还债务的能力越强，企业的风险就相对较小。

3. 形态多样化

流动资产在周转过程中不断改变其形态，即由货币形态开始，经过供应、生产、销售等环节，最后又变成为货币形态。各种形态的流动资产在企业中同时并存，分布于企业的各个生产环节。尤其是实物类流动资产，不仅不同行业的流动资产的实物形态千差万别，而且即使是相同的行业，不同类型的企业的流动资产的实物形态也差别很大。

二、流动资产评估的特点

（一）合理确定流动资产的评估基准日

流动资产的显著特点就是周转速度快，这就使资产的构成、价值和数量都处于一种变化的状态中，而资产评估是确定资产在某一时点的价值。因此，应该充分利用会计资料，评估基准日应尽可能与会计保持一致，选择在会计期末。同时，评估人员还必须在规定的时点进行资产清查、登记和确定流动资产数量，避免重复登记和遗漏登记现象的发生。

（二）流动资产的评估对象是单项资产

流动资产的评估主要是以单项资产为对象进行价值评估的。因此，流动资产的评估只需根据其本身的特点进行，而不需要以其综合获利能力进行综合性评估。

（三）流动资产评估中的资产清查要分清主次，掌握重点

流动资产具有数量较大、种类较多的特点，因此，清查工作量很大，评估人员进行评估时要考虑时间要求和评估成本。一般来说，流动资产评估往往需要根据不同企业的生产经营特点和流动资产分布的特点，分清主次、重点和一般，选择不同的方法进行清查和评估。清查采用的方法可以是抽查、重点清查和全面盘点。当抽查核实中发现原始资料或清查盘点工作可靠性较差时，要扩大抽查范围，直至核查全部流动资产。

（四）流动资产评估对会计资料的依赖性较大

基于上述流动资产的数量较大、种类较多、周转速度快的特点，许多价格资料很难通过市场一一获取，而只能依赖会计核算资料。那么，为了保证评估结果的质量，要求评估人员认真判断会计资料的真实性、准确性和完整性。

（五）流动资产的账面价值基本可以反映其现值

由于流动资产周转速度快，变现能力强，在价格变化不大的情况下，流动资产的账面价值基本上可以反映其现值。因此，在特定的情况下，可以采用历史成本作为评估值。同时，评估流动资产时一般不需要考虑资产的功能性贬值，其实体性贬值的计算只适用于在用低值易耗品和呆滞、积压存货类流动资产的评估。

三、流动资产评估的程序

（一）确定评估对象和评估范围

在进行流动资产评估前，评估人员要先确定被评估资产的对象和范围，这是保证评估质量的重要条件之一。被评估对象和评估范围应依据经济活动所涉及的资产范围而定。同时，在实施评估前评估人员应做好下列工作。

（1）界定流动资产的范围。进行流动资产的评估，必须界定被评估流动资产的范围，注意划清流动资产与非流动资产的界限，防止将不属于流动资产的机器设备等作为流动资产，也不得把属于流动资产的低值易耗品等作为非流动资产，以避免重复评估和漏评估。

（2）核实待评估流动资产的产权。企业在进行资产评估前，应先核实流动资产的产权，及存放在企业的外单位委托加工材料、代为保管的材料物资等。尽管这些物资存在于该企业中，但由于其产权不属于被评估单位，故不得将其列入流动资产的评估范围。

（3）对被评估流动资产进行抽查核实。例如，要核实各类存货的实际数量与企业申报的数字是否一致；各类应收及预付款项有无重复记录和漏记问题；库存现金是否与会计账目上的数字相符等。一份准确的评估资产清单是正确评估资产价值的基础材料，被评估资产的清单应以实存数量为依据，而不能仅仅以账面记录为准。

（二）对实物形态的流动资产进行质量检测和技术鉴定

对企业需要评估的材料、半成品、产成品等流动资产进行质量和技术状况的调查与了解，目的是为了解这部分资产的质量状况，以便确定其是否还具有使用价值，并核对其技术情况和等级与被评估资产清单的记录是否一致。对被评估资产进行技术检测是正确评估资产价值的重要基础。特别是对那些时效性较强的存货，如有保鲜期要求的食品、有有效期要求的药品和化学试剂等，对其进行技术检测和鉴定尤为重要。存货在存放期内若质量发生变化，会直接影响其变现能力和市场价格。因此，评估人员必须考虑各类存货的内在质量因素。对各类存货进行质量检测和技术鉴定，可由被评估企业的有关技术人员、管理人员与评估人员合作完成，也可以参考独立第三方的专业报告，再由评估人员进行专业判断。

（三）对企业的债权情况进行分析

根据对被评估企业与债务人经济往来活动中的资信情况的调查与了解，以及对每项债权资产的经济内容、发生时间的长短及未清理的原因等因素进行核查，综合分析确定各项债权回收的可能性、回收的时间、回收时将要发生的费用等。

（四）选择适当的评估方法进行评估

评估方法的选择应该根据评估的目的和不同种类流动资产的特点来定。流动资产的种类很多，不同类型的流动资产的评估方法不同。具体来讲，对于实物类流动资产，可以采用市场法或成本法。对存货类流动资产的评估，如果其价格变动较大，则以市场价格为基础，对购入价格较低的存货，按现行市价进行调整；而对购入价格较高的存货，除考虑现行市场价格外，还要分析最终产品价格是否能够相应提高，或存货本身是否具有按现行市价出售的可能性。对于货币类流动资产，其清查核实后的账面价值本身就是现值，不需采用特殊方法进行评估，只需对外币存款应按评估基准日的汇率进行折算。对于债权类流动资产评估，宜采用可变现净值进行评估。对于其他流动资产，应视情况进行，其中有低值易耗品等流动资产，则应视其具体情形，采用与机器设备等相同或相似的方法进行评估。

（五）评定估算，得出评估结论

流动资产评估是企业整体资产评估的一部分，因此可以不作单独的评估报告，但得出相应的评估结论后，应撰写流动资产评估情况说明或流动资产评估分析报告。

第二节　实物类流动资产评估

实物类流动资产包括各种材料、包装物、低值易耗品、在产品、产成品及库存商品等。实物类流动资产评估是流动资产评估的重要内容。

一、材料的评估

（一）材料评估的内容

企业中的材料按其存放地点，可以分为库存材料和在用材料。在用材料在生产过程中已经形成产品或半成品，不再作为单独的材料存在，因此这里所说的材料评估主要是对库存材料的评估。库存材料包括各种主要材料、辅助材料、燃料、修理用备件、包装物、低值易耗品等。包装物和低值易耗品虽然与材料相似，都保持着购进时的实物形态，但由于其使用的时间较长，因此评估方法也有些区别。

库存材料具有品种多、数量大、金额大，而且计量单位、购进时间和自然损耗等各不相同的特点，评估人员进行评估时要注意以下几点。

（1）保证被评估库存材料的账实相符。在对被评估库存材料进行评估之前，先要对其进行盘点，清查核实其数量。一般认为，抽查的比例不应该低于库存材料金额的20%。同时，还应该检查被评估库存材料的质量，查明其中有无毒烂、变质、毁损或呆滞材料等。

（2）选择合适的评估方法。对库存材料进行评估时，市场法和成本法是较常使用的方法，评估人员要根据不同的评估目的和待估资产的特点选择合适的评估方法，保证评估结果的准确性。

（3）运用企业库存管理的 ABC 分类法。由于企业的库存材料品种、规格繁多，数量大，评估时把全部材料作为重点进行评估不太现实，可以将材料按一定的目的和要求，运用 ABC 分类法进行分类，分清重点、次重点和一般对象，着重对重点材料进行评估。

（二）材料评估的方法

1. 近期购进库存材料的评估

近期购进的材料库存时间短，在市场价格变化不大的情况下，其账面值与现行市价基本接近。评估人员对该类材料进行评估时，可以采用历史成本法，也可采用现行市价法。

【例 9-1】某企业两个月以前从外地购进一批材料，共 4 000 千克，单价为 400 元，当时支付的运杂费为 600 元。根据原始记录和清查盘点结果，评估时库存材料尚有 1 200 千克。试确定该批材料的评估值。

解：该批材料的评估值 = 1 200 ×（400 + 600/4 000）= 480 180（元）

即该批材料的评估值为 480 180 元。

值得注意的是，对于购进时发生的运杂费的处理，如果发生额较大，评估时应将其摊入被评估材料的评估值；如果发生额较小，评估时则可以不考虑运杂费。

2. 购进批次间隔时间长、价格变化大的库存材料的评估

对于这类材料的评估，可以采用最接近市场价格的材料价格或直接以市场价格作为其评估值。

【例 9-2】某评估人员对被评估企业的库存材料进行评估，评估基准日为 2012 年 12 月 31 日。该材料分两批购进，第一批购进时间为 2011 年 1 月，购进 1 500 吨，单价为 450 元/吨，第二批购进时间为 2012 年 11 月，购进 2 000 吨，单价为 300 元/吨。截至评估基准日，2011 年购入的材料还剩 100 吨，2012 年购入的还剩 1 800 吨。因此，尚需评估的材料数量为 1 900 吨。可以直接按照现行的市场价格 300 元/吨计算，则评估值为多少。

解：该批材料的评估值 = 1 900 × 300 = 570 000（元）

值得注意的是，各企业对材料的购进时间和购进批次等的核算在会计上采用不同的方法，如先进先出法、加权平均法等，这就使得材料的账面余额不同。但核算方法的差异对评估结果并无影响，因为评估时的关键是准确核查库存材料的实际数量，并在此基础上确定库存材料的评估价值。

3. 购进时间早，市场已经脱销，没有准确现价的库存材料的评估

这类材料的评估可以通过寻找替代品的价格变动资料修正材料价格；也可以在市场供需分析的基础上，确定该项材料的供需关系，并以此修正材料价格；还可以通过市场同类商品的平均物价指数进行评估。

4. 呆滞材料价值的评估

呆滞材料是指从企业库存材料中清理出来，需要进行处理的那部分材料。对于这类资产的评估，首先应对其数量和质量进行核实与鉴定，然后分不同情况进行评估。评估人员对该类材料进行评估时，应对其中失效、变质、残损、报废、无用的材料，通过分析计算，扣除相应的贬值额后确定评估值。

另外，在材料评估中，可能还有盘盈、盘亏的材料，评估时应以有无实物存在为原则进

行评估，并选用相适应的评估方法。

（三）低值易耗品的评估

低值易耗品是指不构成固定资产的劳动工具。不同行业对固定资产和低值易耗品的划分标准是不完全相同的。因此，在评估过程中判断劳动资料是否为低值易耗品，原则上视其在企业中的作用而定，一般可尊重企业原来的划分标准。同时，低值易耗品又是特殊流动资产，与典型流动资产相比，它具有周转时间长、不构成产品实体等特点。掌握低值易耗品的特点，是做好低值易耗品评估的前提。

为了保证低值易耗品评估价值的准确性，可以对其进行必要的分类。按低值易耗品的用途进行分类，可分为一般工具、专用工具、替换设备、管理用具、劳动保护用品、其他低值易耗品等；按低值易耗品的使用情况进行分类，可分为在库低值易耗品和在用低值易耗品两类。对在库低值易耗品的评估，可以根据具体情况，采用与库存材料评估相同的方法；对在用低值易耗品的评估，可以采用成本法进行评估，具体计算公式为：

在用低值易耗品评估值 = 全新低值易耗品成本价值 × 成新率

对于全新低值易耗品成本价值，如果价格变动不大，可以直接采用其账面价值；也可以在账面价值基础上乘以其物价变动指数或直接采用现行市场价格。

评估人员对低值易耗品进行评估时，由于其使用期短于固定资产，一般不考虑其功能性损耗和经济性损耗，其成新率计算公式为：

成新率 = 1 – 低值易耗品实际已使用月数/低值易耗品可使用月数 × 100%

另外，评估人员确定低值易耗品成新率时，应根据其实际损耗程度确定，而不能完全按照其摊销方法确定。

【例9-3】某企业的某项低值易耗品的原价为750元，预计使用1年，现已使用8个月，该低值易耗品现行市价为1 200元，试确定其评估值。

解：在用低值易耗品评估值 = 1 200 × （1 – 8/12）× 100% = 300（元）

二、在产品的评估

在产品包括生产过程中尚未加工完毕的在制品、已加工完毕但不能单独对外销售的半成品（可直接对外销售的半成品视同产成品评估）。评估人员对这部分资产进行评估时，一般可采用成本法或现行市价法进行。

（一）成本法

这种方法是根据技术鉴定和质量检测的结果，按评估时的相关市场价格、费用水平重置同等级在产品及半成品所需投入合理的料工费计算评估值。这种评估方法只适用于生产周期较长的在产品的评估。对生产周期较短的在产品，主要以其实际发生的成本作为价值评估依据，在没有变现风险的情况下，可根据其账面值进行调整，具体方法如下。

1. 根据价格变动系数调整原成本

此方法主要适用于生产经营正常、会计核算水平较高的企业的在产品的评估。可参照实际发生的原始成本，根据评估基准日的市场价格变动情况，调整成重置成本，评估方法和步骤如下。

第一，对被评估在产品进行技术鉴定，将其中不合格在产品的成本从总成本中剔除。

第二，分析原成本构成，将其不合理的费用从总成本中剔除。

第三，分析原成本构成中材料成本从其生产准备开始到评估基准日止的市场价格变动情况，并测算出价格变动系数。

第四，分析原成本中的工资、燃料、动力费用以及制造费用从开始生产到评估基准日有无大的变动，是否需要进行调整，如需要调整，测算出调整系数。

第五，根据技术鉴定、原始成本构成的分析及价值变动系数的测算，调整成本，确定评估值，必要时，从变现的角度修正评估值。

计算公式为：

在产品评估价值 = 原合理材料成本 ×（1 + 价格变动系数）+ 原合理工资、费用 ×
（1 + 合理工资、费用变动系数）

需要说明的是，在产品成本包括直接材料、直接人工和制造费用三部分。制造费用属间接费用，直接人工尽管是直接费用，但也同间接费用一样较难测算。因此，评估时可将直接人工和制造费用合并为一项费用进行测算。

2. 按社会平均消耗定额和现行市价计算评估值

采用此法即按重置同类资产的社会平均成本确定被评估资产的价值。用此方法对在产品进行评估时需要掌握以下资料。

（1）被评估在产品的完工程度。

（2）被评估在产品有关工序的工艺定额。

（3）被评估在产品耗用物料的近期市场价格。

（4）被评估在产品的合理工时及单位工时的取费标准，而且合理的工时及其取费标准应按正常生产经营情况进行测算。

在产品评估价值的计算公式（只考虑一道工序）如下：

在产品评估价值 = 在产品实有数量 ×（该工序单件材料工艺定额 × 单位材料现行
市价 + 该工序单件工时定额 × 正常工资、费用）

值得注意的是，对于工艺定额的选取，应先考虑行业统一标准；若没有行业统一标准，应按照企业的现行标准。

3. 按在产品完工程度计算评估值

因为在产品的最高形式为产成品，因此，计算确定在产品评估值时可以在计算产成品重置成本基础上，按在产品完工程度计算确定在产品评估值，具体计算公式如下：

在产品评估价值 = 产成品重置成本 × 在产品约当量

在产品约当量 = 在产品数量 × 在产品完工率

【例9-4】某企业有在产品20件，材料随生产过程陆续投入，已知这批在产品的材料投入量为75%，完工程度为60%，该产品的单位定额成本为：材料定额为3 800元，工资定额为400元，费用定额为620元。试确定该批在产品的评估价值。

解：在产品材料约当产量 = 20 × 75% = 15（件）

在产品工资、费用约当产量 = 20×60% = 12（件）

在产品评估值 = 15×3 800 + 12×（400 + 620） = 69 240（元）

（二）现行市价法

采用这种方法是按同类在产品和半成品的市价，扣除销售过程中预计发生的费用后计算评估值。这种方法适用于因产品下线，在产品不能进一步加工，只能对外销售情况下的评估。一般来说，如果在产品的通用性强，能用于产品配件更换或用于维修等，其评估价值较高；若在产品属于很难通过市场出售或调剂出去的专用配件等，则只能按废料回收价格进行评估，具体的评估公式有如下两个。

公式一：在产品评估价值 = 在产品实有数量×市场可接受的不含税单价 - 预计销售过程中发生的费用

公式二：某报废在产品评估值 = 可回收废料的重量×单位重量现行的回收价格

三、产成品及库存商品的评估

产成品及库存商品是指已完工入库和已完工并经过质量检验但尚未办理入库手续的产成品以及商品流通企业的库存商品等。对此类存货应依据其变现能力和市场可接受的价格进行评估，适用的方法有成本法和现行市价法。

（一）成本法

采用成本法对生产及加工工业的产成品评估，主要根据生产、制造该项产成品全过程中发生的成本费用确定评估值，具体有以下两种方法。

1. 评估基准日与产成品完工时间接近

当评估基准日与产成品完工时间较接近且产成品成本变化不大时，可以直接按产成品的账面成本确定其评估值，具体计算公式如下：

产成品评估价值 = 产成品数量×产成品单位成本

2. 评估基准日与产成品完工时间间隔较长

当评估基准日与产成品完工时间相距较远时，产成品的成本费用变化较大，产成品评估值有下列两种计算方法。

产成品评估价值 = 产成品实有数量×（合理材料工艺定额×单位材料现行市价 + 合理工时定额×单位时间的合理工资及费用）

或　产成品评估值 = 产成品实际成本×（材料成本比率×材料综合调整系数 + 工资费用成本比率×工资费用综合调整系数）

【例 9-5】某企业产成品实有数为 60 台，每台实际成本为 58 元。根据会计核算资料，生产该产品的材料费用与工资及其他费用的比例为 6∶4，根据目前价格变动情况和其他相关资料，确定材料综合调整系数为 1.15，工资、费用综合调整系数为 1.02。由此试计算该产成品的评估值。

解：产成品评估值 = 60×58×（60%×1.15 + 40%×1.02） = 3 821.04（元）

即该产成品的评估值为 3 821.04 元。

（二）现行市价法

这种方法是指按不含税的可接受市场价格，扣除相关费用后计算被评估库存商品评估值的方法。评估人员采用现行市价法评估某项资产时，应注意以下几点内容。

（1）产成品的使用价值。评估人员要对产品本身的技术水平和内在质量进行鉴定，明确产品的使用价值及技术等级，进而确定合理的市场价格。

（2）分析产品的市场供求关系和被评估产品的前景。这样也有利于产品的市场价格的合理确定。

（3）市场价格的选择应以公开市场上形成的产品近期交易价格为准，非正常交易情况下的交易价格不能作为评估的依据。

（4）对于产成品的实体性损耗，如表面的残缺等可以据其损坏程度，确定适当的调整系数来进行调整。

另外，评估人员采用现行市价法评估时，市场价格中包含了成本、税金、利润的因素，对这部分利润和税金的处理应视产成品评估的不同目的和评估性质而定。如果产成品的评估是为了销售，应直接以现行的市场价格作为评估值，不需要考虑是否扣除销售费用和税金的问题；如果产成品的评估是为了投资等，由于产成品在新的企业中以市价销售后，流转税金和所得税等都要流出企业，追加的销售费用也应得到补偿。因此，在这种情况下，应从市价中扣除各种税金作为产成品的评估价值。

第三节　货币类、债权类及其他流动资产评估

一、货币类流动资产评估

（一）现金、银行存款的评估

资产评估主要是对非货币性资产而言的，货币性资产不会因时间的变化而发生变化，因此严格的讲不存在货币性资产的评估。所谓对于货币性资产的评估，尤其是对现金、银行存款的评估，主要是对数额的清查和确认。具体来说，要对现金进行盘点，并与现金日记账和现金总账核对，实现账实相符，并注意是否有"白条顶库"现象；对银行存款要进行函证，核实其实有数额，并注意企业编制的"银行存款余额调节表"是否准确。总之，评估人员进行评估时要以核实后的实有值作为评估值，如有外汇存款，应按评估基准日的国家外汇牌价折算成人民币计算。

（二）短期投资的评估

短期投资主要是企业为了利用正常营运中暂时多余的资金，购入一些可随时变现的有价证券。这样做可以一定程度上提高资金的使用效益。对于在证券市场上公开交易的有价证券，可按评估基准日的收盘价计算确定评估值；对于不能公开交易的有价证券，可按其本金加持有期利息计算评估值。

二、应收账款及预付账款的评估

应收账款和预付账款是指企业在经营过程中由于赊销等原因形成的尚未收回的款项及根据合同规定预付给供货单位的货款等。由于应收账款存在一定的回收风险，因此评估时需要在清查和核实应收账款数额的基础上，判断可能的坏账损失，然后再确定应收账款的评估值，基本计算公式如下：

应收账款评估值＝应收账款账面价值－已确定的坏账损失－预计可能发生的坏账损失

（一）确定应收账款账面价值

评估时可根据债权资产内容进行分类，即将外部债权、机构内部独立核算单位之间往来票据及其他债权分成三类，并根据其特点及内容，采取不同的方法进行核实。

（二）确认已确定的坏账损失

已确定的坏账损失是指评估时债务人已经死亡或破产倒闭而确实无法收回的应收账款。对于已确定坏账损失，应严格按有关规定进行处理，从应收账款评估值中扣除。符合下列条件之一的，应确认为坏账损失。

（1）债务人死亡，以其遗产清偿后仍无法收回的应收账款。

（2）债务人破产，以其破产财产清偿后仍无法收回的应收账款。

（3）债务人在较长时间内未履行其偿债义务，并有足够证据表明无法收回或收回的可能性极小。

（三）预计可能发生的坏账损失

预计可能发生的坏账损失应该根据应收账款回收的可能性进行判断。预计坏账损失的方法有以下几种。

1. 定性分析方法

（1）业务往来较多，对方结算信用好。这类应收账款一般能够如期全部收回。

（2）业务往来少，结算信用一般。这类应收账款收回的可能性很大，但回收时间不确定。

（3）一次性业务往来，信用情况不太清楚。这类应收账款可能只可收回一部分。

（4）长期拖欠或对方单位被撤销。这类应收账款可能无法收回。

2. 定量分析方法

（1）坏账比例法。坏账比例法是按坏账的比例，判断不可回收的坏账损失的数额。坏账比例的确定，可以根据被评估企业若干年前（一般为三至五年）的实际坏账损失额与其应收账款发生额的比例确定，具体计算公式如下：

坏账比例＝评估若干年前发生的坏账数额/评估若干年前应收账款余额×100%

坏账损失＝核实后的应收账款数额×坏账比例

（2）账龄分析法。账龄分析法是按应收账款拖欠时间的长短，分析判断可收回的金额和产生坏账的可能性。一般来说，应收账款账龄越长，坏账损失的可能性越大。因此，可将应收账款按账龄长短分成几组，按组估计坏账损失的可能性，并进而计算坏账损失的金额。

【例9-6】某企业以2006年12月31日为评估基准日，经核实其应收账款的实有数额为35 000元，具体情况详见表9-1。试确定应收账款的评估值。

表9-1 账龄分析表

单位：元

拖欠时间	应收金额	估计坏账损失率	坏账损失额	备注
未到期	18 000	1%	180	
过期三个月	10 000	3%	300	
过期半年	4 350	10%	435	
过期一年	1 000	20%	200	
过期二年	1 650	50%	825	
合计	35 000	—	1 940	

解：根据表9-1，应收账款评估值为：

应收账款评估值 = 35 000 - 1 940 = 33 060（元）

即该企业应收账款评估值为33 060元。

值得注意的是，确定应收账款评估值以后，"坏账准备"科目应按零值计算，因为"坏账准备"科目是应收账款的备抵账户，是企业根据坏账损失发生的可能性采用一定的方法计提的。对应收账款评估时，是按照实际可收回的可能性进行的。因此，确定应收账款评估值时就不必再考虑坏账准备数额了。

三、应收票据的评估

应收票据是由付款人或收款人签发、由付款人承兑到期无条件付款的一种书面凭证。应收票据按承兑人不同分为商业承兑汇票和银行承兑汇票，按其是否带息分为带息商业汇票和不带息商业汇票。商业汇票可依法背书转让，也可以向银行申请贴现。

（一）不带息票据的评估

对于不带息票据，其评估值即为票面金额。

（二）带息票据的评估

对于带息票据，其评估值除票据面值外，还包括票据利息，具体评估方法有以下两种。

1. 按本金加利息确定

应收票据的评估价值为票据的面值加上应计的利息，具体计算公式如下：

$$应收票据评估值 = 本金 \times （1 + 利息率 \times 时间）$$

【例9-7】某企业拥有一张期限为6个月的票据，本金为75万元，月息为10‰，截至评估基准日离付款期尚有一个半月，由此试确定评估值。

解：应收票据评估值 = 75 × （1 + 10‰ × 4.5）= 78.375（万元）

即该企业的应收票据评估值为78.375万元。

2. 按应收票据的贴现值计算

这种方法是指对企业拥有的尚未到期的票据，按评估基准日到银行可获得的贴现值计算确定评估值，具体计算公式如下：

$$应收票据评估值 = 票据到期价值 - 贴现息$$

其中：贴现息 = 票据到期价值 × 贴现率 × 贴现期

【例9-8】某企业向甲企业出售一批材料，价款为500万元，商定6个月收款，采取商业承兑汇票结算；该企业于4月10日开出汇票，并经甲企业承兑，汇票到期日为10月10日。现对该企业进行评估，评估基准日为6月10日。由此确定贴现日期为120天，贴现率按月息6‰计算。试确定该企业的应收票据评估值。

解：贴现息 = 500 × 120 × （6‰/30） = 12（万元）

应收票据评估值 = 500 - 12 = 488（万元）

即该企业的应收票据评估值为488万元。

与应收账款类似，如果被评估的应收票据是在规定的时间尚未收回的票据，由于会计处理上将不能如期收回的应收票据转入应收账款账户，此时，按应收账款的评估方法进行价值评估。

四、待摊费用和预付费用的评估

（一）待摊费用的评估

待摊费用是指企业已经支付或发生，但应由本月和以后月份负担的费用。待摊费用本身不是资产，它是已耗用资产的反映。因此，对于待摊费用的评估，原则上应按其形成的具体资产价值来确定。

（二）预付费用的评估

预付费用的评估主要依据其未来可产生效益的时间。如果预付费用的效益已在评估基准日前全部体现，只因发生的数过大而采用分期摊销的办法，这种预付费用不应在评估中作价。只有那些在评估基准日之后仍将发挥作用的预付费用，才是评估的对象。

【例9-9】某企业评估基准日为2013年6月30日，经核实发现评估基准日待摊和预付费用情况如下：预付一年的保险金60万元；尚待摊销的低值易耗品余额为15万元；预付的房租45万元，租期为5年，尚有3年的使用权。试确定该企业在评估基准日的待摊和预付费用的评估值。

解：（1）预付保险金的评估

根据保险金全年支付金额计算每月的分摊数额为：

分摊数额 = 60/12 = 5（万元）

保险金评估值 = 5 × 6 = 30（万元）

（2）低值易耗品的评估

低值易耗品根据实有数量和现行市场价格，确定其评估值为14万元。

（3）房屋租金的评估

按总租金数额和合约规定的租期，每年的租金为9万元，房屋的租期还有三年。

房租评估值 = 9 × 3 = 27（万元）

该企业在评估基准日的待摊和预付费用的评估值 = 30 + 14 + 27 = 71（万元）

练习题

一、单项选择题

1. 短期投资属于流动资产中的（　　）。

A. 货币类流动资产　　B. 实物类流动资产　　C. 债权类流动资产　　D. 其他流动资产

2. 流动资产评估中对功能性贬值（　　）。

A. 不考虑　　B. 必须考虑　　C. 考虑一部分　　D. 必要时考虑

3. 对外币存款应按（　　）折算。

A. 入账汇率　　B. 当月平均汇率　　C. 评估基准日汇率　　D. 当年平均汇率

4. 某企业有一张期限为六个月的商业汇票，本金100万元，月息6‰，截至评估基准日离付款期还有4个月。按本利和计算其评估值最可能为（　　）元。

A. 102.4万　　B. 101.2万　　C. 106万　　D. 100.6万

5. 某项低值易耗品原值为1 000元，预计使用一年，已使用8个月，现行市价为1 200元。其评估值最可能为（　　）元。

A. 400　　B. 330　　C. 960　　D. 750

6. 评估流动资产时有时会考虑其（　　）。

A. 经济性贬值　　B. 功能性贬值　　C. 实体性贬值　　D. 各种贬值

7. 确定应收账款评估值的基本公式是：应收账款评估值等于（　　）。

A. 应收账款账面值 - 已确认坏账损失 - 预计坏账损失

B. 应收账款账面值 - 坏账准备 - 预计坏账损失

C. 应收账款账面值 - 已确认坏账损失 - 坏账损失

D. 应收账款账面值 - 坏账准备 - 坏账损失

8. 一般来说，应收账款评估后，账面上的"坏账准备"科目应为（　　）。

A. 零　　B. 应收账款的3‰~5‰　　C. 按账龄分析确定　　D. 评估确定的坏账数字

9. 某企业三月初预付6个月的房屋租金90万元，当年5月1日对该企业评估时，应预付费用的评估值为（　　）万元。

A. 35　　B. 60　　C. 45　　D. 30

10. 某企业有一期限为10个月的应收票据，本金为500 000元，月利率为1%，截至评估基准日，离付款期尚差3个半月的时间，则该应收票据的评估值为（　　）元。

A. 532 500　　B. 500 000　　C. 517 500　　D. 523 500

二、多项选择题

1. 流动资产的特点是（　　）。

A. 周转速度快　　B. 变现能力强　　C. 存在形态多样化　　D. 收益稳定

2. 确定可能发生的坏账的方法主要有（　　）。

A. ABC分析法　　B. 坏账准备金法　　C. 账龄分析法　　D. 坏账比例法

3. 流动资产评估中实体贬值因素有可能出现在（　　）中。

A. 低值易耗品　　B. 应收账款　　C. 呆滞积压物资　　D. 产成品

4. 在产品的评估一般可以采用（　　）。

A. 成本法　　B. 市场法　　C. 收益法　　D. 清算价格法

5. 在预付费用的评估中，正确的说法是（　　）。

A. 预付费用在评估基准日前已支付，但评估基准日后才能产生效益的价值，才能成为预付费用的评估值

B. 预付费用在评估基准日前已支付，其产生的效益在评估基准日前已全部体现的，预付费用评估值为零

C. 预付费用的评估应按核实后实际支付值为其评估值

D. 对评估基准日前已经支付额预付费用的评估，应区别其在评估基准日之前和之后发生效益的情况，分别按零值和预留值（评估值）进行评定

第十章　长期投资及其他资产评估

学习目的与要求

通过本章的学习，使学生了解：长期投资的概念、分类；长期投资评估的特点与程序；股权投资的形式及评估方法；长期债权投资和股票投资的特点及评估方法。重点要掌握长期债权投资和股票投资的评估方法。

第一节　长期投资评估概述

一、长期投资的概念及分类

投资是指企业为通过分配来增加财富，或为谋求其他利益，而将资产让渡给其他单位所获得另一项资产的行为。

投资按其投资目的和持有时间分为短期投资和长期投资。长期投资是指企业不准备随时变现，且持有时间超过一年以上的投资。短期投资是指能够随时变现且持有时间不超过一年的投资。

按投资的性质不同，可分为权益性投资、债权性投资和混合性投资三类。权益性投资是指为了获取其他企业的权益或净资产而进行的投资，如对其他企业的股票投资、联营投资等。债权性投资是指为了取得债权企业进行的投资，如购买国库券、公司债券等。混合性投资通常兼有权益性投资和债权性投资的性质，表现为混合性证券投资，如企业购买的优先股股票、购买的可转换公司债券等。

二、长期投资评估的特点

（一）长期投资评估是对资本的评估

长期股权投资是投资者在被投资企业所享有的权益，虽然投资者的出资形式有货币资金、实物资产和无形资产等，但是投放到被投资企业后，就会与被投资企业的其他资产融为一体，作为该企业资产的一部分；而对于投资者而言，它们只能被作为投资资本看待，发挥着资本的功能。因此，对长期投资评估实质上是对资本的评估。

（二）长期投资评估是对被投资企业获利能力的评估

投资者进行长期股权投资的根本目的是为了获取投资收益和实现投资增值。因此，被投资企业的获利能力就成为长期投资价值的决定性因素。

（三）长期投资评估是对被投资企业偿债能力的评估

一项长期投资价格的高低主要取决于该项投资所能带来的权益，显然，这不取决于投资方，而是取决于被投资方的经营状况、财务状况。对债券形成的长期投资评估，主要考虑债务人是否有足够的偿债能力，是否按期支付利息和到期归还本金。对股权形式的长期投资评估，主要考虑被投资企业是否有较强的获利能力，能否使投资者获得较高的股息收入与资本利得。因此，被投资企业偿债能力就成为长期债券投资价值的决定性因素。

总之，长期投资评估已经超出了被评估企业，需要对被投资企业进行审计和评估。这样，长期投资评估就会受到某些限制，有一定的难度，需要充分利用资产评估的"替代原则"，寻求其他的途径或方法。

三、长期投资评估的程序

（一）明确长期投资的有关详细内容

当进行长期投资的评估时，应明确长期投资的种类、原始投资额、评估基准日余额、投资收益计算方法、历史收益额、长期股权投资占被投资企业实收资本的比例以及相关会计核算方法等。

（二）进行必要的职业判断

当进行长期投资评估时，应审核鉴定长期投资的合法性和合规性，以及判断长期投资预计可回收金额计算的正确性和合理性，判断长期投资余额在资产负债表上列示的准确性。这些都需要评估人员的职业判断。

（三）根据长期投资的特点和具体种类选择合适的评估方法

对于可上市交易的股票和债券来说，一般采用现行市价法进行评估，即按照评估基准日的收盘价确定评估值；非上市交易及不能采用现行市价法评估的股票和债券一般采用收益法，评估人员应根据综合因素选择适宜的折现率，确定评估值。

（四）评定估算，得出评估结论

根据影响长期投资的各种因素，选择相应的评估方法，测算长期投资的价值，并得出相应的评估结论。

第二节　长期债权投资的评估

一、长期债权投资及其特点

长期债权投资包括债券投资和其他债权投资，其中，债券投资是最典型的，这里主要以债券为例进行讨论。

债券是指政府、企业、银行等债务人为了筹集资金，按照法定程序发行的并向债权人承诺于指定日期还本付息的有价证券。债券基本要素包括债券面值、票面利率和到期日。根据发行主体的不同，债券可以分为政府债券、公司债券和金融债券；根据期限长短分为短期债券、中期债券和长期债券；根据是否上市流通分为上市债券和非上市债券。

从投资的角度来看，债券投资和股权投资相比，具有以下两大特点。

1. 投资风险小

和股权投资相比，债券投资的风险比较小，安全性较高。因为无论是政府、企业、银行等发行债券，国家都对其进行了严格的规定，如政府发行的债券由国家财政担保；银行发行债券要以其信誉及实力作保证；企业发行债券必须遵循国家规定的条件，即企业实力及发展前景都较好。即使债券发行者出现财务困难，或者出现企业破产，破产清算时债券持有者也拥有优先受偿权，比股权投资的安全性高。

2. 收益稳定

债券收益主要是由债券的面值和债券的票面利率决定的，二者发行时就进行了约定，即以后不随市场的变化而变化。一般情况下，为了吸引投资，债券的票面利率比同期的银行存款利率高。因此，只要债券发行主体不发生较大的变故，银行储蓄利率没有大幅度的上升，债券收益是比较稳定的。

二、债券评估

（一）上市交易债券的评估

上市交易的债券是指经政府管理部门批准，可以在证券交易所内买卖的证券，它可以在市场上自由交易、买卖。对此类债券一般采用市场法进行评估，根据评估基准日的收盘价确定它的评估值。如果在某些特殊情况下市场价格被严重扭曲，已不能反映债券的内在价值，就不能再用市场法进行评估，而应参照非上市交易债券的评估方法。同时，不论按什么方法评估，上市交易债券的评估值一般不应高于证券交易所公布的同种债券的卖出价。

评估人员采用市场法进行评估时，应在评估报告书中说明所用评估方法和结论与评估基准日的关系，并说明该评估结果应随市场价格变化而予以调整。

债券评估值的具体计算公式如下：

$$债券评估值 = 债券数量 \times 评估基准日债券的收盘价$$

【例 10-1】某评估公司受托对某企业的长期债券进行评估，其账面价值为 150 万元（债券共 1 500 张，每张面值为 1 000 元），年利率为 12%，期限为 5 年，已上市交易。据市场调查，评估基准日的收盘价为 1 800 元/张。试确定该企业的长期债券的评估值。

解：评估值 = 1 500 × 1 800 = 2 700 000（元）

（二）非上市交易债券的评估

非上市交易债券是指不能进入市场自由买卖的债券。因无法通过市场取得债券的现行市价，非上市交易债券不能采用市场法进行评估，一般采用收益法。

根据还本付息方式的不同，债券可分为定期支付利息到期还本和到期一次还本付息两种。对于不同种类的债券，评估人员应该采取不同的评估方法。

1. 到期一次还本付息债券的评估

$$P = F / (1 + r)^n$$

式中：P——债券的评估值；

F——债券到期时的本利和；

r——折现率；

n——评估基准日到债券到期日的间隔（以年或月为单位）。

其中，本利和 F 的计算还要区分单利和复利两种计算方式。

（1）采用单利计算。

$F = A(1 + m \times i)$

（2）采用复利计算。

$F = A(1 + i)^m$

式中：A——债券面值；

m——计息期次数；

i——债券利息率。

2. 每年支付利息，到期还本债券的评估

$$P = \sum_{t=1}^{n} \frac{R_t}{(1 + r)^t} + \frac{A}{(1 + r)^n}$$

式中：R_t——债券在第 t 年的利息收益。其他符号含义同上。

【例10-2】某评估公司受托对 B 企业的长期债权投资进行评估，被评估企业的"长期债权投资——债券投资"的账面价值为 10 万元，是 A 企业发行的三年期一次还本付息债券，年利率为 5%。经评估人员分析，发行企业经营业绩尚好，财务状况稳健，两年后具有还本付息的能力，投资风险较低，取 2% 的风险报酬率，以国库利率作为无风险报酬率，故折现率取 6%。该确定该债券的评估值。

解：根据前述的公式，该债券的评估值为：

$F = A(1 + m \times i) = 10 \times (1 + 3 \times 5\%) = 11.5（万元）$

$P = F/(1 + r)^n = 11.5/(1 + 6\%)^2 = 11.5 \times 0.89 = 10.235（万元）$

【例10-3】承上例的基本资料，假定该债券的面值为 5 万元，每年付一次息，债券到期一次还本。其他资料不变，试确定其评估值。

解：$P = \sum_{t=1}^{n} \frac{R_t}{(1 + r)^t} + \frac{A}{(1 + r)^n}$

$= 5 \times 5\% \times (1 + 6\%)^{-1} + 5 \times 5\% \times (1 + 6\%)^{-2} + 5 \times (1 + 6\%)^{-2}$

$= 4.908（万元）$

第三节　长期股权投资的评估

长期股权投资的投资方式分为两种，一种是直接投资，即投资主体以现金、实物资产及无形资产等直接投资到被投资企业，并取得被投资企业的出资证明书，确认股权；另一种是间接投资，即投资主体在证券市场上购买股票发行企业的股票以实现股权投资的目的。

一、股票投资的评估

（一）股票投资概述

股票投资是指企业通过购买等方式取得被投资企业的股票而实现的投资行为。股票是由股份公司发行的，用以证明投资者股东身份及权益，并据以获得股息和红利的有价证券。股票表明股东与公司的约定关系，它其实是一种特殊的信用工具，所以股票投资虽然收益较高，但风险也大。股票的种类有很多，按股票有无票面金额，分为有面值股票和无面值股票；按票面是否记名，分为记名股票和非记名股票；按股票所得权益的不同，分为普通股和优先股；按股票是否上市，分为上市股票和非上市股票。股票的价格也有很多种表现形式，包括票面价格、发行价格和账面价格，还包括清算价格、内在价格和市场价格。股票的评估与票面价格、发行价格和账面价格没有很密切的关系，但与清算价格、内在价格和市场价格有很密切的关系。

1. 清算价格

清算价格是指公司清算时，每股股票所代表的真实价格，它是公司净资产与公司股票总数之比值。

2. 内在价格

内在价格是一种理论价格或模拟市场价格。它是根据评估人员对股票未来收益的预测经过折现后得到的股票价格。股票的内在价格主要取决于公司的经营状况和发展前景等因素。

3. 市场价格

市场价格是股票在证券市场上买卖股票的价格。在市场比较完善的情况下，股票的市场价格基本上能反映其内在价格，但在市场发育不健全的情况下，股票的市场价格与其内在价格就会脱节。

（二）上市交易股票的评估

上市交易股票是指企业公开发行的，可以在股票市场上自由交易的股票。在证券市场发育完善的条件下，股票的市场价格基本上可以作为股票评估的依据，即可采用市场法进行评估；但对于发育不完善的证券市场，股票的市场价格就不能作为股票评估的依据，而应采取与非上市交易股票相同的评估方法。

上市交易股票评估值的计算公式如下：

上市交易股票评估值 = 上市交易股票股数 × 评估基准日该股票市场收盘价

【例10-4】某人持有某企业上市股票12 000股，评估基准日该股票的收盘价为每股股票18元。试确定该企业上市交易股票的评估值。

解：评估值 = 12 000 × 18 = 216 000（元）

评估人员采用市场法进行评估时，应在评估报告书中说明所用评估方法和结论与评估基准日的关系，并说明该评估结果应随市场价格变化而予以调整。

（三）非上市交易股票的评估

非上市交易股票一般采用收益法，即通过综合分析股票发行企业的经营状况和风险、历史利润和分红情况、行业收益等因素，合理预测股票投资的未来收益，并选择合理的折现率来确定评估值。

非上市交易股票可分为普通股和优先股。对于不同股票，计算其评估值的方法不同。

1. 普通股评估

普通股的股息和红利是企业剩余权益的分配，普通股未来收益的预测即为股票发行企业剩余权益的预测。这里，我们假定已经预测完成，只研究评估方法，而且根据普通股收益的趋势分为三种模型。

（1）固定红利模型。固定红利模型是针对经营比较稳定、红利分配相当稳定的普通股的评估设计的。其计算公式有如下两种。

①无限期持股。

$P = A/r$

式中：P——股票评估值；

A——固定红利；

r——折现率或资本化率。

② 有限期持股。

$$P = \sum_{t=1}^{n} \frac{A}{(1+r)^t} + \frac{P_{n+1}}{(1+r)^{n+1}}$$

式中：P_{n+1}—— 第 $n+1$ 年出售股票时的市场价格；

n—— 持股期限；

其他符号含义同上。

【例10-5】假设被评估企业拥有C公司的非上市普通股10万股，每股面值1元。在持有期间，每年的收益率一直保持在20%左右。经评估人员分析，股票发行企业经营比较稳定，管理人员素质高、管理能力强，预测该公司以后的收益能力时，按其经营状况的稳健性来估计，今后几年，其最低的收益率为16%左右。评估人员根据该企业的行业特点及当时宏观经济运行情况，确定无风险报酬率为4%（国库券利率），风险报酬率为4%，则折现率为8%。根据上述资料，试确定该企业的股票评估值。

解：$P = A/r = 100\,000 \times 16\% / 8\% = 20$（万元）

（2）红利增长模型。红利增长模型适合成长型企业股票评估。此类企业发展前景好、潜力大，追加投资能带来高收益。其计算公式表示为：

$$P = \frac{D_1}{r-g} \qquad (r > g)$$

式中：P——股票评估值；

D_1——未来第一年（下一年）股票的股利额；

r——折现率；

g——股利增长率。

股利增长率是红利增长模型中的重要指标，对股票的评估值影响很大，估测时要十分谨慎。关于股利增长率的估算，有两种方法：一是历史数据分析法，即根据企业历年红利分配的数据，利用算术平均或几何平均等方法，计算出历年红利的平均增长速度，作为股利增长率的数值；二是发展趋势分析法，即用企业剩余收益中用于再投资的比例乘以企业的净资产利润率，作为股利增长率的数值。

【例 10-6】某评估公司受托对 D 企业进行资产评估，D 企业拥有某非上市公司的普通股股票 200 万股，每股面值 1 元，在持有股票期间，每年股票收益率在 12% 左右。股票发行企业每年以净利润的 60% 用于发放股利，其余 40% 用于追加投资。根据评估人员对企业经营状况的调查和分析，该行业具有发展前途，且具有较强的发展潜力，并认为股票发行至少可保持 3% 的发展速度，净资产利润率将保持在 16% 的水平，无风险报酬率为 4%（国库券利率），风险报酬率为 4%，则折现率为 8%。试确定该股票的评估值。

解：$P = \dfrac{D_1}{r-g} = 2\,000\,000 \times 12\% / \left[(4\% + 4\%) - 40\% \times 16\% \right]$

$\qquad = 240\,000 / (8\% - 6.4\%)$

$\qquad = 15\,000\,000$（元）

（3）分段式模型。固定红利模型中股利是固定的，红利增长模型中股利是以固定的增长率增长的，这两种模型都过于模式化、理想化，很难适用于所有的股票评估。为此，针对实际情况，采用比较灵活、客观的分段式模型。分段式模型分段的依据是：第一段为能够客观预测股票收益的期间或股票发行企业的某一经营周期；第二段是以不易预测收益的时间为起点，且企业持续经营到永续。将两段收益现值相加，即得出评估值。在实际计算时，第一段以预测收益直接折现；第二段可以采用固定红利模型或红利增长模型，收益额采用趋势分析法或客观假定。

【例 10-7】某资产评估公司受托对 E 公司的资产进行评估，E 公司拥有某一公司非上市交易的普通股股票 20 万股，每股面值 1 元。在持有期间，每年股利收益率均在 15% 左右。评估人员对发行股票公司进行调查后认为，前 3 年可保持 15% 的收益率；从第 4 年起，一套大型先进生产线交付使用后，可使收益率提高 5 个百分点，并将持续下去。评估时国库券利率为 4%，假定该股份公司是公用事业企业，其风险报酬率确定为 2%，折现率为 6%，试确定该股票的评估值。

解：股票的评估价值 = 前三年收益的折现值 + 第四年后收益的折现值

$\qquad = 200\,000 \times 15\% \times (P/A, 6\%, 3) + (200\,000 \times 20\% / 6\%) \times$

$\qquad (1 + 6\%)^{-3}$

$\qquad = 30\,000 \times 2.673 + 40\,000 / 6\% \times 0.839\,6$

$\qquad = 639\,923$（元）

2. 优先股评估

优先股评估主要考虑优先股的风险和预期收益。按照所包含的权利不同，优先股可以分为累积优先股、参与优先股和可转换优先股。

（1）累积优先股评估。累积优先股即本年未支付的股息可以累积到下一年或有盈利的年份支付，且优先股股息未付清之前，普通股无权分发股利。

①不打算转让时，计算公式为：

$$P = A/r$$

式中：P——优先股的评估值；

　　　r——折现率；

　　　A——优先股的年等额股息收益。

②持有若干年后转让时，计算公式为：

$$P = \sum_{t=1}^{n} \frac{R_t}{(1+r)^t} + \frac{P_n}{(1+r)^n}$$

式中：R_t——优先股在第 t 年的收益；

　　　n——优先股的持有年限；

　　　P_n——预期优先股的价格。

（2）参与优先股评估。参与优先股即不仅能按照规定分得既定，而且还有权参与公司剩余利润的分配。所以，参与优先股的收益包括额定股息、额外红利和预期售价，具体计算公式如下：

$$P = \sum_{t=1}^{n} \frac{R_t}{(1+r)^t} + \sum_{t=1}^{n} \frac{R'_t}{(1+r')^t} + \frac{P_n}{(1+r)^n}$$

式中：R_t——优先股在第 t 年的额定股息；

　　　R'_t——优先股在第 t 年的额外红利；

　　　r——额定股息适用的本金化率；

　　　r'——额外红利适用的本金化率；

　　　n——优先股的持有年限；

　　　P_n——预期优先股的价格。

（3）可转换优先股评估。可转换优先股即股票持有人可以在规定的条件下把持有的股票转换为普通股股票，具体计算公式如下：

$$P = \sum_{t=1}^{n} \frac{R_t}{(1+r)^t} + \frac{P_n}{(1+r)^n}$$

式中：P_n——转换时的时价；

其他符号含义同上。

【例10-8】新华纺织厂拥有长兴染料厂 1 000 股积累股和非参加分配优先股，每股面值100 元，股息率为年息 17%。评估时，长兴染料厂的资本构成不尽合理，负债率较高，可能会对优先股股息的分配产生消极影响。因此，评估人员对新华纺织厂拥有的长兴染料厂的优先股票的风险报酬率定为 5%，加上无风险报酬率 4%，该优先股的折现率为 9%。试确定长兴染料厂的优先股票的评估值。

解：根据上述数据，该优先股评估值：

$P = A/r = 1\,000 \times 100 \times 17\% / (4\% + 5\%) = 17\,000/9\% = 188\,889$（元）

二、直接投资的评估

直接投资形式的股权投资，一般都是通过投资协议或合同规定投资双方的权利、责任和义务、投资期限、投资收益的分配形式以及投资期满对投入资本金的处理方式等。常见的投资形式有联营、合资、合作和独资等。

对直接投资的评估，必须先根据投资双方的投资合同，具体了解投资的期限、投资的形式、收益获取方式、投资额占被投资企业资本的比重以及收回方式，然后再根据不同情况进行评估。比较常见的收益分配形式有：按投资比例参与被投资企业的净收益的分配；按被投资企业销售收入或利润的一定比例提成；按投资方出资额的一定比例支付资金使用报酬等。

（一）非控股型直接投资的评估

非控股型直接投资是指投资方的直接投资份额在被投资企业的资本总额中比例较小，不形成实质上的控制权，投资目的主要是为了获取投资收益。对非控股型股权投资的评估，通常采用收益法，即根据历史上收益情况和被投资企业的未来经营情况及风险，预测未来收益和投入资产的回收方式及风险，估算收益额，再选用适当的折现率将其折算为现值，从而得出评估值。

具体来说，对于合同、协议明确约定了投资报酬的，可将按规定获得的收益折为现值，作为评估值；对于到期回收资产的实物投资情况，可按约定或预测出的收益折为现值，再加上到期收回资产的价值，计算评估值；对于不是直接获取资金收入，而是取得某种权利或其他间接经济利益的，可尝试测算相应的经济收益，折现计算评估值；对于明显没有经济利益，也不能形成任何经济权利的，按零计算；对于未来收益难以确定的，可以采用重置价值法进行评估。

总之，不论采用什么方法评估非控股型直接投资，都应该考虑少数股权因素对评估值的影响，一般情况下，少数股权可能有价值贴水，而控股股权可能有价值溢价。

【例10-9】某资产评估公司受托对甲企业拥有的乙公司的股权投资进行评估。甲企业两年前与乙公司签订联营协议，协议双方联营10年，按各自投资比例分配乙公司的利润。甲企业投入资本3 000 000元，其中现金资产1 000 000元，厂房作价2 000 000元，占联营企业总资本的30%。联营协议约定，联营期满，以厂房折余价值返还投资。该厂房年折旧率为5%，净残值率为5%。评估前两年的利润分配方案是：第一年实现净利润1 500 000元，甲企业分得450 000元；第二年实现净利润2 000 000元，甲企业分得600 000元。经对乙公司的经营情况、市场前景和获利能力的分析，目前，联营企业生产已经稳定，市场前景看好，今后每年18%的收益率是能保证的，期满后厂房折余价值为1 050 000元。经调查分析，折现率定为15%。试确定该股票的评估值。

解：$P = 3\,000\,000 \times 18\% \times (P/A, 15\%, 8) + 1\,050\,000 \times (1 + 15\%)^{-8}$

$\qquad = 540\,000 \times 4.487\,3 + 1\,050\,000 \times 0.326\,9$

$\qquad = 2\,766\,387$（元）

（二）控股型直接投资的评估

对于控股型直接投资的评估，应在对被投资企业进行整体评估的基础上测算直接股权投资的价值。对被投资企业整体评估一般采用收益法，并且被投资企业整体的评估基准日应与投资方的评估基准日相同。

评估控股型直接投资和非控股型直接投资，都要单独计算评估值，并记录于长期投资项目下，不能将被投资企业的资产和负债与投资方合并处理。

第四节　其他资产的评估

一、其他资产的概念及其确认

（一）概念及构成

其他资产是指除流动资产、长期投资、固定资产、无形资产以外的资产，包括长期待摊费用和其他长期资产。长期待摊费用是指企业已经支出，但摊销期限在一年以上（不含一年）的各项费用，包括开办费、固定资产大修理支出、租入固定资产的改良支出等。其他长期资产包括特准储备物资、银行冻结存款、冻结物资。

（二）作为评估对象的其他资产的界定

其他资产属预付费用性质，收益期满后，其本身没有交换价值，不可转让，一经发生就已消耗，但能为企业创造未来效益，并从未来收益的会计期间抵补各项支出。因此，只有当其赖以依存的企业发生产权变动时，才有可能涉及到企业其他资产的评估。

从资产评估的角度，特别是从潜在的投资者的角度，来看待这些在评估基准日以前业已发生的预付性质的费用，它的价值并不取决于它在评估基准日前业已支付了多少数额，而是取决于它在评估基准日之后能够为企业新的产权主体带来多大的利益。所以，只有它能为新的产权主体形成某些新的资产和带来经济利益的权利的时候，才能成为资产评估的对象。

当评估其他资产时，评估人员必须了解其合法性、合理性、真实性和准确性，了解费用支出和摊余情况，了解形成新资产和权利的尚存情况。其他资产的评估要根据评估目的实现后资产的占有情况和尚存情况进行，而且还要注意与其他评估对象有没有重复计算的现象存在。按此原则，对其他资产的不同构成内容应采取不同的评估和处理方法。

二、其他资产的评估

1. 开办费

开办费是企业在筹建期间发生的、不能计入固定资产或无形资产价值的费用，主要包括筹建期间人员的工资、员工培训费、差旅费、办公费、注册登记费以及不能计入固定资产或无形资产购建成本的汇兑损益、利息支出等。由于企业筹建期间发生的费用，在开始生产经营起一次计入开始生产经营当期的损益，所以非企业筹建期间，不存在开办费评估的问题。如果在企业筹建期间，可以按照开办费的账面价值作为评估值。

2. 固定资产大修理支出

固定资产大修理费是指已经发生的固定资产大修理，其修理费用应由超过一个会计期间负担的费用。这种费用如果已经在固定资产评估中考虑了，就不能再计算评估值了，否则会造成重复评估。

3. 其他长期待摊费用

其他长期待摊费用，如股票发行费用、租入固定资产改良支出等，其影响可能延续到以后若干年，对这类项目的评估，应根据企业的收益状况、收益时间及货币的时间价值等因素确定评估值。但从实践上看，由于这些费用对未来产生收益的能力和状况并不能准确界定，如果物价总水平波动不大，可以将其账面价值作为其评估价值，或者按其发生额的平均数计算。

【例10-10】某被评估企业因产权变动，涉及到其他资产评估，截止到评估基准日，企业其他资产科目账面借方余额为136万元，其中营业室装饰性费用为82万元；预付房租为36万元，租赁期尚余2年，已摊销20万元，账面余额为16万元；长期借款利息为38万元。评估人员经过调查分析，根据评估基准日能否产生经济效益为标准，对其他资产进行评估。

解：（1）营业室装饰性费用已在固定资产价值评估中体现，故其评估值为零。

（2）预付房租，租期为3年，使用权尚剩余2年，则

评估值 = 36/3 × 2 = 24（万元）

（3）借款利息属期间费用，其效益在评估基准日以前业已体现，应按零值处理。

即企业其他资产的评估值为24万元。

练习题

一、单项选择题

1. 长期股权投资是对（　　）的评估。

A. 被投资单位资本的评估　　B. 被投资单位债偿能力的评估

C. 被评估企业资本的评估　　D. 被评估企业获利能力的评估

2. 可上市交易的股票和债券一般可采用（　　）评估。

A. 成本法　　B. 收益法　　C. 市场法　　D. 三种均可

3. 下列价格中与股票价值评估有较为密切联系的是（　　）。

A. 票面价格　　B. 账面价格　　C. 发行价格　　D. 市场价格

4. 其他资产能否作为评估对象取决于在评估基准日后（　　）。

A. 是否摊销　　B. 是否变现　　C. 是否带来经济利益　　D. 是否在账面中体现

5. 被评估债券为4年一次性还本付息债券100 000元，年利率为18%，不计复利，评估时债券的购入时间已经满2年，当年的国库券利率为10%，该企业的风险报酬率为2%，被评估债券的价值为（　　）元。

A. 137 117　　B. 172 000　　C. 118 000　　D. 153 380

二、多项选择题

1. 长期投资按投资性质可分为（　　）。

A. 权益性投资　　B. 债券性投资　　C. 合作性投资　　D. 混合性投资

2. 债权投资与股权投资相比，具有（　　）特点。

A. 风险较小　　B. 收益相对稳定　　C. 具有较强流动性　　D. 参与被投资企业决策

3. 长期待摊费用主要包括（　　）。

A. 固定资产大修理　　B. 租入固定资产改良支出　　C. 开办费　　D. 预付利息

4. 股票评估与股票的（　　）有关。

A. 内在价值　　B. 账面价值　　C. 市场价值　　D. 清算价格　　E. 票面价格

5. 非上市债券的评估类型可以分为（　　）。

A. 固定红利模型　　B. 红利增长模型　　C. 每年支付利息，到期还本型　　D. 分段模型

E. 到期后一次还本型

第十一章　企业价值评估

学习目的与要求

通过本章的学习，使学生了解：企业及企业价值评估的含义、特点；企业价值评估的范围；企业价值评估与整体资产评估和单项资产评估的区别；企业价值评估的市场法、收益法和成本法。重点要掌握企业价值评估收益法三个参数的具体确定方法，本章是实务重点章。

第一节　企业价值评估概述

一、企业的含义及其特点

（一）企业的含义

企业是以盈利为目的，按照法律程序建立的经济实体，形式上体现为由各种要素资产组成并具有持续经营能力的自负盈亏的法人实体。即企业是由各个要素资产围绕着一个系统目标，发挥各自特定功能，共同构成一个有机的生产经营能力和获利能力的载体。从这个定义中，可以看出，企业不仅是一个获利能力的载体和经济实体，而且是按照法律程序建立起来的并接受法律法规规范约束的经济组织。

（二）企业的特点

（1）盈利性。企业作为一种特殊的资产，其经营目的就是盈利。为了达到盈利的目的，企业需要在既定的生产经营范围内，以其生产工艺为主线，将若干要素资产有机组合并形成相应的生产经营结构和功能。

（2）持续经营性。企业要获取盈利，必须进行经营，而且要在经营过程中努力降低成本和费用，创造收入。为此，企业应对各种生产经营要素进行有效组合并保持最佳利用状态，以适应不断变化的外部环境及市场结构。影响生产经营要素最佳利用的因素有很多，持续经营是保证正常盈利的一个重要方面。

（3）整体性。构成企业的各个要素资产虽然各具不同性能，但它们是在服从特定系统目标前提下构成企业整体。企业的各个要素资产功能不会都很健全，但它们可以被整合为具有良好整体功能的资产综合体。当然，即使构成企业的各个要素资产的个体功能良好，但如果它们之间的功能不匹配，由此组合而成的企业整体功能也未必很好。因此，整体性是企业区别于其他资产的一个重要特征。

二、企业价值评估的含义及其特点

（一）企业价值评估的含义

企业价值是企业在特定时期、地点和条件约束下所具有的持续获利能力。因此，企业价值评估就是由专业机构人员按照特定的目的，遵循客观经济规律和公正的原则，依照国家规定的法定标准与程序，运用科学的方法，对企业法人单位和其他具有独立获利能力的经济实体的持续获利能力的评定估算。

在国际评估准则和美国企业价值评估准则中，企业价值评估通常是指注册资产评估师对企业整体价值（总资产价值）、所有者权益价值（净资产价值）或部分股权价值进行分析、估算并发表专业意见的行为和过程。根据2012年7月1日实施的《资产评估准则——企业价值》，企业价值评估是指注册资产评估师依据相关法律、法规和资产评估准则，对评估基准日特定目的下企业整体价值、股东全部权益价值或者股东部分权益价值等进行分析、估算并发表专业意见的行为和过程。

（二）企业价值评估的特点

（1）评估对象是由多个或多种单项资产组成的资产综合体。

（2）决定企业价值高低的因素，是企业的整体获利能力。

（3）企业价值评估是一种整体性评估，它与构成企业的各个单项资产的评估值简单加和是有区别的，这些区别主要表现在以下几个方面。

①评估对象不同。企业价值评估的对象是按特定生产工艺或经营目标有机结合的资产综合体的获利能力；而各个单项资产的评估值的加和是将各个可确指的单项资产作为独立的评估对象进行评估，然后再加总。

②影响因素不同。企业价值评估是以企业的获利能力为核心，综合考虑影响企业获利能力的各种因素以及企业面临的各种风险；而将企业单项资产的评估值加和是评估时针对影响各个单项资产价值的各种因素展开的。根据经济学理论和企业管理理论分析，一个企业的获利能力通常取决于投入产出效率、资源配置效率与 x 效率三个方面的效率。投入产出效率对企业获利能力的影响是指企业资产的投入量对产出能力的影响，也可以说企业拥有的各要素资产价值的高低，如厂房、设备、技术等的先进程度，对企业的盈利能力有直接作用。资源配置效率是指企业将既定的资源用来生产什么、生产多少、如何生产等不同的选择将产生不同的效率，也就是说，企业如何配置所拥有的资源也会直接影响其获利能力。x 效率是指企业内部组织管理方式、激励机制、员工精神面貌（敬业精神）、企业文化氛围等，在现代企业中，这部分因素对企业获利能力的影响很大。总之，有着同样资产规模的企业，其获利能力可能存在很大差距。同时也说明，可确指资产价值高的企业的获利能力并不一定强。因为可确指资产的状况只是影响企业获利能力的一方面因素。

③评估结果不同。由于企业价值评估与构成企业的单项资产的评估值加和在评估对象、影响因素等方面存在差异，所以两种评估的结果也会有所不同。单项资产评估值加和并不等于企业价值评估的结果，其原因是企业内部总存在着某些不可确指的无形资产，而不可确指

的无形资产是单项资产评估所无法触及的，其中最主要的部分是商誉的价值。

三、企业价值辨析

在资产评估中，对企业价值的界定主要从两个方面进行考虑：第一，资产评估揭示的是评估对象的公允价值，企业作为资产评估中的一类评估对象，在评估中其价值也应该是公允价值；第二，企业是一类特殊的评估对象，其价值取决于要素资产组合的整体盈利能力，不具备现实或潜在盈利能力的企业不存在企业价值。

1. 企业的价值是企业的公允价值

这不仅是由企业作为资产评估的对象所决定的，而且是由对企业进行价值评估的目的所决定的。企业价值评估的主要目的是为企业产权交易提供服务，使交易双方对拟交易企业的价值有一个较为清晰的认识。企业价值评估应建立在公允市场假设之上，其揭示的是企业的公允价值。

2. 企业价值基于企业的盈利能力

人们创立企业或收购企业的目的不在于获得企业本身具有的物质资产或企业生产的具体产品，而在于获得企业生产利润（现金流）的能力并从中受益。因此，企业之所以能够存在价值并且能够进行交易是由于它们具有产生利润（现金流）的能力。

3. 资产评估中的企业价值有别于账面价值、公司市值

企业的账面价值是一个以历史成本为基础进行计量的会计概念，可以通过企业的资产负债表获得。由于没有考虑通货膨胀、资产的功能性贬值和经济性贬值等重要因素的影响，所以企业的账面价值明显区别于资产评估中的企业价值。公司市值是指上市公司全部流通股股票的市场价格（市场价值之和）。在发达的资本市场上，由于信息相对充分，市场机制相对完善，公司市值与企业价值具有一致性。中国尚处在经济转型中，证券市场既不规范，也不成熟，上市公司存在大量非流通股，因而不宜将公司流通股市值直接作为企业价值评估的依据。

四、企业价值评估的范围

（一）企业价值评估的一般范围

企业价值评估的一般范围即企业的资产范围。从产权的角度界定，企业价值评估的范围应该是企业的全部资产，包括企业产权主体自身占用及经营的部分，企业产权主体所能控制的部分，如全资子公司、控股子公司，以及非控股公司中的投资部分。具体界定企业价值评估资产范围的依据是：企业有关产权转让或产权变动的协议、合同、章程中规定的企业资产变动的范围；需要报批的，以上级主管部门批复文件所规定的评估范围确定；企业价值评估委托协议书中划定的范围。

（二）企业价值评估的具体范围

在对企业价值评估的一般范围进行界定之后，并不能将所界定的企业的资产范围直接作为企业价值评估中进行评估的具体资产范围。具体范围是指评估人员具体实施评估的资

产范围，是在评估的一般范围基础上，经合理、必要的资产重组后的评估范围。因为企业价值基于企业整体盈利能力，所以判断企业价值，就是要正确分析和判断企业的盈利能力。企业是由各类单项资产组合而成的资产综合体，这些单项资产对企业盈利能力的形成具有不同的贡献。其中，对企业盈利能力的形成做出贡献、发挥作用的资产就是企业的有效资产，而对企业盈利能力的形成没有做出贡献，甚至削弱了企业的盈利能力的资产就是企业的无效资产。企业的盈利能力是企业有效资产共同作用的结果，要正确揭示企业价值，就要将企业资产范围内的有效资产和无效资产进行正确的界定与区分，将企业的有效资产作为评估企业价值的具体资产范围。这种区分是评估人员对企业价值进行评估的重要前提。

当界定企业价值评估的具体范围时，评估人员应注意以下几点。

第一，对于在评估时有产权证（或产权证明）的，以产权证为准；产权证明无法证明资产的，要依据国家产权界定的有关法规进行产权界定。对于那些在评估时点产权不清的资产，应划为"待定产权资产"，暂不列入企业价值评估的资产范围。

第二，在产权清晰的基础上，对企业的有效资产和无效资产进行区分，同时应注意把握以下几点内容。

（1）对企业有效资产的判断，应以该资产对企业盈利能力形成的贡献为基础，不能背离这一原则。

（2）在有效资产的贡献下形成的企业盈利能力，应是企业的正常盈利能力，由于偶然因素而形成的短期盈利及相关资产，不能作为判断企业盈利能力和划分有效资产的依据。

（3）评估人员应对企业价值进行客观揭示，如企业的出售方拟进行企业资产重组，则应以不影响企业盈利能力为前提。

第三，在企业价值评估中，对无效资产有两种处理方式：一是进行"资产剥离"，将企业的无效资产在进行企业价值评估前剥离出去，不列入企业价值评估的范围；二是在无效资产不影响企业盈利能力的前提下，用适当的方法将其进行单独评估，并将评估值加总到企业价值评估的最终结果之中。

第四，企业出售方拟通过"填平补齐"的方法对影响企业盈利能力的薄弱环节进行改进时，评估人员应着重判断该改进对正确揭示企业盈利能力的影响。就目前我国的具体情况而言，该改进应主要针对由体制因素所导致的影响企业盈利能力的薄弱环节。

这里需要注意的是，不论是"资产剥离"或"填平补齐"都应以企业正常的设计生产经营能力为限，不可以人为地缩小或扩大企业的生产经营能力和获利能力。

五、企业价值评估的基本程序

企业价值评估是一项复杂的工程，制定和执行科学的评估程序，有利于提高评估效率，也有利于提高评估结果的可靠性。

企业价值评估大致要经过明确评估基本事项、选择评估方法、根据选择的方法搜集信息资料、对企业价值进行初步评估并对评估值进行审核和调整、编制企业价值评估报告共五个步骤。

1. 明确评估基本事项

注册资产评估师执行企业价值评估业务时，应当明确下列事项：

（1）委托方的基本情况；

（2）委托方以外的其他评估报告使用者；

（3）被评估企业的基本情况；

（4）评估目的；

（5）评估对象和评估范围；

（6）价值类型；

（7）评估基准日；

（8）评估假设；

（9）注册资产评估师认为需要明确的其他事项。

2. 选择评估方法

注册资产评估师执行企业价值评估业务时，应当根据评估目的、评估对象、价值类型、资料收集情况等相关条件，分析收益法、市场法和成本法（资产基础法）三种资产评估基本方法的适用性，恰当选择一种或者多种资产评估基本方法。

企业价值评估中的收益法是指将预期收益资本化或者折现来确定评估对象价值的评估方法。收益法中常用的两种具体方法是股利折现法和现金流量折现法。股利折现法是将预期股利进行折现以确定评估对象价值的具体方法，通常适用于缺乏控制权的股东部分权益价值的评估。现金流量折现法通常包括企业自由现金流折现模型和股权自由现金流折现模型。注册资产评估师应当充分分析被评估企业的资本结构、经营状况、历史业绩、发展前景，考虑宏观和区域经济因素、所在行业现状与发展前景对企业价值的影响，而对委托方或者相关当事方提供的企业未来收益预测进行必要的分析、判断和调整，在考虑未来各种可能性及其影响的基础上合理确定评估假设，形成未来收益预测。注册资产评估师应当根据国家有关法律法规、企业所在行业现状与发展前景、协议与章程约定、企业经营状况、资产特点和资源条件等，恰当确定收益期。注册资产评估师应当综合考虑评估基准日的利率水平、市场投资收益率等资本市场相关信息和所在行业、被评估企业的特定风险等相关因素，合理确定折现率。

企业价值评估中的市场法是指将评估对象与可比上市公司或者可比交易案例进行比较，以确定评估对象价值的评估方法。市场法中常用的两种具体方法是上市公司比较法和交易案例比较法。上市公司比较法是指获取并分析可比上市公司的经营和财务数据，计算适当的价值比率，并在与被评估企业比较分析的基础上，确定评估对象价值的具体方法。交易案例比较法是指获取并分析可比企业的买卖、收购及合并案例资料，计算适当的价值比率，并在与被评估企业比较分析的基础上，确定评估对象价值的具体方法。注册资产评估师应当恰当选择与被评估企业进行比较分析的可比企业。价值比率通常包括盈利比率、资产比率、收入比率和其他特定比率。

企业价值评估中的资产基础法是指以被评估企业评估基准日的资产负债表为基础，合理评估企业表内及表外各项资产、负债价值，以确定评估对象价值的评估方法。注册资产评估师应当根据会计政策、企业经营等情况，对被评估企业资产负债表表内及表外的各项资产、负债进行识别。注册资产评估师运用资产基础法进行企业价值评估时，应当对长期股权投资项目进行分析，根据相关项目的具体资产、盈利状况及其对评估对象价值的影响程度等因素，合理确定是否将其单独评估。注册资产评估师运用资产基础法进行企业价值评估时，应当根据具体情况选用适当的评估方法得出各项资产的价值。

注册资产评估师对同一评估对象采用多种评估方法进行评估时，应当对各种初步评估结论进行分析，并结合评估目的、不同评估方法使用数据的质量和数量，采用定性或者定量分析方式形成最终评估结论。

3. 搜集相关信息资料

评估人员应当根据评估业务的具体情况，收集并分析被评估企业的信息资料和其他相关信息资料，通常包括：

（1）评估对象相关权益状况及有关法律文件、评估对象涉及的主要权属证明资料；

（2）企业的历史沿革、主要股东及持股比例、主要的产权和经营管理结构资料；

（3）企业的资产、财务、经营管理状况资料；

（4）企业的经营计划、发展规划和未来收益预测资料；

（5）评估对象、被评估企业以往的评估及交易资料；

（6）影响企业经营的宏观、区域经济因素的资料；

（7）企业所在行业现状与发展前景的资料；

（8）证券市场、产权交易市场等市场的有关资料；

（9）可比企业的财务信息、股票价格或者股权交易价格等资料。

4. 对企业价值进行初步评估并对评估值进行审核和调整

根据选择的评估方法进行评定估算，计算出初步的评估值，然后根据评估目的和评估目的对被评估企业在评估时点经营状况和面临的市场条件的影响，以及对企业价值评估结果的价值类型的影响，结合获取的资料，讨论修改有关方法和参数，或者选用其他可能的资产评估方法，从不同角度对评估的结果进行审核和调整，以综合判定企业价值，确定该项资产评估的最终评估值。根据评估项目的具体情况，注册资产评估师可以在适当的情况下考虑以下分析调整事项。

（1）调整被评估企业和参考企业财务报表的编制基础。

（2）调整不具有代表性的收入和支出，如非正常和偶然的收入和支出。

（3）调整非经营性资产、负债和溢余资产及与其相关的收入和支出。

（4）注册资产评估师认为需要调整的其他事项。

5. 编制企业价值评估报告

注册资产评估师应当在评估报告中披露必要信息，使评估报告使用者能够合理理解评估结论。

注册资产评估师运用收益法和市场法进行企业价值评估时，应当在评估报告中重点披露下列内容。

（1）影响企业经营的宏观、区域经济因素。

（2）所在行业现状与发展前景。

（3）企业的业务分析情况。

（4）企业的资产、财务分析和调整情况。

（5）评估方法的运用实施过程。

注册资产评估师在评估报告中披露影响企业经营的宏观、区域经济因素通常包括下列内容。

（1）国家或地区有关企业经营的法律法规。

（2）国家或地区经济形势及未来发展趋势。

（3）有关财政、货币政策等。

注册资产评估师在评估报告中披露所在行业现状与发展前景的内容如下。

（1）行业主要政策规定。

（2）行业竞争情况。

（3）行业发展的有利和不利因素。

（4）行业特有的经营模式，行业的周期性、区域性和季节性特征等。

（5）企业所在行业与上下游行业之间的关联性，上下游行业发展对本行业发展的有利和不利影响。

注册资产评估师在评估报告中披露企业的业务分析情况通常包括下列内容。

（1）主要产品或者服务的用途。

（2）经营模式。

（3）经营管理状况。

（4）企业在行业中的地位、竞争优势及劣势。

（5）企业的发展战略及经营策略等。

注册资产评估师在评估报告中披露企业的资产、财务分析和调整情况通常包括下列内容。

（1）资产配置和使用的情况。

（2）历史财务资料的分析总结，一般包括历史年度财务分析、与所在行业或者可比企业的财务比较分析等。

（3）对财务报表及相关申报资料的重大或者实质性调整。

注册资产评估师在评估报告中披露评估方法的运用实施过程通常包括下列内容。

（1）评估方法的选择及其理由。

（2）评估方法的运用和逻辑推理过程。

（3）主要参数的来源、分析、比较和测算过程。

（4）对初步评估结论进行分析，形成最终评估结论。

第二节 收益法在企业价值评估中的应用

一、收益法评估企业价值的核心问题

首先，要对企业的收益予以界定。企业的收益以多种形式出现，包括净利润、净现金流、息前净利润和息前净现金流。选择以何种形式的收益作为收益法中的企业收益，直接影响对企业价值的最终判断。

其次，要对企业的收益进行合理的预测。要求评估人员对企业的将来收益进行精确预测是不现实的。但是，由于企业收益的预测直接影响对企业盈利能力的判断，是决定企业最终评估值的关键因素，所以，在评估中应全面考虑影响企业盈利能力的因素，客观、公正地对企业的收益作出合理的预测。

最后，在对企业的收益作出合理的预测后，要选择合适的折现率。合适的折现率的选择直接关系到对企业未来收益风险的判断。由于不确定性的客观因素存在，对企业未来收益的风险进行判断至关重要。能否对企业未来收益的风险作出恰当的判断，从而选择合适的折现率，对企业的最终评估值具有较大影响。

二、收益法的计算公式及其说明

（一）企业持续经营假设前提下的收益法

1. 年金法

$$P = A/r$$

式中：P——企业评估价值；

A——企业每年的年金收益；

r——本金化率。

用于企业价值评估的年金法，是将已处于均衡状态，其未来收益具有充分的稳定性和可预测性的企业收益进行年金化处理，然后再把已年金化的企业预期收益进行收益还原，从而估测企业价值。因此，上式可以写成：

$$P = \sum_{t=1}^{n} \left[R_t \times (1+r)^{-t} \right] \div \sum_{t=1}^{n} \left[(1+r)^{-t} \right] \div r$$

式中：$\sum_{t=1}^{n} \left[R_t \times (1+r)^{-t} \right]$——企业前 n 年预期收益折现值之和。

$\sum_{t=1}^{n} \left[(1+r)^{-t} \right]$——收益年金化率；

r——本金化率。

【例11-1】待估企业预计未来5年的预期收益额为100万元、120万元、110万元、130万元、120万元，假定本金化率为10%。试用年金法估测待估企业价值。

解：$P = \sum_{t=1}^{n} \left[R_t \times (1+r)^{-t} \right] \div \sum_{t=1}^{n} \left[(1+r)^{-t} \right] \div r$

$= (100 \times 0.9091 + 120 \times 0.8264 + 110 \times 0.7513 + 130 \times 0.6830 + 120 \times 0.6209) \div$

$\quad (0.9091 + 0.8264 + 0.7513 + 0.6830 + 0.6209) \div 10\%$

$= (91 + 99 + 83 + 89 + 75) \div 3.7907 \div 10\%$

$= 437 \div 3.7907 \div 10\%$

$= 1153$（万元）

即待估企业的价值为 1 153 万元。

2. 分段法

分段法是将持续经营的企业的收益预测分为前后两段。其理由在于：在企业发展的前一个期间，企业处于不稳定状态，因此企业的收益是不稳定的；而在该期间之后，企业处于均衡状态，其收益是稳定的或按某种规律变化的。对于前段企业的预期收益采取逐年预测并折现累加的方法；而对于后段的企业收益，则针对企业具体情况，并按企业的收益变化规律进行折现和还原处理。将企业前后两段收益现值加在一起便构成企业的收益现值。

假设以前段最后一年的收益作为后段各年的年金收益，分段法的公式可写成：

$$P = \sum_{t=1}^{n} [R_t \times (1 + r)^{-t}] + R_n/r \times (1 + r)^{-n}$$

假设从 $(n+1)$ 年起的后段，企业预期年收益按一固定比率 (g) 增长，则分段法的公式写成：

$$P = \sum_{t=1}^{n} [R_t \times (1 + r)^{-t}] + [R_n(1 + g)]/(r - g) \times (1 + r)^{-n}$$

【例 11-2】待估企业预计未来 5 年的预期收益额为 100 万元、120 万元、150 万元、160 万元、200 万元，根据企业的实际情况推断，从第六年开始，企业的年收益额将维持在 200 万元的水平上，假定本金化率为 10%，公式使用分段法估测企业的价值。

解：$P = \sum_{t=1}^{n} [R_t \times (1 + r)^{-t}] + R_n/r \times (1 + r)^{-n}$

  $= (100 \times 0.909\ 1 + 120 \times 0.826\ 4 + 150 \times 0.751\ 3 + 160 \times 0.683\ 0 + 200 \times 0.620\ 9)\ +$

  $\quad 200/10\% \times 0.620\ 9$

  $= 536 + 200\ 0 \times 0.620\ 9$

  $= 1\ 778$（万元）

即待估企业的价值为 1 778 万元。

【例 11-3】承上例资料，假如评估人员根据企业的实际情况推断，企业从第六年起，收益额将在第五年的水平上以 2% 的增长率保持增长，其他条件不变，试估测待估企业的价值。

解：$P = \sum_{t=1}^{n} [R_t \times (1 + r)^{-t}] + [R_n(1 + g)]/(r - g) \times (1 + r)^{-n}$

  $= (100 \times 0.909\ 1 + 120 \times 0.826\ 4 + 150 \times 0.751\ 3 + 160 \times 0.683\ 0 + 200 \times 0.620\ 9)\ +$

  $\quad 200\ (1 + 2\%)\ /\ (10\% - 2\%)\ \times 0.620\ 9$

  $= 536 + 204/8\% \times 0.620\ 9$

  $= 536 + 2\ 550 \times 0.620\ 9$

  $= 536 + 1\ 583$

  $= 2\ 119$（万元）

即待估企业的价值为 2 119 万元。

（二）企业有限持续经营假设前提下的收益法

（1）关于企业有限持续经营假设的适用。对企业而言，它的价值在于其所具有的持续的盈利能力。一般而言，对企业价值的评估应该在持续经营的前提下进行。只有在特殊的情况下，才能在有限持续经营假设前提下对企业价值进行评估。如企业章程已对企业经营期限作出规定，而企业的所有者无意逾期继续经营企业，则可在该假设前提下对企业进行价值评估。评估人员运用该假设对企业价值进行评估时，应对企业能否适用该假设作出合理判断。

（2）企业有限持续经营假设是从最有利于回收企业投资的角度，争取在不追加资本性投资的前提下，充分利用企业现有的资源，最大限度地获取投资收益，直至企业无法持续经营为止。

（3）对于有限持续经营假设前提下企业价值评估的收益法，其评估思路与分段法类似。首先，将企业在可预期的经营期限内的收益加以估测并折现；其次，将企业在经营期限后的残余资产的价值加以估测及折现；最后，将两者相加。其数学表达式为：

$$P = \sum_{t=1}^{n} \left[R_t \times (1 + r)^{-t} \right] + P_n \times (1 + r)^{-n}$$

式中：P_n——第 n 年企业资产的变现值；

　　　其他符号含义同前。

当然，在企业有限持续经营期间的收益额也可能有其他的情况，如收益额全部相等的情况；再比如，前一段的收益额不相等，后一段的收益额相等的情况。评估人员进行具体评估时，应该根据企业收益的具体情况而定。

三、企业的收益及其预测

企业的收益额是运用收益法对企业价值进行评估的关键参数。在企业的价值评估中，企业的收益是指在正常条件下，企业所获得的归企业所有的所得额。

（一）企业收益的界定及选择

1. 企业收益的界定

评估人员对企业收益进行具体界定时，应先注意以下两个方面的内容：第一，企业创造的不归企业权益主体所有的收入不能作为企业价值评估中的企业收益，如税收，不论是流转税还是所得税都不能视为企业收益；第二，凡是归企业权益主体所有的企业收支净额，都可视为企业的收益。无论是营业收支、资产收支，还是投资收支，只要形成净现金流入量，就可视为企业收益。

2. 企业收益的形式

企业的收益有两种表现形式，即企业净利润和企业净现金流量。一般而言，应选择企业的净现金流作为用收益法进行企业价值评估的收益基础。就两者与企业价值的关系而言，实证研究表明：企业的利润虽然与企业价值高度相关，但企业价值最终由其现金流决定而非由其利润决定。就可靠性而言，企业的净现金流量是企业实际收支的差额，不容易被更改，而企业的利润则要通过一系列复杂的会计程序进行确定，而且可能由于企业管理当局的利益而被更改。

3. 企业收益的口径

在对企业的收益形式界定之后，根据评估目的的不同，对不同口径的收益作出选择。因为不同口径的收益额，其折现值的价值内涵是完全不同的。如净现金流量（净利润）折现为所有者权益；净现金流量（净利润）＋长期负债利息（1－所得税税率）折现为所有者权益＋长期负债；净现金流量（净利润）＋利息（1－所得税税率）折现为所有者权益＋长期负债＋流动负债。企业价值评估中资产的构成、评估值内涵和收益形式之间的对应关系详见表11-1。

表11-1　资产构成、评估值内涵和收益形式之间的对应关系

资产构成	评估值内涵	收益形式
全部资产－负债	所有者权益价值	净利润（净现金流量）
全部资产－短期负债	含长期负债的企业投资价值	净利润（净现金流量）＋长期负债利息（1－所得税税率）
全部资产	全部资产价值	净利润（净现金流量）＋负债利息（1－所得税税率）

（二）企业收益预测

企业的收益预测大致分为三个阶段：首先是对企业收益的历史及现状的分析与判断；其次是对企业未来可预测的若干年的预期收益的预测；最后是对企业未来持续经营条件下的长期预期收益趋势的判断。

1. 企业收益预测的目的

通过对企业收益的历史及现状的分析来判断企业的正常盈利能力，先要根据企业的具体情况确定分析的重点。对于已有较长经营历史且收益稳定的企业，应着重对其历史收益进行分析，并在该企业历史收益平均趋势的基础上判断企业的盈利能力。对于发展历史不长的企业，就要着重对其现状进行分析并主要在分析该企业未来发展机会的基础上判断企业的盈利能力。此外，还要对财务数据并结合企业的实际生产经营情况加以综合分析。可以作为分析判断企业盈利能力参考依据的财务指标有企业资金利润率、投资资本利润率、净资产利润率、成本利润率、销售收入利润率、企业资金收益率、投资资本收益率、净资产收益率、成本收益率、销售收入收益率等。

为较为客观地判断企业的正常盈利能力，还必须结合影响企业盈利能力的内部及外部因素进行分析。首先，要对影响企业盈利能力的关键因素进行分析与判断。其次，要对企业所处的产业及市场地位有个客观的认识。最后，对影响企业发展的可以预见的宏观因素，评估人员也应该加以分析和考虑。总之，只有结合企业内部与外部的因素进行分析，才能对企业的正常盈利能力作出正确的判断。

2. 企业收益预测的基本步骤

第一步，评估基准日审计后企业收益的调整，包括两方面的工作：其一是对审计后的财务报表进行非正常因素调整，主要是损益表和现金流量表的调整，将一次性、偶发性，或以后不再发生的收入或费用进行剔除，把企业评估基准日的利润和现金流量调整到正常状态下的数量，为企业预期收益的趋势分析打好基础；其二是研究审计后报表的附注和相关揭示，对在相关报表中揭示的影响企业预期收益的非财务因素进行分析，并在该分析的基础上对企

业的收益进行调整，使之能反映企业的正常盈利能力。表 11-2 概括了收益额调整的主要因素。

表 11-2　收益额调整的主要因素

收入和支出项目	调整事项
营业收入	产品售价的非正常波动 产品换型期压价促销的收入损失 一次性销售收入（如几年一度的一次性处理积压产品） 其他非正常的重大影响因素
商品成本	按重置成本基础调整成本水平 应提未提的费用 应摊未摊的费用 原材料、在产品、自制半成品、产成品的亏空和盘盈 非正常收入项目的成本开支 偶发性、一次性的非正常成本项目 其他非正常的重大影响因素
营业外收入	偶发性、一次性发生的大额收支 几年一度的大修理停工损失 其他非正常的重大影响因素
资产收支和投资收支	重大技术改造投资 中长期投资到期一次性收入 有利于大量出手的时机，有价证券获巨额价差 大量退役设备的变现收入 一次性处理闲置设备收入 投入生产经营成本的更新改造投资 其他影响资产、投资流量的非正常的重大影响因素
税收和补贴	非正常的一次性税收减免 非常规的一次性财政补贴
其他影响现金流净流量的重大非正常因素	

第二步，企业预期收益趋势的总体分析和判断。企业预期收益趋势的总体分析和判断是在对企业评估基准日审计后实际收益调整的基础上，结合企业提供的预期收益预测和评估机构调查搜集到的有关信息的资料进行分析，一般是通过对财务报表分析完成的。这里需要强调以下几点内容。

（1）对企业评估基准日审计后的调整财务报表，尤其是客观收益的调整仅作为评估人员进行企业预期收益预测的参考依据，不能用于其他非预测参考目的。

（2）企业提供的关于预期收益的预测是评估人员预测企业未来预期收益的重要参考资

料。但是，评估人员不可以仅仅凭企业提供的收益预测作为对企业未来预期收益预测的唯一依据，其应在自身专业知识和所搜集的其他资料的基础上做出客观、独立的判断。

（3）尽管对企业在评估基准日的财务报表进行了必要的调整，并掌握了企业提供的收益预测，评估人员还必须深入到企业现场进行实地考察和现场调研，与企业的核心管理层进行充分交流，以了解企业的生产工艺过程、设备状况、生产能力和经营管理水平，再辅之以其他数据资料对企业未来收益趋势做出合乎逻辑的总体判断。

第三步，企业预期收益的预测。企业预期收益的预测是在前两个步骤完成的前提下，运用具体的技术方法和手段进行测算。在一般情况下，企业的收益预测也分两个时间段。对于已步入稳定期的企业而言，收益预测的分段较为简单：一是对企业未来3～5年的收益预测；二是对企业来来3～5年后的各年收益预测。对于仍处于发展期且收益尚不稳定的企业而言，对其收益预测的分段应是先判断出企业在何时步入稳定期，而后将其步入稳定期的前一年作为收益预测分段的时点。对企业何时步入稳定期的判断，应在与企业管理人员充分沟通和占有大量资料并加以理性分析的基础上进行，其确定较为复杂。以下主要介绍处于稳定期的企业预期收益的预测。

（1）企业未来3～5年的收益预测。

企业未来3～5年的收益预测是在评估基准日调整的企业收益或企业历史收益的平均收益趋势的基础上，结合影响企业收益实现的主要因素在未来预期变化的情况，采用适当的方法进行的。目前较为常用的方法有综合调整法、产品周期法、实践趋势法等。不论采用何种预测方法，都应先进行预测前提条件的设定，因为企业未来可能面临的各种不确定性因素是无法一项不漏地纳入评估工作中。科学、合理地设定预测企业预期收益的前提条件是必需的，这些前提条件包括国家的政治、经济等政策变化对企业预期收益的影响，除已经出台尚未实施的以外，只能假定其将不会对企业预期收益构成重大影响；不可抗拒的自然灾害或其他无法预期的突发事件不作为预期企业收益的相关因素考虑。企业经营管理者的某些个人行为也未在预测企业收益时考虑等。当然，根据评估对象、评估目的和评估的条件，还可以对评估的前提作出必要的限定。但是，评估人员对企业预期收益预测的前提条件设定必需合情合理，否则的话，这些前提条件不能构成合理预测企业预期收益的前提和基础。

在明确了企业收益预测前提条件的基础上，就可以着手对企业未来3～5年的预期收益进行预测。预测的主要内容有：对影响被评估企业及所属行业的特定经济及竞争因素的估计；未来3～5年市场的产品或服务的需求量或被评估企业市场占有份额的估计；未来3～5年销售收入的估计；未来3～5年成本费用及税金的估计；完成上述生产经营目标需追加投资及技术、设备更新改造因素的估计；未来3～5年预期收益的估计等。关于企业的收益预测，评估人员不得不加分析地直接引用企业或其他机构提供的方法和数据，应把企业或其他机构提供有关资料作为参考，根据可搜集到的数据资料，在经过充分分析论证的基础上作出独立的预测判断。

运用预测技术的方法测算企业收益大多采用财务报表格式予以表现，如利用损益表或采用现金流量表的形式表现。运用损益表或现金流量表的形式表现预期企业收益的结果通俗易懂、便于理解和掌握。需要说明的是，用企业损益表或现金流量表来表现企业预期收益的结果，并不等于说企业预期收益预测就相当于企业损益表或现金流量表的编制。企业收益预测的过程是一个比较具体、需要大量数据并运用科学方法的运作过程，用损益表或现金流量表表现的仅仅是该过程的结果。所以，企业的收益预测不能简单地等同于企业损益表或现金流量表的编制，而是利用损益表或现金流量表的已有栏目或项目，通过对影响企业收益的各种因素变动情况的分析，在评估基准日企业收益水平的基础上，对应表内各项目（栏目）进行合理的测算、汇总分析得到所测年份的各年企业收益。

　　企业收益预测表（详见表11-3）是一张可供借鉴的收益预测表。如测算的收益层次和口径与本表有差异，可在本表的基础上进行适当的调整；如采用其他方式测算企业收益，评估人员可自行设计企业收益预测表。

表 11-3　企业 20 ＿＿ — 20 ＿＿ 年收益预测表

单位：万元

	20 ＿＿年	20 ＿＿年	20 ＿＿年	20 ＿＿年
一、产品销售收入				
减：产品销售税金				
产品销售成本				
其中：折旧				
产品销售成本				
二、产品销售利润				
加：其他业务利润				
减：管理费用				
财务费用				
三、营业利润				
加：投资收益				
营业外收入				
减：营业外支出				
四、利润总额				
减：所得税				
五、净利润				
加：折旧和无形资产				
减：追加资本性支出				
六、净现金流量				

　　不论采用何种方法测算企业收益，都需注意以下几个基本问题。第一，一定收益水平是一定资产运作的结果。对企业收益进行预测时应保持企业预测收益与其资产及其盈利能力之间的对应关系。第二，企业的销售收入或营业收入与产品销售量（服务量）及销售价格的关系会受到价格需求弹性的制约，所以不能不考虑价格需求弹性而想当然地价量并长。第三，考虑企业销售收入的增长时，应对企业所处产业及细分市场的需求、竞争情况进行分析，不能在不考虑产业及市场的具体竞争情况下对企业的销售增长做出预测。第四，企业销售收入或服务收入的增长与其成本费用的变化存在规律性，评估人员应根据具体的企业情况，科学、合理地预测企业的销售收入及各项成本费用的变化。第五，企业的预期收益与企业所采用的会计政策、税收政策关系极为密切，评估人员不可以违背会计政策及税收政策，以不合理的假设作为预测的基础，企业收益预测应与企业未来实行的会计政策和税收政策保持一致。

　　（2）企业未来 3～5 年的各年收益预测。

　　企业未来 3～5 年的各年预期收益测算可以通过一些具体的方法进行。对于企业未来更久远的年份的预测收益，则难以具体地进行测算。可行的方法是：在企业未来 3～5 年预算收益测算的基础上，从中找出企业收益变化的取向和趋势，并借助某些手段，诸如采用假设的方式来把握企业未来长期收益的变化区间和趋势。比较常用的假设是保持假设，即假定企业未来若干年以后各年的收益水平维持在一个相对稳定的水平上不变。当然也可以根据企业的具体情况，假定若干年后企业收益将在某个收益水平上，且每年保持一个递增比率等。但是，不论采用何种假设，都必须建立在合乎逻辑、符合客观实际的基础上，以保证企业预期收益预测的相对合理性和准确性。

　　（3）企业收益预测的检验。

　　由于对企业预期收益的预测存在较多难以准确把握的因素，容易受评估人员主观因素的影响，而该预测又直接影响企业价值的最终评估值，因此，评估人员在对企业的预期收益预测基本完成之后，应该对所作预测进行严格检验，以判断所作预测的合理性。企业收益预测的检验可以从以下几个方面进行。

　　第一，将预测与企业历史收益的平均趋势进行比较，如预测的结果与企业历史收益的平均趋势明显不符，或出现较大变化，又无充分理由加以支持，则该预测的合理性值得质疑。

　　第二，对影响企业价值评估的敏感性因素加以严格检验。在这里，敏感性因素具有两方面的特征，一是该类因素未来存在多种变化，二是其变化能对企业的评估值产生较大影响。如对销售收入的预测，评估人员可能基于对企业所处市场前景的不同假设而对企业的销售收入作出不同的预测，并分析不同预测结果可能对企业评估价值产生的影响。在此情况下，评估人员就应对销售收入的预测进行严格的检验，对决定销售收入预测的各种假设反复推敲。

　　第三，对所预测的企业收入与成本费用变化的一致性进行检验。企业收入的变化与其成本费用的变化存在较强的一致性，如预测企业收入发生了变化而成本费用没有进行相应变化，则该预测值得质疑。

　　第四，在进行敏感性因素检验的基础上，与其他方法评估的结果进行比较，检验在哪一种评估假设下能得出更为合理的评估结果。

四、折现率和资本化率及其估测

折现率又称为资本化率、本金化率、还原利率等。它是将未来收益还原或转换为现值的比率。作为投资报酬率通常由两部分组成：一是正常投资报酬率（即无风险报酬率）；二是风险投资报酬率。

（一）折现率确定的基本原则

评估人员运用收益法评估企业价值时，折现率起着至关重要作用，它的微小变化会对评估结果产生较大的影响。评估人员确定折现率时，需要遵循以下几个基本原则。

1. 不低于无风险报酬率的原则

在存在正常资本市场和产权市场的条件下，政府债券利率和银行存款利率是投资者进行其他投资时，在考虑和权衡投资报酬率时必须考虑的基本因素。如果折现率小于无风险报酬率，就会导致投资者将资金转存银行或购买无风险的国债，而不愿去冒险进行得不偿失的投资。

2. 以行业平均报酬率为参考的原则

一般来说，投资者由于各自偏好的不同，投资的领域也不同。因此，当评价各种投资方案优劣时，需要以社会平均报酬率作为统一的尺度来进行衡量。但是，社会平均报酬率一般很难求得，而行业平均报酬率则可以根据国家公布的有关统计数据计算得出，因此，行业平均报酬率可以取代社会平均报酬率作为确定折现率的参考。行业平均报酬率是该行业各企业净利润之和与各企业全部资产平均额之和的比。

3. 与收益额相匹配的原则

折现率或资本化率的确定和选取要与企业的预期收益相匹配。通常情况下，如果预期收益中考虑了通货膨胀因素和其他因素的影响，那么在折现率中也应有所体现。反之，如果预期收益中没有考虑通货膨胀因素和其他因素的影响，那么在折现率中也不应单向反映。

4. 贴现率不能直接作为折现率的原则

贴现率是商业银行对未到期票据提前兑现所扣金额（贴现息）与期票票面金额的比率。贴现率虽然也是将未来值换算成现值的比率，但贴现率通常是银行根据市场利率和贴现票据的信誉程度来确定的，且票据贴现大多数是短期的，并无固定周期。从本质上讲，贴现率接近于市场利率，而折现率是针对具体评估对象的风险而生成的期望投资报酬率。从内容上讲，折现率与贴现率并不一致，不能简单地把银行贴现率直接作为企业评估的折现率。

（二）折现率的确定方法

1. 累加法

这种方法适用于企业所有者权益价值的评估，计算公式为：

$$折现率 = 无风险报酬率 + 风险报酬率$$

公式中无风险报酬率的选择相对比较容易一些，通常是以政府债券利率和银行储蓄利率为参考依据。风险报酬率的测度相对比较困难，它因评估对象、评估时点的不同而不同。评估人员测算风险报酬率的时候，应注意以下因素：国民经济增长率及被评估企业所在行业在国民经济中的地位；被评估企业所在行业的发展状况及被评估企业在行业中的地位；被评估企业所在行业的投资风险；企业在未来的经营中可能承担的风险等。

在充分考虑和分析了以上各因素以后，风险报酬率可通过以下两种方法估测。

（1）风险累加法

$$\text{风险报酬率} = \text{行业风险报酬率} + \text{经营风险报酬率} + \text{财务风险报酬率} + \text{其他风险报酬率}$$

行业风险主要指企业所在行业的市场特点、投资开发特点，以及国家产业政策调整等因素造成的行业发展不确定性给企业预期收益带来的影响。

经营风险是指企业在经营过程中，由于市场需求变化、生产要素供给条件变化以及同类企业间的竞争给企业的未来预期收益带来的不确定性影响。

财务风险是指企业在经营过程中的资金融通、资金调度、资金周转可能出现的不确定性因素影响企业的预期收益。

其他风险包括了国民经济景气状况、通货膨胀等因素的变化可能对企业预期收益的影响。

量化上述各种风险所要求的回报率，主要是采取经验判断。当然，在条件许可的情况下，评估人员应尽量采取统计和数理分析方法对风险回报率进行量化，使之更科学、更合理、更可观。

（2）β 系数法

β 系数法的基本思路为行业风险报酬率是社会平均风险报酬率与被评估企业所在行业平均风险和社会平均风险的比率系数（β 系数）的乘积。其计算公式为：

$$R_r = (R_m - R_g) \times \beta$$

式中：R_r——被评估企业所在行业的风险报酬率；

R_m——社会平均收益率；

R_g——无风险报酬率；

β——被评估企业所在行业的 β 系数。

评估人员评估某一具体的企业价值时，应考虑企业的规模、经营状况及财务状况，确定企业在其所在的行业中的地位系数（α），然后与企业所在行业的风险报酬率相乘，得到该企业的风险报酬率。其计算公式为：

$$R_r = (R_m - R_g) \times \beta \times \alpha$$

2. 加权平均资本成本法

这种方法适用于企业全部资产价值的评估和企业投资资本价值的评估。加权平均资金成本是指企业综合资金成本，是以各种资金占全部资本的比重为权数，对各种资金的成本进行加权平均计算得出的。运用加权平均资本成本法估算折现率或资本化率，是以了解和掌握企业的资本构成，以及各种资本投资所要求的投资报酬或资本成本为前提的。由于受多种因素的制约，企业不可能只使用某种单一的筹资方式，往往需要通过多种方式筹集所需资金。如果评估人员能准确地掌握企业各种资金来源在资本总额中的构成比例，就可以按加权平均资本成本法来计算折现率，具体计算公式如下：

$$折现率 = \frac{负债}{所占比重} \times 负债成本 + \frac{所有者权益}{所占比重} \times \frac{净资产}{要求的回报率}$$

公式中：所有者权益（净资产）要求的回报率＝无风险报酬率＋风险报酬率

负债成本是税后成本，对于借贷资金而言，在不考虑筹资费用时，是利率×（1－所得税税率）。

五、收益期限的确定

收益期限的确定通常要考虑企业固定资产使用年限、主要产品所处的生命周期、经营者的素质、外部环境等因素，通常有三种确定方法。

（一）永续法

除特殊情况外，企业经营比较正常，且没有对足以影响企业持续经营的某项资产的使用年限进行限定，或者这种限定是可以解除的，并可以通过延续方式永续使用，则在预测企业收益时，收益期的确定可采用永续法，即收益期限为无限期。

（二）合同年限法

企业的经营期限可能会受到法律、合同等规定的限制。这种限制可能是对企业整体而言的，也可能是对企业经营所必需的某种单项资产而言的。当企业整体资产发生产权变动后，合同约定企业经营期限时，应该以合同约定的经营期限作为企业的收益期限。例如，联营企业确定其收益期时，应以投资各方共同签订的合同中规定的期限作为企业整体资产的收益期。

（三）经济寿命法

企业整体资产发生变动后没有规定经营期限的，可按其正常的经济寿命确定收益期限。所谓经济寿命是指从获益的角度来讲，继续持有对收益主体不再有利的这样一种时限。对企业收益主体来说，拥有企业的目的是企业能够给其带来收益，而一旦企业不能够给其带来收益，企业收益主体就会考虑是否要转让其获得收益的权利，或者将企业整体资产分割变卖，以获取更大的收益。

第三节　市场法和成本法在企业价值评估中的应用

一、企业价值评估的市场法

（一）基本思路

企业价值评估的市场法就是在市场上找出一个或几个与被评估企业相同或相似的参照系企业，分析、比较被评估企业和参照系企业的重要指标，在此基础上，修正、调整参照企业的市场价值，最后确定被评估企业的价值。企业价值评估市场法的理论依据是替代原理，其思路可用公式表示如下：

$$\frac{V_1}{X_1} = \frac{V_2}{V_2} \quad 即: V_1 = X_1 \times \frac{V_2}{X_2}$$

式中：V_1——被评估企业价值；

V_2——可比企业价值；

X_1——被评估企业与企业价值相关的可比指标；

X_2——可比企业与企业价值相关的可比指标。

式中，X 参数通常选用三个财务变量：息税、折旧前利润，即 EBIDT；无负债的净现金流量；销售收入。

（二）可比指标的选择

1. 可比企业的选择

可比企业是指具有与待评估企业相似的现金流量、增长潜力及风险特征的企业。评估师识别可比企业时，可以通过参考证券分析师对待评估企业的分析报告、投资咨询公司的有关研究报告，寻求行业专家的协助等多种方式进行选择。由于可比企业的选择带有一定的主观性，如果被错误地高估或低估，会导致错误的评估结果。因此，评估师选择可比企业时应该按照以下标准。

首先是行业标准。处于同一行业的企业存在着某种可比性，但在同一行业内选择可比企业时应注意，目前的行业分类过于宽泛，处于同一行业的企业可能所生产的产品和所面临的市场完全不同，在选择时应加以注意。即使是处于同一市场，生产同一产品的企业，由于其在该行业中的竞争地位不同，规模不同，相互之间的可比性也不同。因此，评估师应尽量选择与被评估企业的地位相类似的企业。

其次是财务标准。既然企业都可以视为是在生产同一种产品：现金流，那么存在相同的盈利能力的企业通常具有相类似的财务结构。因此，评估师可以从财务指标和财务结构的分析对企业的可比性进行判断。

2. 可比指标的选择

对可比指标的选择只遵循一个原则，即可比指标应与企业的价值直接相关。在企业价值的评估中，现金流量和利润是最主要的候选指标。目前运用市场法对企业价值进行评估，主要是在证券市场上寻找与被评估企业可比的上市公司作为可比企业。通常使用市盈率乘数（P/E）法对企业价值进行评估。

（三）市盈率乘数法

首先，从证券市场上搜寻与被评估企业相似的可比企业，按企业的不同的收益口径，如息前净现金流、净利润等，计算出与之相应的市盈率。其次，确定被评估企业不同口径的收益额。再次，以可比企业相应口径的市盈率乘以被评估企业相应口径的收益额，初步评定被估企业的价值。最后，对于按不同样本计算的企业价值分别给出权重，加权平均计算企业价值。评估师运用该方法时，还需对评估结果进行适当调整，以充分考虑被评估企业与上市公司的差异。

另外，为了降低单一参数带来的误差，目前国际上通用的方法是采用多参数的方法。例如，评估 W 公司的价值，我们从市场上找到了三个（一般为三个以上的样本）相似的公司

A、B、C，分别计算各公司的市场价值与销售额的比率、与账面价值的比率以及与净现金流量的比率，这里的比率即为可比价值倍数（V/X），得到结果如表11-4所示。

表11-4 相似公司比率汇总表

比率	A公司	B公司	C公司	平均
市价/销售额	1.2	1.0	0.8	1.0
市价/账面价值	1.3	1.2	2.0	1.5
市价/净现金流	20	15	25	20

把三个样本公司的各项可比价值倍数分别进行平均，就得到了应用于W公司评估的三个倍数。假设W公司的年销售额为1亿元，账面价值为6 000万元，净现金流量为500万元，然后我们使用从上表得到的三个倍数计算出W公司的指示价值，再将三个指示价值进行算术平均，具体内容详见表11-5。

表11-5 W公司的评估价值

单位：万元

项目	W公司实际数据	可比公司平均比率	W公司指示价值
销售额	10 000	1.0	10 000
账面价值	6 000	1.5	9 000
净现金流量	500	20	10 000
W公司的平均价值			9 700

从表11-5中得到的三个可比价值倍数分别是1.0、1.5和20，然后分别以W公司的三个指标10 000万元、6 000万元、500万元分别乘以三个可比价值倍数，得到W公司的三个指示价值10 000万元、9 000万元、10 000万元，将三个指示价值进行平均得到W公司的评估价值为9 700万元。

（四）运用市场法评估企业价值的障碍

目前，运用市场法评估企业价值有两个障碍：一是企业的个体差异。几乎难以找到能与被评估企业直接进行比较的类似企业，而除了企业规模和所处行业等可辨认的因素以外，还有很多无形因素影响企业价值。因此，评估师寻找和选择参照企业时，应尽可能保证它们与被评估企业在所处的行业及企业规模方面的可比性，同时考虑它们在竞争地位等方面的可比性，这是至关重要的。二是企业交易案例的差异。即使存在能与被评估企业进行直接比较的类似企业，要找到能与被评估企业的产权交易相比较的交易案例也相当困难。因此，运用市场法对企业价值进行评估，不能基于直接比较的简单思路，而要通过间接比较分析影响企业价值的相关因素，对企业价值进行评估。

二、企业价值评估的成本法

成本法实际上是通过对企业账面价值的调整得到企业价值，所以其又称为账面价值调整法。其理论基础也是"替代原则"，即任何一个精明的潜在投资者，在购置一项资产时所愿意支付的价格不会超过建造一项与所购资产具有相同用途的替代品所需的成本。这种方法起源于对传统的实物资产的评估，如土地、建筑物、机器设备等的评估，而且着眼点是成本，很少考虑企业的收益和支出。评估人员使用成本法评估时，主要通过调整企业财务报表的所有资产和负债来反映它们的现时市场价值。当然，在企业价值评估中运用成本法时要遵循的一个假设是，企业的价值等于所有有形资产和无形资产的成本之和减去负债。

成本法以企业单项资产的成本为出发点，忽视了企业的获利能力，而且在评估中不考虑那些未在财务报表上出现的项目，如企业的管理效率、自创商誉、销售网络等。因此，成本法适用于不以盈利为目的的非盈利组织的评估。

练习题

一、单项选择题

1. 在企业价值评估中，对企业资产划分为有效资产和无效资产的主要目的是（　　）。

A. 选择评估方法　　　B. 界定评估价值类型

C. 界定评估具体范围　D. 明确企业盈利能力

2. 运用市盈率作为乘法评估出的是企业的（　　）。

A. 资产价值　B. 投资价值　C. 股权价值　D. 债权价值

二、多项选择题

1. 企业价值的表现形式有（　　）。

A. 企业资产价值　B. 企业投资价值　C. 企业股东权益价值

D. 企业债务价值　E. 企业债权价值

2. 企业的投资价值是（　　）。

A. 企业所有的投资人所拥有的对于企业资产索取权价值的综合

B. 企业的资产价值减去无息流动负债价值

C. 代表了股东对企业资产的索取权，它等于企业的资产价值减去负债价值

D. 权益价值加上付息债务价值

三、计算题

1. 假定某企业长期负债占全部投入资本的20%，自有资金的比重为80%，长期负债的平均利息率为10%，社会无风险报酬率为11%，该企业风险报酬率为5%，试利用加权平均资本成本模型求资本化率。

2. 被评估企业的基本情况如下：

（1）评估基准日为2012年12月31日；

（2）被评估企业未来 5 年预期利润总额分别为：110 万元、120 万元、110 万元、120 万元和 130 万元；

（3）被评估企业长期负债占投资资本的比重为 50%，平均长期负债成本为 6%，在未来 5 年中平均年长期负债利息额为 30 万元，年流动负债利息额为 50 万元；

（4）据查，评估时社会平均收益率为 9%，无风险报酬率为 4%，企业所在行业的平均风险与社会平均风险的比率（β）为 0.8；

（5）被评估企业生产经营比较平稳，是正常纳税企业。

要求：运用年金法计算企业的投资资本价值。

3. 某企业 2012 年的销售额为 6 000 万元，预计 2013—2016 年以 6% 的比率增长，自 2017 年起增长率保持在 3% 的水平。该企业的税前营业利润率为 20%，资本支出等于年折旧费，营运资本占销售额的 20%。该企业未偿还的债务为 3 000 万元，利息率为 10%，权益与全部资本的比率为 80%，β 系数为 1.25，国债利率为 3.25%，市场风险补偿为 5%。企业所得税税率为 25%。估算该企业 2001 年 1 月 1 日的企业价值和权益价值。

4. 评估人员对某一企业进行整体评估，通过对该企业历史经营状况的分析及国内外市场的调查了解，收集到下列数据资料。

（1）预计该企业第一年的收益额为 200 万元，以后每年的收益额比上年增长 10%，自第 6 年企业将进入稳定发展时期，收益额将保持在 300 万元。

（2）社会平均收益率为 12%，国库券利率为 8%，被评估企业所在行业风险系数为 1.5。

（3）该企业各单项资产经评估后的价值之和为 1 600 万元。

要求：（1）确定该企业整体资产评估值。

（2）企业整体资产评估结果与各单项资产评估值之和的差额如何处理？

5. 某企业的有关资料如下：

（1）根据该企业以前 5 年的经营情况，预计其未来 5 年的收益额分别为 30 万元、28 万元、30 万元、32 万元和 32 万元，假定从第 6 年起，每年收益额保持在 32 万元；

（2）根据资料确定无风险报酬率为 3%，企业所在行业的平均风险与社会平均风险的比率为 1.2，社会平均收益率为 8%，资本化率为 8%。

要求：运用分段法计算该企业整体评估价值。

6. 某企业进行股份制改造，根据企业过去的经营情况和未来的市场形势，预测其未来 5 年的收益率分别为 13 万元、14 万元、11 万元、12 万元和 15 万元。根据银行利率及经营风险情况，确定其折现率和资本化率分别为 10% 和 11%。试采用年金资本化法，确定该企业的重估价值。

第三篇
资产评估报告

第十二章 资产评估报告

学习目的与要求

通过本章的学习，使学生了解：资产评估报告的概念、分类、作用；资产评估报告的基本制度和基本内容；资产评估报告的制作技能和资产评估报告的应用。重点要掌握资产评估报告的基本内容和资产评估报告的制作技能。

第一节 资产评估报告概述

一、资产评估报告的概念

根据自 2008 年 7 月 1 日起施行的《资产评估准则——评估报告》，评估报告是指注册资产评估师根据资产评估准则的要求，在履行必要评估程序后，对评估对象在评估基准日特定目的下的价值发表的、由其所在评估机构出具的书面专业意见。资产评估报告是按照一定格式和内容来反映评估目的、假设、程序、标准、依据、方法、结果及适用条件等基本情况的报告书。狭义的资产评估报告指的就是资产评估结果的报告书。它既是资产评估机构与注册资产评估师完成对资产作价，就被评估资产在特定条件下的价值所发表的专家意见，也是评估机构履行评估合同情况的总结，还是评估机构与注册资产评估师为资产评估项目承担相应法律责任的证明文件。广义的资产评估报告是一种工作制度。它规定评估机构在完成评估工作之后必须按照一定程序的要求，用书面形式向委托方及相关主管部门报告评估过程和结果。我国目前实行的就是资产评估报告制度，即广义的资产评估报告。

二、资产评估报告的分类

根据资产评估的评估范围、评估对象和评估性质的不同，可以对资产评估报告书作如下分类。

1. 按资产评估的范围划分，可分为整体资产评估报告书和单项资产评估报告书

整体资产评估报告书是指对整体资产进行评估所出具的报告书；单项资产评估报告书是仅对某一部分、某一项资产进行评估所出具的报告书。由于整体资产评估与单项资产的评估在具体业务上存在一些差别，因而，两种资产评估报告书的基本格式虽然是一样的，但两者在内容上会存在一些差别。一般情况下，整体资产评估报告书的报告内容不仅包括资产，还包括负债和所有者权益；而单项资产评估报告除在建工程外，一般不考虑负债和以整体资产为依托的无形资产等。

2. 按评估对象划分，可分为资产评估报告书、房地产估价报告书、土地估价报告书

资产评估报告书是以资产为评估对象所出具的评估报告书。这里的资产可能包括负债和所有者权益，也可能包括房屋建筑物和土地。房地产估价报告书则只是以房地产为评估对象所出具的估价报告书。土地估价报告书是以土地为评估对象所出具的估价报告书。鉴于以上评估标的物之间存在差别，再加上资产评估、不动产估价和土地估价的管理尚未统一，这三种报告书不仅具体格式不相同，而且在内容上也存在较大的差别。

3. 按资产评估的性质划分，可分为一般评估报告和复核评估报告

一般评估报告是指评估人员接受客户的委托，为客户提供关于资产价值的估价意见的书面报告。复核评估报告是指复核评估人员对一般评估报告的充分性和合理性发表意见的书面报告，是复核评估人员对一般评估报告进行评估和审核的报告。

除了上述评估报告的分类外，还有很多分类方式，在此不再阐述。目前，国际上对资产评估报告的分类也是各种各样，如美国专业评估执业统一准则就将评估报告分为完整型评估报告、概述型评估报告和限制使用型评估报告。不同类型的评估报告适用于不同的预期使用目的，并要求评估报告的内容与预期用途相一致。评估报告的类型应该朝着多类型方向发展，这样才能使评估人员更恰当地表述评估的过程和评估的结果。我国目前还没有完全采用多类型的评估报告。为此，我国应当加强对评估报告分类体系的研究，以适应我国资产评估准则特别是评估报告准则建立与完善的要求。

三、资产评估报告的作用

（一）为资产作价提供意见

资产评估报告是经具有资产评估资格的机构根据委托评估资产的特点和要求，组织评估师及相应的专业人员组成的评估队伍，遵循评估原则和标准，按照法定的程序，运用科学的方法对被评估资产价值进行评定和估算后，通过报告书的形式提出作价的意见。该作价意见不代表任何当事人一方的利益，是一种独立的专家估价意见，具有较强的公正性与客观性，因而成为被委托评估资产作价的重要参考依据。

（二）明确资产评估责任

资产评估报告是反映和体现资产评估工作情况，明确委托方、受托方及有关方面责任的依据，同时，资产评估报告也反映和体现受托的资产评估机构与执业人员的权利与义务，并以此来明确委托方、受托方有关方面的法律责任。当然，资产评估报告书也是评估机构履行评估协议和向委托方或有关方面收取评估费用的依据。

（三）加强资产评估监管

对资产评估报告进行审核，是管理部门完善资产评估管理的重要手段。资产评估报告是反映评估机构和评估人员职业道德、执业能力以及评估质量高低和机构内部管理机制完善程度的重要依据。有关管理部门通过审核资产评估报告，可以有效地对评估机构的业务开展情况进行监督。

（四）完善资产评估档案

资产评估报告是建立评估档案、归集评估档案资料的重要信息来源。评估机构和评估人

员在完成资产评估任务后，必须按照档案管理的有关规定，将评估过程收集的资料、工作记录以及资产评估过程的有关工作底稿进行归档，以便进行评估档案的管理和使用。资产评估报告书是对整个评估过程的工作总结，其内容包括了评估过程的各个具体环节和各有关资料的收集与记录。因此，不仅评估报告书的底稿是评估档案归集的主要内容，而且撰写资产评估报告过程采用到的各种数据、各个依据、工作底稿和资产评估报告制度中形成有关的文字记录等都是资产评估档案的重要信息来源。

四、资产评估报告的基本要求

根据《资产评估准则——评估报告》的规定，资产评估报告的基本要求主要有以下几个方面的内容。

（1）注册资产评估师应当清晰、准确地陈述评估报告内容，不得使用误导性的表述。

（2）注册资产评估师应当在评估报告中提供必要信息，使评估报告使用者能够合理理解评估结论。

（3）注册资产评估师执行资产评估业务时，可以根据评估对象的复杂程度、委托方要求，合理确定评估报告的详略程度。

（4）注册资产评估师执行资产评估业务，评估程序受到限制且无法排除，经与委托方协商后仍需出具评估报告的，应当在评估报告中说明评估程序受限情况及其对评估结论的影响，并明确评估报告的使用限制。

（5）评估报告应当由两名以上注册资产评估师签字盖章，并由评估机构盖章。有限责任公司制评估机构的法定代表人或者合伙制评估机构负责该评估业务的合伙人应当在评估报告上签字。

（6）评估报告应当使用中文撰写。需要同时出具外文评估报告的，以中文评估报告为准。评估报告一般以人民币为计量币种，使用其他币种计量的，应当注明该币种与人民币的汇率。

（7）评估报告应当明确评估报告的使用有效期。通常，只有当评估基准日与经济行为实现日相距不超过一年时，才可以使用评估报告。

第二节　资产评估报告的基本内容

根据 2008 年 7 月 1 日实施的《资产评估准则——评估报告》，资产评估报告的基本内容如下。

一、标题及文号

该部分可以制作成评估报告的封面，主要内容如下。
（1）评估项目名称，某公司某项目资产评估报告书。
（2）评估报告编号，某公司评报字（20 ____年第__号）。

（3）评估机构全称，某资产评估有限公司。

（4）评估报告提交日期，＿＿＿年＿＿月＿＿日。

（5）评估机构图形标志。

二、声明

评估报告的声明应当包括以下内容。

（1）注册资产评估师恪守独立、客观和公正的原则，遵循有关法律、法规和资产评估准则的规定，并承担相应的责任。

（2）提醒评估报告使用者关注评估报告特别事项说明和使用限制。

（3）其他需要声明的内容。

三、摘要

评估报告摘要位于正文之前，内容包括评估业务的主要信息及评估结论。该摘要与资产评估报告正文一样具有同等法律效力，其还必须与评估报告揭示的结果一致，不得有误导性内容，并应当采用醒目的文字提醒使用者阅读全文。

四、正文

根据《资产评估准则——评估报告》的规定，评估报告正文应当包括以下几个方面的内容。

1. 委托方、产权持有者和委托方以外的其他评估报告使用者

评估报告使用者包括委托方、业务约定书中约定的其他评估报告使用者和国家法律、法规规定的评估报告使用者。报告正文的委托方与资产占有方简介应较为详细地介绍委托方、资产占有方的情况，当委托方和占有方相同时，可作为资产占有方介绍，但要写明委托方和资产占有方之间的隶属关系或经济关系。无隶属关系或经济关系的，应写明发生评估的原因，当资产占有方为多家企业时，还须逐一介绍。

2. 评估目的

这部分应写明本次资产评估是为了满足委托方的何种需要及其所对应的经济行为类型，并简要、准确说明该经济行为是否经过批准，若已获批准，应将批准文件的名称、批准单位、批准日期及文号写出。评估报告载明的评估目的应是唯一的，且表述明确、清晰。

3. 评估对象和评估范围

评估报告中应当载明评估对象和评估范围，并具体描述评估对象的基本情况，通常包括法律权属状况、经济状况和物理状况。评估资产为多家占有的，应说明各自的份额及对应资产类型。

4. 价值类型及其定义

评估报告应当明确价值类型及其定义，并说明选择价值类型的理由。

5. 评估基准日

评估报告应当载明评估基准日，并与业务约定书约定的评估基准日保持一致。评估报告

应当说明选取评估基准日时重点考虑的因素。评估基准日可以是现在时点，也可以是过去或者将来的时点。

6. 评估依据

这部分应当说明评估遵循的法律依据、准则依据、权属依据及取价依据等。对评估中采用的特殊依据应作相应的披露。

7. 评估方法

这部分应简要说明评估人员在评估过程中所选择并使用的评估方法，并说明选择评估方法的依据或原因。对于所选择的特殊评估方法，应适当介绍其原理与适用范围。

8. 评估程序实施过程和情况

这部分应反映评估机构自接受评估项目委托起至提交评估报告的全过程，包括接受委托过程中确定评估目的、对象及范围，基准日和拟定评估方案的全过程，资产清查中的指导资产占有方清查、收集准备资料、检查与验证过程；评估估算中的现场检测与鉴定、评估方法选择、市场调查与分析过程；评估汇总中的结果汇总、评估结论分析、撰写报告与说明、内部复核过程，以及提交评估报告等过程。

9. 评估假设

评估报告应当披露评估假设及其对评估结论的影响。

10. 评估结论

这部分是报告正文的重要部分，应使用文字和数字形式清晰说明评估结论，对资产、负债、净资产的账面价值、调整后账面价值、评估价值及其增减幅度进行表述。通常评估结论应当是确定的数值，经与委托方沟通，评估结论可以使用区间值表达。

11. 特别事项说明

这部分应说明在评估过程中已发现可能影响评估结论，但非评估人员执业水平和能力所能评定估算的有关事项，也应提示评估报告使用者注意特别事项对评估结论的影响，还应揭示评估人员认为需要说明的其他事项。评估报告的特别事项说明通常包括下列内容：产权瑕疵；未决事项、法律纠纷等不确定因素；重大期后事项；在不违背资产评估准则基本要求的情况下，采用的不同于资产评估准则规定的程序和方法。注册资产评估师应当说明特别事项可能对评估结论产生的影响，并重点提示评估报告使用者予以关注。

12. 评估报告使用限制说明

评估报告使用限制说明通常包括下列内容：评估报告只能用于评估报告载明的评估目的和用途；评估报告只能由评估报告载明的评估报告使用者使用；未征得出具评估报告的评估机构同意，评估报告的内容不得被摘抄、引用或披露于公开媒体，但法律、法规规定的以及相关当事方另有约定的除外；评估报告的使用有效期；因评估程序受限造成的评估报告的使用限制。

13. 评估报告日

评估报告应写明评估报告提交委托方的具体时间，评估报告原则上应在确定的评估基准日后的三个月内提出。评估报告载明的评估报告日通常为注册资产评估师形成最终专业意见的日期。

14. 签字盖章

根据《中评协关于修改评估报告等准则中有关签章条款的通知》，自2012年3月1日起，评估报告应当由两名以上（含两名）注册资产评估师签字盖章，并由评估机构加盖公章。有限责任公司制评估机构的法定代表人或者合伙制评估机构负责该评估业务的合伙人应当在评估报告上签字。

有限责任公司制评估机构的法定代表人可以授权首席评估师或者其他持有注册资产评估师证书的副总经理以上管理人员在评估报告上签字。有限责任公司制评估机构可以授权分支机构以分支机构名义出具除证券期货相关评估业务外的评估报告，并加盖分支机构公章。评估机构的法定代表人可以授权分支机构负责人在以分支机构名义出具的评估报告上签字。

五、附件

根据《资产评估准则——评估报告》，评估报告附件通常包括的内容如下：

（1）评估对象所涉及的主要权属证明资料；

（2）委托方和相关当事方的承诺函；

（3）评估机构及签字注册资产评估师资质、资格证明文件；

（4）评估对象涉及的资产清单或资产汇总表。

具体来讲，资产评估报告书的附报文件至少要包括以下内容：

（1）有关经济行为文件；

（2）被评估企业前三年度包括资产负债表和损益表在内的会计报表（非企业或经济组织除外）；

（3）委托方与资产占有方营业执照复印件；

（4）委托方、资产占有方的承诺函；

（5）产权证明文件复印件；

（6）资产评估人员和评估机构的承诺函；

（7）资产评估机构资格证书复印件；

（8）评估机构营业执照复印件；

（9）参加本项评估项目的人员名单；

（10）资产评估业务约定合同；

（11）重要合同和其他文件。

这部分没有具体的格式要求，但必须按照统一的规格装订。

第三节　资产评估报告的制作技能

一、资产评估报告的制作步骤

资产评估报告书的制作是评估机构完成评估工作的最后一道工序，也是资产评估工作中的一个重要环节。制作资产评估报告书主要经过以下几个步骤。

1. 整理工作底稿和归集有关资料

资产评估现场工作结束后，有关评估人员必须着手对现场工作底稿进行整理，按资产的性质进行分类。同时对有关询证函、被评估资产背景资料、技术鉴定资料、价格取证等有关资料进行归集和登记。

2. 评估数据和评估明细表的数字汇总

完成现场工作底稿和有关资料的归集任务后，评估人员应着手评估明细表的数字汇总。明细表的数字汇总应根据明细表的不同级次先明细汇总，然后分类汇总，最后进行资产负债表式的汇总。不具备采用电脑软件汇总的评估机构，在数字汇总过程中应反复核对各有关表格的数字的关联性和各表格栏目之间数字勾稽关系，防止出错。

3. 评估初步数据的分析和讨论

评估人员完成评估明细表的数字汇总并得出初步的评估数据后，应召集参与评估工作过程的有关人员，对评估报告的初步数据的结论进行分析和讨论，比较各有关评估数据，复核记录估算结果的工作底稿，对存在作价不合理的部分评估数据进行调整。

4. 编写评估报告

编写评估报告应该分步骤进行：先由各组负责人分别草拟出负责部分资产的评估说明，同时提交给全面负责、熟悉本项目的人员草拟资产评估报告书；然后各组分别草拟提交给总负责人全面草拟，并与客户交换意见；最后考虑是否修改，若需修改，修正后进行撰写。

5. 资产评估报告的签发与送交

评估机构撰写出资产评估正式报告后，经审核无误，按以下程序进行签名盖章：先由负责该项目的注册评估师签章（两名或两名以上），再送复核人审核签章，最后送评估机构负责人审定签章并加盖机构公章。资产评估报告签名盖章后即可连同评估说明及评估明细表送交委托单位。

二、资产评估报告撰写的基本要求

（一）客观性

资产评估的基本原则是"独立、客观、公正"，这就要求每个参加评估的人员撰写评估报告时，必须站在独立、客观、公正的立场上，既不能站在资产所有者一方，也不能站在资产业务中其他任何一方，要按照公允的程序和计价标准，对具体的资产评估对象做出符合专业标准并反映客观实际情况的资产评估结论。评估结论应经得起推敲，所依据的各种资料数据应能证明其科学性，所选取的方法、参数应能反映其应用性和科学性，评估报告所使用的措辞和文字描述应反映第三者的公正立场。

（二）完整性

资产评估报告是对资产评估工作的全面概括和总结，因此资产评估报告正文应能完整、准确地描述资产评估的全过程，反映资产评估的目的、所依据的前提条件、评估计价标准、评估的基本程序及选取的方法和参数等，并充分揭示被评估资产的真实情况，做到完整无缺，无一遗漏。另外，附件资料起着完善、补充、说明和支持正文的作用，所以在考虑正文内容齐全的同时，还应考虑与资产评估结论有关的各种附件。资产评估所涉及的内容一般比较繁杂，因此评估报告的文字表达要做到逻辑严密、格式规范、概念清晰准确、内容全面真实、叙述简明扼要、突出重点，切忌模棱两可、含糊不清。

（三）及时性

资产评估工作具有很强的时效性。在一定条件下得出的资产评估结论往往是对某一时期或某一时点资产实际价值的计量。因此，这一评估结论往往在一定时期内为社会各方所承认，并具有法律效力。一旦时过境迁，由于货币具有时间价值，而且被评估资产本身也随时间、市场环境、政治、社会等因素的变化而发生很大变化，评估结论更难以反映其实际价值并失去应有的法律效力。所以，评估人员编制资产评估报告时，必须要注明评估基准日，并应在委托评估合同约定时间内迅速、及时完成评估报告的编制。

三、资产评估报告制作的技术要点

（一）文字表达方面

资产评估报告既是一份对被评估资产价值有咨询性和公证性作用的文书，又是一份用来明确资产评估机构和评估人员工作责任的文字依据，所以其文字表达应既清楚、准确，又能提供充分的依据说明，还能全面地叙述整个评估的具体过程。当然，在文字表达上也不能带有大包大揽的语句，尤其是涉及承担责任的条款部分。

（二）格式和内容方面

对资产评估报告书格式和内容方面的技能要求，必须严格按照2008年7月1日实施的《资产评估准则——评估报告》。

（三）复核与反馈方面

资产评估报告书的复核与反馈也是资产评估报告书编制的具体技能要求。通过对工作底稿、评估说明、评估明细表和报告书正文的文字、格式及内容的复核和反馈，可以将有关错误、遗漏等问题在出具正式报告书之前得到修正。

对评估人员来说，资产评估工作是一项必须由多个评估人员同时作业的中介业务，每个评估人员都有可能因能力、水平、经验、阅历及理论方法的限制而产生工作盲点和工作疏忽，所以对资产评估报告初稿进行复核就非常有必要。但是，对资产评估报告进行复核，必须建立起多级复核和交叉复核的制度，明确复核人的职责，防止流于形式的复核。

另外，就对评估资产情况的熟悉程度来说，大多数资产委托方和占有方对委托评估资产的分布、结构、成新率等具体情况会比评估机构和评估人员更熟悉，所以在出具正式报告之前应该征求委托方的反馈意见。收集反馈意见主要是由委托方或占有方熟悉资产具体情况的人员来进行，对委托方或占有方的反馈意见，应谨慎对待，本着独立、客观、公正的态度去接受。

（四）具体的注意事项

资产评估报告书的编制技能除了需要掌握上述三个方面的技术要点外，还应注意以下几个事项。

（1）实事求是，切忌出具虚假报告。报告书必须建立在真实、客观的基础上，不能脱离实际情况，更不能无中生有。报告拟定人应是参与该项目并全面了解该项目情况的主要评估人员。

（2）坚持一致性做法，切忌出现表里不一。报告中的文字、内容前后要一致，摘要、正文、评估说明、评估明细表内容与格式口径、格式甚至数据要一致，不能出现表里不一的情况。

（3）提交报告书要及时、齐全和保密。在正式完成资产评估工作后，应按业务约定书的约定时间及时将报告书送交委托方。送交报告书时，报告书及有关文件要齐全。此外，要做好客户资料保密工作，尤其是对评估涉及的商业秘密和技术秘密，更要加强保密工作。

第四节　资产评估报告的应用

资产评估报告书由评估机构出具后，资产评估委托方、资产评估管理方和有关部门应视情况对资产评估报告及有关资料加以应用。

一、委托方对资产评估报告的使用

（一）作为资产业务的作价基础

主要资产业务包括企业改制、上市、对外投资、中外合资合作、转让、出售、拍卖等产权变动的经济活动，以及保险、纳税、抵押、担保等非产权变动的经济活动和法律方面需要的其他目的的活动。

（二）作为企业进行会计记录或调整账项的依据

委托方在根据评估报告所揭示的资产评估目的使用资产评估报告资料的同时，还可依照有关规定，根据资产评估报告书中的资料进行会计记录或调整有关财务账项。

（三）作为履行委托协议和支付评估费用的主要依据

当委托方收到评估机构正式评估报告书的有关资料后，在没有异议的情况下，应根据委托协议，将评估结果作为计算支付评估费用的主要依据，并履行支付评估费用的承诺及其他有关承诺。

（四）作为法庭辩论和裁决的举证材料

当涉及经济纠纷时，资产评估结果可以作为有关当事人法庭辩论的举证材料和法庭作出裁决的证明材料。

当然，委托方在使用资产评估报告书及有关资料时也必须注意以下几个方面的问题。

（1）只能按报告书所揭示的评估目的使用报告，一份评估报告书只允许按一个用途使用。

（2）只能在报告书的有效期内使用报告，超过报告书的有效期，原资产评估结果无效。

（3）在报告书有效期内，资产评估数量发生较大变化时，应由原评估机构或者说资产占有单位按原评估方法作相应调整后才能使用。

（4）涉及国有资产产权变动的评估报告书及有关资料必须经国有资产管理部门或授权部门核准或备案后方可使用。

（5）作为企业会计记录和调整企业账项使用的资产评估报告书及有关资料，必须由有权机关批准或认可后方能生效。

二、资产评估管理机构对资产评估报告的应用

资产评估管理机构主要是指对资产评估进行行政管理的主管机关和对资产评估业自律管理的行业协会。对资产评估报告的运用是资产评估管理机构实现对评估机构的行政管理和行业自律管理的重要过程。资产评估管理机构通过对评估机构出具的资产评估报告书有关资料的运用，能大体了解评估机构从事评估工作的业务能力和组织管理水平。由于资产评估报告是反映资产评估工作过程的工作报告，通过对资产评估报告资料的检查与分析，评估管理机构能大致判断该机构的业务能力和组织管理水平；另外，这也是对资产评估质量进行评价的依据。资产评估管理机构通过对资产评估报告进行核准或备案，能够对评估机构的评估结果质量的好坏做出客观的评价，从而能够有效实现对评估机构和评估人员的管理。另外，它能为国有资产管理提供重要的数据资料。通过对资产评估报告书的统计与分析，可以及时了解国有资产占有和使用状况以及增减值变动情况，为进一步加强国有资产管理服务。

三、其他有关部门对资产评估报告的应用

其他有关部门包括证券监督管理部门、保险监督管理部门、工商行政管理、税务机关、金融机构和法院等有关部门。

证券监督管理部门对资产评估报告的运用主要表现在对申请上市的公司有关申报材料招股说明书的审核过程，以及对上市公司的股东配售发行股票时申报材料配股说明书的审核过程。根据有关规定，公开发行股票公司信息披露至少要列示以下各项资产评估情况。

（1）按资产负债表大类划分的公司各类资产评估前账面价值及固定资产净值；

（2）公司各类资产评估净值；

（3）各类资产增减值幅度；

（4）各类资产增减值的主要原因。

公开发行股票的公司采用非现金方式配股，其配股说明书的备查文件必须附上资产评估报告。当然，证券监督管理部门还可运用资产评估报告和有关资料加强对取得证券业务评估资格的评估机构及有关人员的业务管理。

保险监督管理部门、工商行政管理部门、税务、金融和法院等部门也都能通过对资产评估报告的运用来达到实现其管理职能的目的。但是，这些部门使用资产评估报告书时，应清醒地认识到资产评估结果只是专家的估价意见，还应该结合本部门的资产业务自主进行决策。

练习题

一、单项选择题

1. 评估报告应由评估机构法人代表和至少（　　）名注册资产评估师签名盖章。

A. 1　　B. 2　　C. 3　　D. 4

2. 一份资产评估报告应按（　　）使用。

A. 一个用途　　B. 两个用途　　C. 多个用途　　D. 不限用途

3. 作为企业会计记录和调整企业账项使用的评估报告，必须由（　　）方能生效。

A. 评估机构同意后　　　　　　　　B. 委托方同意后

C. 评估机构和委托方共同同意后　　D. 有关机关批准后

4. 资产评估结果有效期通常为一年，这一年是从（　　）算起的。

A. 提供报告日　　B. 评估基准日　　C. 验证确认日　　D. 经济行为发生日

5. 资产评估报告摘要与资产评估报告具有的法律效力是（　　）。

A. 前者大于后者　　B. 后者大于前者　　C. 同等效力　　D. 不可比较

6. 委托方使用资产评估报告及有关资料时，下列说法合理的是（　　）。

A. 一份资产转让评估报告也可以作为资产出售的作价基础

B. 超出报告的有效期后，只要由评估机构重新调整相关数据，就仍是有效的

C. 有效期内资产评估数量发生较大变化时，需要按比例调整后才能使用

D. 涉及国有资产产权变动的评估报告书及有关资料要经国有资产行政主管部门确认或授权确认后方可使用

7. 资产评估报告应当（　　）。

A. 按照委托方的要求编写　　　　　B. 按照资产占有方的要求编写

C. 按照资产接受方的要求编写　　　D. 按照评估行业有关规定编写

二、多项选择题

1. 下列划分中属于按评估范围划分的是（　　）。

A. 整体评估报告书　　B. 单项评估报告书　　C. 房地产评估报告书　　D. 土地估价报告书

2. 在资产评估报告中必须说明的要素是（　　）。

A. 评估目的　　B. 评估原则　　C. 评估方法　　D. 评估要求

3. 下列文件中属于资产评估报告附报文件的是（　　）。

A. 产权证明及复印件　　B. 评估明细表

C. 有关经济行为文件　　D. 评估机构营业执照复印件

4. 属于资产评估报告正文内容的有（　　）。

A. 评估基准日　　B. 评估结论　　C. 被评估单位提供的原始设备清单

D. 评估原则　　　　E. 评估目的

5. 资产评估报告的附件应当包括（　　）。

A. 各项资产负债的评估结果清单

B. 重要资产的产权证明文件
C. 评估计划
D. 评估人员及评估机构资格证书复印件
E. 关于《资产评估报告书附件》使用范围的说明

附录

附录 1

复利现值系数表

期数	1%	2%	3%	4%	5%	6%	7%	8%	9%	10%	11%	12%	13%	14%	15%	16%	17%	18%	19%	20%	21%	22%	23%	24%	25%	26%	27%	28%	29%	30%
1	0.990 1	0.980 4	0.970 9	0.961 5	0.952 4	0.943 4	0.934 6	0.925 9	0.917 4	0.909 1	0.900 9	0.892 9	0.885 0	0.877 2	0.869 6	0.862 1	0.854 7	0.847 5	0.840 3	0.833 3	0.826 4	0.819 7	0.813 0	0.806 5	0.800 0	0.793 7	0.787 4	0.781 3	0.775 2	0.769 2
2	0.980 3	0.961 2	0.942 6	0.924 6	0.907 0	0.890 0	0.873 4	0.857 3	0.841 7	0.826 4	0.811 6	0.797 2	0.783 1	0.769 5	0.756 1	0.743 2	0.730 5	0.718 2	0.706 2	0.694 4	0.683 0	0.671 9	0.661 0	0.650 4	0.640 0	0.629 9	0.620 0	0.610 4	0.600 9	0.591 7
3	0.970 6	0.942 3	0.915 1	0.889 0	0.863 8	0.839 6	0.816 3	0.793 8	0.772 2	0.751 3	0.731 2	0.711 8	0.693 1	0.675 0	0.657 5	0.640 7	0.624 4	0.608 6	0.593 4	0.578 7	0.564 5	0.550 7	0.537 4	0.524 5	0.512 0	0.499 9	0.488 2	0.476 8	0.465 8	0.455 2
4	0.961 0	0.923 8	0.888 5	0.854 8	0.822 7	0.792 1	0.762 9	0.735 0	0.708 4	0.683 0	0.658 7	0.635 5	0.613 3	0.592 1	0.571 8	0.552 3	0.533 7	0.515 8	0.498 7	0.482 3	0.466 5	0.451 4	0.436 9	0.423 0	0.409 6	0.396 8	0.384 4	0.372 5	0.361 1	0.350 1
5	0.951 5	0.905 7	0.862 6	0.821 9	0.783 5	0.747 3	0.713 0	0.680 6	0.649 9	0.620 9	0.593 5	0.567 4	0.542 8	0.519 4	0.497 2	0.476 1	0.456 1	0.437 1	0.419 0	0.401 9	0.385 5	0.370 0	0.355 2	0.341 1	0.327 7	0.314 9	0.302 7	0.291 0	0.279 9	0.269 3
6	0.942 0	0.888 0	0.837 5	0.790 3	0.746 2	0.705 0	0.666 3	0.630 2	0.596 3	0.564 5	0.534 6	0.506 6	0.480 3	0.455 6	0.432 3	0.410 4	0.389 8	0.370 4	0.352 1	0.334 9	0.318 6	0.303 3	0.288 8	0.275 1	0.262 1	0.249 9	0.238 3	0.227 4	0.217 0	0.207 2
7	0.932 7	0.870 6	0.813 1	0.759 9	0.710 7	0.665 1	0.622 7	0.583 5	0.547 0	0.513 2	0.481 7	0.452 3	0.425 1	0.399 6	0.375 9	0.353 8	0.333 2	0.313 9	0.295 9	0.279 1	0.263 3	0.248 6	0.234 8	0.221 8	0.209 7	0.198 3	0.187 7	0.177 6	0.168 2	0.159 4
8	0.923 5	0.853 5	0.789 4	0.730 7	0.676 8	0.627 4	0.582 0	0.540 3	0.501 9	0.466 5	0.433 9	0.403 9	0.376 2	0.350 6	0.326 9	0.305 0	0.284 8	0.266 0	0.248 7	0.232 6	0.217 6	0.203 8	0.190 9	0.178 9	0.167 8	0.157 4	0.147 8	0.138 8	0.130 4	0.122 6
9	0.914 3	0.836 8	0.766 4	0.702 6	0.644 6	0.591 9	0.543 9	0.500 2	0.460 4	0.424 1	0.390 9	0.360 6	0.332 9	0.307 5	0.284 3	0.263 0	0.243 4	0.225 5	0.209 0	0.193 8	0.179 9	0.167 0	0.155 2	0.144 3	0.134 2	0.124 9	0.116 4	0.108 4	0.101 1	0.094 3
10	0.905 3	0.820 3	0.744 1	0.675 6	0.613 9	0.558 4	0.508 3	0.463 2	0.422 4	0.385 5	0.352 2	0.322 0	0.294 6	0.269 7	0.247 2	0.226 7	0.208 0	0.191 1	0.175 6	0.161 5	0.148 6	0.136 9	0.126 2	0.116 4	0.107 4	0.099 2	0.091 6	0.084 7	0.078 4	0.072 5
11	0.896 3	0.804 3	0.722 4	0.649 6	0.584 7	0.526 8	0.475 1	0.428 9	0.387 5	0.350 5	0.317 3	0.287 5	0.260 7	0.236 6	0.214 9	0.195 4	0.177 8	0.161 9	0.147 6	0.134 6	0.122 8	0.112 2	0.102 6	0.093 8	0.085 9	0.078 7	0.072 1	0.066 2	0.060 7	0.055 8
12	0.887 4	0.788 5	0.701 4	0.624 6	0.556 8	0.497 0	0.444 0	0.397 1	0.355 5	0.318 6	0.285 8	0.256 7	0.230 7	0.207 6	0.186 9	0.168 5	0.152 0	0.137 2	0.124 0	0.112 2	0.101 5	0.092 0	0.083 4	0.075 7	0.068 7	0.062 5	0.056 8	0.051 7	0.047 1	0.042 9
13	0.878 7	0.773 0	0.681 0	0.600 6	0.530 3	0.468 8	0.415 0	0.367 7	0.326 2	0.289 7	0.257 5	0.229 2	0.204 2	0.182 1	0.162 5	0.145 2	0.129 9	0.116 3	0.104 2	0.093 5	0.083 9	0.075 4	0.067 8	0.061 0	0.055 0	0.049 6	0.044 7	0.040 4	0.036 5	0.033 0
14	0.870 0	0.757 9	0.661 1	0.577 5	0.505 1	0.442 3	0.387 8	0.340 5	0.299 2	0.263 3	0.232 0	0.204 6	0.180 7	0.159 7	0.141 3	0.125 2	0.111 0	0.098 5	0.087 6	0.077 9	0.069 3	0.061 8	0.055 1	0.049 2	0.044 0	0.039 3	0.035 2	0.031 6	0.028 3	0.025 4
15	0.861 3	0.743 0	0.641 9	0.555 3	0.481 0	0.417 3	0.362 4	0.315 2	0.274 5	0.239 4	0.209 0	0.182 7	0.159 9	0.140 1	0.122 9	0.107 9	0.094 9	0.083 5	0.073 6	0.064 9	0.057 3	0.050 7	0.044 8	0.039 7	0.035 2	0.031 2	0.027 7	0.024 7	0.021 9	0.019 5
16	0.852 8	0.728 4	0.623 2	0.533 9	0.458 1	0.393 6	0.338 7	0.291 9	0.251 9	0.217 6	0.188 3	0.163 1	0.141 5	0.122 9	0.106 9	0.093 0	0.081 1	0.070 8	0.061 8	0.054 1	0.047 4	0.041 5	0.036 4	0.032 0	0.028 1	0.024 8	0.021 8	0.019 3	0.017 0	0.015 0
17	0.844 4	0.714 2	0.605 0	0.513 4	0.436 3	0.371 4	0.316 6	0.270 3	0.231 1	0.197 8	0.169 6	0.145 6	0.125 2	0.107 8	0.092 9	0.080 2	0.069 3	0.060 0	0.052 0	0.045 1	0.039 1	0.034 0	0.029 6	0.025 8	0.022 5	0.019 7	0.017 2	0.015 0	0.013 2	0.011 6
18	0.836 0	0.700 2	0.587 4	0.493 6	0.415 5	0.350 3	0.295 9	0.250 2	0.212 0	0.179 9	0.152 8	0.130 0	0.110 8	0.094 6	0.080 8	0.069 1	0.059 2	0.050 8	0.043 7	0.037 6	0.032 3	0.027 9	0.024 1	0.020 8	0.018 0	0.015 6	0.013 5	0.011 8	0.010 2	0.008 9
19	0.827 7	0.686 4	0.570 3	0.474 6	0.395 7	0.330 5	0.276 5	0.231 7	0.194 5	0.163 5	0.137 7	0.116 1	0.098 1	0.082 9	0.070 3	0.059 6	0.050 6	0.043 1	0.036 7	0.031 3	0.026 7	0.022 9	0.019 6	0.016 8	0.014 4	0.012 4	0.010 7	0.009 2	0.007 9	0.006 8
20	0.819 5	0.673 0	0.553 7	0.456 4	0.376 9	0.311 8	0.258 4	0.214 5	0.178 4	0.148 6	0.124 0	0.103 7	0.086 8	0.072 8	0.061 1	0.051 4	0.043 3	0.036 5	0.030 8	0.026 1	0.022 1	0.018 7	0.015 9	0.013 5	0.011 5	0.009 8	0.008 4	0.007 2	0.006 1	0.005 3
21	0.811 4	0.659 8	0.537 5	0.438 8	0.358 9	0.294 2	0.241 5	0.198 7	0.163 7	0.135 1	0.111 7	0.092 6	0.076 8	0.063 8	0.053 1	0.044 3	0.037 0	0.030 9	0.025 9	0.021 7	0.018 3	0.015 4	0.012 9	0.010 9	0.009 2	0.007 8	0.006 6	0.005 6	0.004 8	0.004 0
22	0.803 4	0.646 8	0.521 9	0.422 0	0.341 8	0.277 5	0.225 7	0.183 9	0.150 2	0.122 8	0.100 7	0.082 6	0.068 0	0.056 0	0.046 2	0.038 2	0.031 6	0.026 2	0.021 8	0.018 1	0.015 1	0.012 6	0.010 5	0.008 8	0.007 4	0.006 2	0.005 2	0.004 4	0.003 7	0.003 1
23	0.795 4	0.634 2	0.506 7	0.405 7	0.325 6	0.261 8	0.210 9	0.170 3	0.137 8	0.111 7	0.090 7	0.073 8	0.060 1	0.049 1	0.040 2	0.032 9	0.027 0	0.022 2	0.018 3	0.015 1	0.012 5	0.010 3	0.008 6	0.007 1	0.005 9	0.004 9	0.004 1	0.003 4	0.002 9	0.002 4
24	0.787 6	0.621 7	0.491 9	0.390 1	0.310 1	0.247 0	0.197 1	0.157 7	0.126 4	0.101 5	0.081 7	0.065 9	0.053 2	0.043 1	0.034 9	0.028 4	0.023 1	0.018 8	0.015 4	0.012 6	0.010 3	0.008 5	0.007 0	0.005 7	0.004 7	0.003 9	0.003 2	0.002 7	0.002 2	0.001 8
25	0.779 8	0.609 5	0.477 6	0.375 1	0.295 3	0.233 0	0.184 2	0.146 0	0.116 0	0.092 3	0.073 6	0.058 8	0.047 1	0.037 8	0.030 4	0.024 5	0.019 7	0.016 0	0.012 9	0.010 5	0.008 5	0.006 9	0.005 7	0.004 6	0.003 8	0.003 1	0.002 5	0.002 1	0.001 7	0.001 4
26	0.772 0	0.597 6	0.463 7	0.360 7	0.281 2	0.219 8	0.172 2	0.135 2	0.106 4	0.083 9	0.066 3	0.052 5	0.041 7	0.033 1	0.026 4	0.021 1	0.016 9	0.013 5	0.010 9	0.008 7	0.007 0	0.005 7	0.004 6	0.003 7	0.003 0	0.002 5	0.002 0	0.001 6	0.001 3	0.001 1
27	0.764 4	0.585 9	0.450 2	0.346 8	0.267 8	0.207 4	0.160 9	0.125 2	0.097 6	0.076 3	0.059 7	0.046 9	0.036 9	0.029 1	0.022 9	0.018 2	0.014 4	0.011 5	0.009 1	0.007 3	0.005 8	0.004 7	0.003 7	0.003 0	0.002 4	0.001 9	0.001 6	0.001 3	0.001 0	0.000 8
28	0.756 8	0.574 4	0.437 1	0.333 5	0.255 1	0.195 6	0.150 4	0.115 9	0.089 5	0.069 3	0.053 8	0.041 9	0.032 6	0.025 5	0.020 0	0.015 7	0.012 3	0.009 7	0.007 7	0.006 1	0.004 8	0.003 8	0.003 0	0.002 4	0.001 9	0.001 5	0.001 2	0.001 0	0.000 8	0.000 6
29	0.749 3	0.563 1	0.424 3	0.320 7	0.242 9	0.184 6	0.140 6	0.107 3	0.082 2	0.063 0	0.048 5	0.037 4	0.028 9	0.022 4	0.017 4	0.013 5	0.010 5	0.008 2	0.006 4	0.005 1	0.004 0	0.003 1	0.002 5	0.002 0	0.001 5	0.001 2	0.001 0	0.000 8	0.000 6	0.000 5
30	0.741 9	0.552 1	0.412 0	0.308 3	0.231 4	0.174 1	0.131 4	0.099 4	0.075 4	0.057 3	0.043 7	0.033 4	0.025 6	0.019 6	0.015 1	0.011 6	0.009 0	0.007 0	0.005 4	0.004 2	0.003 3	0.002 6	0.002 0	0.001 6	0.001 2	0.001 0	0.000 7	0.000 6	0.000 5	0.000 4

注：计算公式：$(1+i)^{-n}$。

資产评估理论与实务（第2版）

附录 2

年金现值系数表

期数	1%	2%	3%	4%	5%	6%	7%	8%	9%	10%	11%	12%	13%	14%	15%	16%	17%	18%	19%	20%	21%	22%	23%	24%	25%	26%	27%	28%	29%	30%
1	0.990 1	0.980 4	0.970 9	0.961 5	0.952 4	0.943 4	0.934 6	0.925 9	0.917 4	0.909 1	0.900 9	0.892 9	0.885 0	0.877 2	0.869 6	0.862 1	0.854 7	0.847 5	0.840 3	0.833 3	0.826 4	0.819 7	0.813 0	0.806 5	0.800 0	0.793 7	0.787 4	0.781 3	0.775 2	0.769 2
2	1.970 4	1.941 6	1.913 5	1.886 1	1.859 4	1.833 4	1.808 0	1.783 3	1.759 1	1.735 5	1.712 5	1.690 1	1.668 1	1.646 7	1.625 7	1.605 2	1.585 2	1.565 6	1.546 5	1.527 8	1.509 5	1.491 5	1.474 0	1.456 8	1.440 0	1.423 5	1.407 4	1.391 6	1.376 1	1.360 9
3	2.941 0	2.883 9	2.828 6	2.775 1	2.723 2	2.673 0	2.624 3	2.577 1	2.531 3	2.486 9	2.443 7	2.401 8	2.361 2	2.321 6	2.283 2	2.245 9	2.209 6	2.174 3	2.139 9	2.106 5	2.073 9	2.042 2	2.011 4	1.981 3	1.952 0	1.923 4	1.895 6	1.868 4	1.842 0	1.816 1
4	3.902 0	3.807 7	3.717 1	3.629 9	3.546 0	3.465 1	3.387 2	3.312 1	3.239 7	3.169 9	3.102 4	3.037 3	2.974 5	2.913 7	2.855 0	2.798 2	2.743 2	2.690 1	2.638 6	2.588 7	2.540 4	2.493 6	2.448 3	2.404 3	2.361 6	2.320 2	2.280 0	2.241 0	2.203 1	2.166 2
5	4.853 4	4.713 5	4.579 7	4.451 8	4.329 5	4.212 4	4.100 2	3.992 7	3.889 7	3.790 8	3.695 9	3.604 8	3.517 2	3.433 1	3.352 2	3.274 3	3.199 3	3.127 2	3.057 6	2.990 6	2.926 0	2.863 6	2.803 5	2.745 4	2.689 3	2.635 1	2.582 7	2.532 0	2.483 0	2.435 6
6	5.795 5	5.601 4	5.417 2	5.242 1	5.075 7	4.917 3	4.766 5	4.622 9	4.485 9	4.355 3	4.230 5	4.111 4	3.997 5	3.888 7	3.784 5	3.684 7	3.589 2	3.497 6	3.409 8	3.325 5	3.244 6	3.166 9	3.092 3	3.020 5	2.951 4	2.885 0	2.821 0	2.759 4	2.700 0	2.642 7
7	6.728 2	6.472 0	6.230 3	6.002 1	5.786 4	5.582 4	5.389 3	5.206 4	5.033 0	4.868 4	4.712 2	4.563 8	4.422 6	4.288 3	4.160 4	4.038 6	3.922 4	3.811 5	3.705 7	3.604 6	3.507 9	3.415 5	3.327 0	3.242 3	3.161 1	3.083 3	3.008 7	2.937 0	2.868 2	2.802 1
8	7.651 7	7.325 5	7.019 7	6.732 7	6.463 2	6.209 8	5.971 3	5.746 6	5.534 8	5.334 9	5.146 1	4.967 6	4.798 8	4.638 9	4.487 3	4.343 6	4.207 2	4.077 6	3.954 4	3.837 2	3.725 6	3.619 3	3.517 9	3.421 2	3.328 9	3.240 7	3.156 4	3.075 8	2.998 6	2.924 7
9	8.566 0	8.162 2	7.786 1	7.435 3	7.107 8	6.801 7	6.515 2	6.246 9	5.995 2	5.759 0	5.537 0	5.328 2	5.131 7	4.946 4	4.771 6	4.606 5	4.450 6	4.303 0	4.163 3	4.031 0	3.905 4	3.786 3	3.673 1	3.565 5	3.463 1	3.365 7	3.272 8	3.184 2	3.099 7	3.019 0
10	9.471 3	8.982 6	8.530 2	8.110 9	7.721 7	7.360 1	7.023 6	6.710 1	6.417 7	6.144 6	5.889 2	5.650 2	5.426 2	5.216 1	5.018 8	4.833 2	4.658 6	4.494 1	4.338 9	4.192 5	4.054 1	3.923 2	3.799 3	3.681 9	3.570 5	3.464 8	3.364 4	3.268 9	3.178 1	3.091 5
11	10.367 6	9.786 8	9.252 6	8.760 5	8.306 4	7.886 9	7.498 7	7.139 0	6.805 2	6.495 1	6.206 5	5.937 7	5.686 9	5.452 7	5.233 7	5.028 6	4.836 4	4.656 0	4.486 5	4.327 1	4.176 9	4.035 4	3.901 8	3.775 7	3.656 4	3.543 5	3.436 5	3.335 1	3.238 8	3.147 3
12	11.255 1	10.575 3	9.954 0	9.385 1	8.863 3	8.383 8	7.942 7	7.536 1	7.160 7	6.813 7	6.492 4	6.194 4	5.917 6	5.660 3	5.420 6	5.197 1	4.988 4	4.793 2	4.610 5	4.439 2	4.278 4	4.127 4	3.985 2	3.851 4	3.725 1	3.605 9	3.493 3	3.386 8	3.285 9	3.190 3
13	12.133 7	11.348 4	10.635 0	9.985 6	9.393 6	8.852 7	8.357 7	7.903 8	7.486 9	7.103 4	6.749 9	6.423 5	6.121 8	5.842 4	5.583 1	5.342 3	5.118 3	4.909 5	4.714 7	4.532 7	4.362 4	4.202 8	4.053 0	3.912 4	3.780 1	3.655 5	3.538 1	3.427 2	3.322 4	3.223 3
14	13.003 7	12.106 2	11.296 1	10.563 1	9.898 6	9.295 0	8.745 5	8.244 2	7.786 2	7.366 7	6.981 9	6.628 2	6.302 5	6.002 1	5.724 5	5.467 5	5.229 3	5.008 1	4.802 3	4.610 6	4.431 7	4.264 6	4.108 2	3.961 6	3.824 1	3.694 9	3.573 3	3.458 7	3.350 7	3.248 7
15	13.865 1	12.849 3	11.937 9	11.118 4	10.379 7	9.712 2	9.107 9	8.559 5	8.060 7	7.606 1	7.190 9	6.810 9	6.462 4	6.142 2	5.847 4	5.575 5	5.324 2	5.091 6	4.875 9	4.675 5	4.489 0	4.315 2	4.153 0	4.001 3	3.859 3	3.726 1	3.601 0	3.483 4	3.372 6	3.268 2
16	14.717 9	13.577 7	12.561 1	11.652 3	10.837 8	10.105 9	9.446 6	8.851 4	8.312 6	7.823 7	7.379 2	6.974 0	6.603 9	6.265 1	5.954 2	5.668 5	5.405 3	5.162 4	4.937 7	4.729 6	4.536 4	4.356 7	4.189 4	4.033 3	3.887 4	3.750 9	3.622 8	3.502 6	3.389 6	3.283 2
17	15.562 3	14.291 9	13.166 1	12.165 7	11.274 1	10.477 3	9.763 2	9.121 6	8.543 6	8.021 6	7.548 8	7.119 6	6.729 1	6.372 9	6.047 2	5.748 7	5.474 6	5.222 3	4.989 7	4.774 6	4.575 5	4.390 8	4.219 0	4.059 1	3.909 9	3.770 5	3.640 0	3.517 7	3.402 8	3.294 8
18	16.398 3	14.992 0	13.753 5	12.659 3	11.689 6	10.827 6	10.059 1	9.371 9	8.755 6	8.201 4	7.701 6	7.249 7	6.839 9	6.467 4	6.128 0	5.817 8	5.533 9	5.273 2	5.033 3	4.812 2	4.607 9	4.418 7	4.243 1	4.079 3	3.927 9	3.786 1	3.653 6	3.529 4	3.413 0	3.303 7
19	17.226 0	15.678 5	14.323 8	13.133 9	12.085 3	11.158 1	10.335 6	9.603 6	8.950 1	8.364 9	7.839 3	7.365 8	6.938 0	6.550 4	6.198 2	5.877 5	5.584 5	5.316 2	5.070 0	4.843 5	4.634 5	4.441 5	4.262 7	4.096 7	3.942 4	3.798 5	3.664 2	3.538 6	3.421 0	3.310 5
20	18.045 6	16.351 4	14.877 5	13.590 3	12.462 2	11.469 9	10.594 0	9.818 1	9.128 5	8.513 6	7.963 3	7.469 4	7.024 8	6.623 1	6.259 3	5.928 8	5.627 8	5.352 7	5.100 9	4.869 6	4.656 7	4.460 3	4.278 6	4.110 3	3.953 9	3.808 3	3.672 5	3.545 8	3.427 1	3.315 8
21	18.857 0	17.011 2	15.415 0	14.029 2	12.821 2	11.764 1	10.835 5	10.016 8	9.292 2	8.648 7	8.075 1	7.562 0	7.101 6	6.687 0	6.312 5	5.973 1	5.664 8	5.383 7	5.126 8	4.891 3	4.675 0	4.475 6	4.291 6	4.121 2	3.963 1	3.816 1	3.679 2	3.551 4	3.431 9	3.319 8
22	19.660 4	17.658 0	15.936 9	14.451 1	13.163 0	12.041 6	11.061 2	10.200 7	9.442 4	8.771 5	8.175 7	7.644 6	7.169 5	6.742 9	6.358 7	6.011 3	5.696 4	5.409 9	5.148 6	4.909 4	4.690 0	4.488 2	4.302 1	4.130 0	3.970 5	3.822 3	3.684 4	3.555 8	3.435 6	3.323 0
23	20.455 8	18.292 2	16.443 6	14.856 8	13.488 6	12.303 4	11.272 2	10.371 1	9.580 2	8.883 2	8.266 4	7.718 4	7.229 7	6.792 1	6.398 8	6.044 2	5.723 4	5.432 1	5.166 8	4.924 5	4.702 5	4.498 5	4.310 6	4.137 1	3.976 4	3.827 3	3.688 5	3.559 2	3.438 4	3.325 4
24	21.243 4	18.913 9	16.935 5	15.247 0	13.798 6	12.550 4	11.469 3	10.528 8	9.706 6	8.984 7	8.348 1	7.784 3	7.282 9	6.835 1	6.433 8	6.072 6	5.746 5	5.450 9	5.182 2	4.937 1	4.712 8	4.507 0	4.317 6	4.142 8	3.981 1	3.831 2	3.691 8	3.561 9	3.440 6	3.327 2
25	22.023 2	19.523 5	17.413 1	15.622 1	14.093 9	12.783 4	11.653 6	10.674 8	9.822 6	9.077 0	8.421 7	7.843 1	7.330 0	6.872 9	6.464 1	6.097 1	5.766 2	5.466 9	5.195 1	4.947 6	4.721 3	4.513 9	4.323 2	4.147 4	3.984 9	3.834 2	3.694 3	3.564 0	3.442 3	3.328 6
26	22.795 2	20.121 0	17.876 8	15.982 8	14.375 2	13.003 2	11.825 8	10.810 0	9.929 0	9.160 9	8.488 1	7.895 7	7.371 7	6.906 1	6.490 6	6.118 2	5.783 1	5.480 4	5.206 0	4.956 3	4.728 4	4.519 6	4.327 8	4.151 1	3.987 9	3.836 7	3.696 4	3.565 6	3.443 7	3.329 7
27	23.559 6	20.706 9	18.327 0	16.329 6	14.643 0	13.210 5	11.986 7	10.935 2	10.026 6	9.237 2	8.547 8	7.942 6	7.408 6	6.935 2	6.513 5	6.136 4	5.797 5	5.491 9	5.215 1	4.963 6	4.734 2	4.524 3	4.331 6	4.154 2	3.990 3	3.838 7	3.697 9	3.566 9	3.444 7	3.330 5
28	24.316 4	21.281 3	18.764 1	16.663 1	14.898 1	13.406 2	12.137 1	11.051 1	10.116 1	9.306 6	8.601 6	7.984 4	7.441 2	6.960 7	6.533 5	6.152 0	5.809 9	5.501 6	5.222 8	4.969 7	4.739 0	4.528 1	4.334 6	4.156 6	3.992 3	3.840 2	3.699 1	3.567 9	3.445 5	3.331 7
29	25.065 8	21.844 4	19.188 5	16.983 7	15.141 1	13.590 7	12.277 7	11.158 4	10.198 3	9.369 6	8.650 1	8.021 8	7.470 1	6.983 0	6.550 9	6.165 5	5.820 4	5.509 8	5.229 2	4.974 7	4.743 0	4.531 2	4.337 1	4.158 5	3.993 8	3.841 4	3.700 1	3.568 7	3.446 1	3.331 7
30	25.807 7	22.396 5	19.600 4	17.292 0	15.372 5	13.764 8	12.409 0	11.257 8	10.273 7	9.426 9	8.693 8	8.055 2	7.495 7	7.002 7	6.566 0	6.177 2	5.829 4	5.516 8	5.234 7	4.978 9	4.746 3	4.533 8	4.339 1	4.160 1	3.995 0	3.842 4	3.700 9	3.569 3	3.446 6	3.332 1

注：计算公式：$\dfrac{1-(1+i)^{-n}}{i}$。

参考文献

1. 全国注册资产评估师考试用书编写组．资产评估．北京：经济科学出版社，2012

2. 中评协评估准则．http：//www. cas. org. cn/pgbz/pgzc/

3. 姜楠．资产评估．大连：东北财经大学出版社，2004

4. 朱萍．资产评估学教程（第三版）．上海：上海财经大学出版社，2008

5. 乔志敏，张文新．资产评估学教程．北京：中国人民大学出版社，2006

6. 汪海粟．资产评估（第二版）．北京：高等教育出版社，2008

7. 虞晓芬，汪初牧．资产评估．北京：清华大学出版社，2004

8. 肖翔，何琳．资产评估学教程．北京：清华大学出版社，北京交通大学出版社，2004

9. 赵仑．资产评估学教程．北京：首都经济贸易大学出版社，2004

10. 潘学模．资产评估学．成都：西南财经大学出版社，2004

教辅产品及教师会员申请表

申请教师姓名			
所在学校		所在院系	
联系电话		电子邮件地址	
通信地址			
教授课程名称		学生人数	
您的授课对象	本科□ 研究生□ MBA□ EMBA□ 高职高专□ 其他□		
教材名称		作者	
书号		订购册数	
您对该教材的评价			
您教授的其他课程名称		学生人数	
准备选用或正在使用的教材 （教材名称　出版社）			
您的研究方向		是否对教材翻译或改编有兴趣？	是□　否□

您是否对编写教材感兴趣？　　　是□　　否□

您推荐的教材是：＿＿＿＿＿＿＿＿＿＿＿＿＿＿＿＿＿＿＿＿＿＿＿＿＿＿＿＿＿＿

　　推荐理由：＿＿＿＿＿＿＿＿＿＿＿＿＿＿＿＿＿＿＿＿＿＿＿＿＿＿＿＿＿＿＿

为确保教辅资料仅为教师获得，请将此申请表加盖院系公章后传真或寄回给我们，谢谢！

教师签名：
院/系办公室公章

地　　址：北京市崇文区龙潭路甲 3 号翔龙大厦 218 室
　　　　　北京普华文化发展有限公司
邮　　编：100061
传　　真：(010) 67120121
读者热线：(010) 67129879　67129872 – 818
网　　址：http://www.puhuabook.com.cn
邮购电话：(010) 67129872 – 818
编辑信箱：chengzhenzhen@ puhuabook.com